SV

Band 1303 der Bibliothek Suhrkamp

Begriffe sind Namen, die wir unseren Vorstellungen von den verschiedensten Gegenständen geben, über deren Berechtigung zum Führen dieses Titels noch und immer wieder gestritten wird. Das ist das eine. Begriffe haben Schicksale. Sie werden ›gebildet‹ oder erfunden, gebraucht, und am Ende versagen sie ihren Dienst. Manche harren wie weiße Flecken auf der Landkarte der Entdeckung und Inbesitznahme. Das ist das andere. Über das Leben der Begriffe, ihre Physiologie und Pathologie, gibt dieses Buch Auskunft. Es ist eine Enzyklopädie mit dem Anspruch auf Unvollständigkeit. Nicht jeder Begriff darf für seinen Nennwert genommen werden, mancher ist uns nur in seiner ironischen Brechung erträglich, einige gab es bisher noch nicht, und sie stehen hier zum ersten Mal.

Hans Blumenberg

Begriffe in Geschichten

Suhrkamp Verlag

Erste Auflage 2016
Suhrkamp Verlag Berlin

Umschlag: Willy Fleckhaus
Satz: Libro, Kriftel
Printed in Germany
ISBN 978-3-518-24023-6

Begriffe in Geschichten

EINE BEGRIFFSGESCHICHTE

Ewiger Traum, daß man etwas nicht macht, sondern es entsteht.

Gottfried Benn an Käthe von Porada, 9. Juli 1933

Mein Vater war ein Photograph von großer Leidenschaft und mäßigen Erfolgen. Er glich das auf anderen Gebieten durch Umkehrung dieser Disproportion wieder aus. Wenn ich zurückdenke, erscheint er mir als ein Pionier der Photographie, obwohl es doch dafür schon ein gutes halbes Jahrhundert zu spät war. Aber den Pionier macht eben der Anblick und Ausdruck der Mühsal, das Gewicht des Gepäcks, der Schweiß der Transporte und Zurüstungen, die Widerspenstigkeit der Umstände. Mußte die Kamera noch so schwer sein? Das Stativ so störrisch, daß gelegentlich wie bei einem Insekt ein eingezogenes Bein ganz unmotiviert ausfuhr und mit dem Stachel zustach, wo es hintraf?

Mich erfreuten die Exkursionen zur Einholung der optischen Beute nur in der Vorfreude auf das, was danach kam. Mein Vater entwickelte selbst. Er hatte eine Dunkelkammer mit rotem Licht, allerlei Flaschen und Schalen, mit denen ›Bäder‹ bereitet wurden, die nach meinem Eindruck herrlichere Resultate hätten zeitigen müssen. Ich durfte helfen, hauptsächlich durch emsiges Hin- und Herschwenken der gläsernen Platten in flachen rechteckigen Schalen, wobei es auf behutsames Agieren ankam, das meiner konstitutiven Ungeduld wenig, meiner ebenso konstitutiven Ausdauer um so mehr lag. Nicht selten passierte es, daß die Platte sich in einheitliches Schwarz verfärbte; wohl ebenso häufig, daß sie klar und durchsichtig blieb, als sei nichts gewesen. Die Grenzfälle verfehlter Belichtungen also, und dazwischen lag ›die Welt‹ des mehr oder weniger Unbedeutsamen.

Die von meinem Vater als gut befundenen Resultate interessierten mich wenig. Was mich faszinierte, war der Prozeß, wie aus dem Nichts etwas entstand, was vorher ganz und gar nicht dagewesen war. Erklärungen der väterlichen Privatchemie – er hatte das Gymnasium nach der Quarta verlassen und nie wieder ein Buch angefaßt, außer um es zu verkaufen, denn er erlernte den Buchhandel –, jene Einweisungen in die Alchimie also brachten mir wenig Zuwachs. Dafür gedieh der erste Artikel meines Credo: Ich wußte, ich sah es vor mir, wie es bei der Erschaffung der Welt zugegangen war. Erst nichts, und dann etwas – und etwas nur, weil zuerst einmal für Licht gesorgt worden war. Die biblische Prozedur erschien mir phototechnisch als ganz richtig, und die Dunkelkammer als Imitation der Gesamtlage im Universum vor dem ersten Schöpfungstag. Ohne daß es finster gemacht wurde, konnte aus nichts nichts werden, und Licht war dann die wichtigste Bedingung für das, was eine richtige Belichtung genannt wurde. Unter meinen Händen, bei vorsichtigstem Schwenken der Platten in den Bädern kam die Welt zutage – natürlich nicht mit soviel Aplomb und Tohuwabohu wie am biblischen Auftakt, aber doch im Prinzip nach keinem anderen Verfahren. Man wird es mir nicht verzeihen: Einer, der an die Schöpfung nicht glaubt, versteht ihren Begriff doch immer noch, wie er ihn in der Dunkelkammer anschaulich vor sich ›produzierte‹. Seither ahnte ich wenigstens, wie Begriffe entstehen.

›AMBIGUITÄTSTOLERANZ‹: BURCKHARDT VOR UND NACH DER VOLKSZÄHLUNG

Ein Kriterium für intellektuelle Gesundheit ist die Spannweite von Unvereinbarkeiten im Hinblick auf ein und dieselbe Sache, die ausgehalten wird und dazu noch Anreiz bietet, Gewinn aus der Beirrung zu ziehen. In kurzer Zeit kann das Politische ins Historische umschlagen, auch wenn es ›Zeitgeschichte‹ noch nicht gibt. Was als bevorstehende Zumutung den Bürger eben noch empörte, bedarf nur eines Monats im Gewesensein, um sich zum Stärkungsmittel der Urteilskraft zu verwandeln.

Dreizehn Fragen zur Person enthalten die »Haushaltungshefte«, mit denen die Kantone der Schweiz am 1. Dezember 1888 eine Volkszählung veranstalten.

Jacob Burckhardt nennt das nicht nur *Ungeschicklichkeit in Aufstellung der auszufüllenden Rubriken*, sondern mit der Erbosung dessen, der ohnehin die Einmischung des Staates in die Angelegenheiten des Individuums als Kennzeichen seiner Epoche und ihres Fortschritts ausgemacht hat, erklärt er es als *unnütze statistische Neugier* und fügt gegenüber dem in anderen Staatsdiensten beamteten Friedrich von Preen hinzu: *Wenn es nicht Hochverrath wäre, wie Cham die Schande des Vaters zu entblößen, müßte ich Ihnen joci causa einen unserer Fragebogen schicken . . .*

Der Historiker und der Bürger bleiben sich dann doch nicht so ganz einig im Urteil über die Unnützlichkeit der Erhebung. Schon einen Monat später, am Neujahrstag 1889, gibt Burckhardt demselben Adressaten eine Auswertung der Ergebnisse jenes statistischen Übergriffs. Dabei findet er für eins der Resultate der Erhebung einen neuen Begriff, den des ›praktischen Pessimismus‹. Diesen sieht er in der Abwanderung der ländlichen Bevölkerung in die Städte. Ein Kanton hat dabei in einem Jahrzehnt 6800 Seelen verloren.

Burckhardt könnte sagen, dies habe er ohnehin gewußt und auf die genaue Zahl komme es nicht an. Dennoch billigt er nun dem Resultat eine unbestreitbare rhetorische Funktion zu. Sollten erst einmal die Tabellen aus jener Zählung für die ganze Schweiz vorliegen – womit man immer noch im Rückstand sei –, ließe sich erwarten, daß *einige urtheilsfähige und der Verblendung abholde Menschen der Nation ein Spiegelchen vorhalten werden . . .*

Was man seither ›Betroffenheit‹ zu nennen sich gewöhnt hat und was als ›Betrachtung‹ einen eher obsoleten Klang hat – dazwischen liegen nicht Welten, sondern nur der unscharfe Grat zwischen Vorher und Nachher. Der Historiker macht nicht die gute Miene zum bösen Spiel, das mit ihm als Bürger getrieben wurde; er hat vielmehr gelernt, sich selbst als dem Objekt der Umtriebe der Zeitmächte und Zeitgeister mit derselben Ruhe zuzusehen wie den Figuren des konstantinischen Zeitalters.

SUBTIL ERJAGTE ANAMNESIS

Sollte diese Welt von einem Gott erschaffen worden sein, müßte er sie wie ein Gott erschaffen haben: aus der Fülle dessen heraus, was nur möglich war. Zwar wird man bei Gott von ›Einfällen‹ nicht sprechen dürfen; aber daß er sich nicht wiederholt, nicht Replikate und Multiplikate aus dem Nichts hervorruft, keine Ökonomie der Klassifikation gelten läßt, sondern nur absolute Einzigkeit eines jeden Einzelnen an Form und Funktion, zwischen Schönheit und Greulichkeit, Glanz und Üppigkeit, Unvergleichlichkeit von keinem mit keinem, das wird man als Ausdruck einer unendlichen Ideenfülle voraussetzen müssen. Gott ist ein Prinzip der Abundanz, nicht der Redundanz. Er schüttet sich aus, statt sich zurückzuhalten. Ihn verwirrt die Welt nicht, für die er keine Begriffe benötigt, um über sie zu walten. Aber den Menschen würde sie hoffnungslos verwirren. Er wäre verloren im Dschungel des Seins, in der Wirklichkeit gewordenen Unmöglichkeit des Begriffs, im Absolutismus der schieren Überraschungen – ja, nicht einmal dieser, denn sie setzen ein gehöriges Maß an Regularität, an Zuordnungsfähigkeit von Merkmalen und Eigenschaften, Ähnlichkeiten und Erwartungen voraus. Kant hat davon gesprochen, daß die begriffliche Systematik der Erfahrbarkeiten ein Faktum sei, auf das es keinen apriorischen Anspruch gebe, sondern nur die nachträgliche Befriedigung, mit endlichen Mitteln ein unermeßliches Übermaß an Realität bewältigen zu können. Kant kannte seinen Gott und hielt sich gegenwärtig, was als Welt hätte ›passieren‹ können – welche Rücksichtslosigkeit gegen den Menschen in den Abgründen der Schöpfung gelauert hatte. Das Dilemma ist nicht nur, nicht einmal vorwiegend erkenntnistheoretisch. Natürlich: Wissenschaft gäbe es in einer Abundanzwelt nicht. Überleben wäre Glückssache, da man nicht einmal aus Erfahrung wissen kann, was eßbar ist, wovor man fliehen muß und womit man sich abfinden kann. Die Mißlichkeit wäre mehr noch die der Sinnlosigkeit: Es lohnte sich nicht, dem absoluten Weltkünstler zuzusehen, der nicht einmal eine erkennbare Identität, einen ›personalen‹ Stil, eine eingehaltene Linie, eine Wiedererkennbarkeit seiner Handschrift zuließe.

Vor diesem Hintergrund der Schöpfung als Chaos – denn nichts anderes wäre solche Überfülle und Überschüttung – formiert sich die Befriedigung, daß wir uns an der Erfahrung orientieren, auf Erinnerung berufen und im Wiedererkennen zu Hause fühlen können. Solche Vertrautheit steigert sich in ihrer Wertbesetzung gerade in dem Maße, in dem Gestalten und Physiognomien der Natur sich vervielfachen. Wo keine Theorie, keine Morphologie, keine Klassifikation eine Chance hat, das Gegebene auszuschöpfen, wo jeder noch seinen Namen mit einer neuen Art verbinden und verewigen kann, ist das Erlebnis der Dennoch-Ordnung am intensivsten, wird die Kontingenz der Inkontingenz unmittelbar erlebbar. Daher die Eminenz der Entomologie unter den biologischen Morphologien, daher die ›Metaphysik‹ der Lust an der subtilen Jagd, der Ernst Jünger diesen Namen und das Glossar ihrer Erlebnisformen gegeben hat.

Was von den Herausgebern »Bemerkungen über die Philosophie der Psychologie« genannt worden ist, hat Wittgenstein in der Zeit zwischen Mai 1946 und Mai 1949 niedergeschrieben, davon die in »Band II« vereinigten Notizen im Herbst 1948. Überwiegend geht es um eine genetische Theorie von Begriffen, deren Zugehörigkeit zur ›Psychologie‹ nicht genauer geprüft werden muß. Doch ist auch die Kongruenz mit einer Phänomenologie, die ›Erlebnisse‹ als Basis von Begriffen zu beschreiben hat, nicht zwingend. Es liegt daran, daß Wittgenstein nach ›Zuständen‹ des Bewußtseins forscht, die nicht die Konturen von ›Phänomenen‹ haben, und dies im genetischen Aspekt verdeutlicht. Etwa: *Wie habe ich nur die Bedeutung des Worts ›Aufregung‹ gelernt?*
Diese Frage ist für die phänomenologische Natur dieser Notizen deshalb exemplarisch, weil ›Aufregung‹ schwerlich den im Bewußtseinsstrom auftretenden und aus ihm heraushebbaren ›Erlebnissen‹ zuzuordnen ist. Dies schon gar nicht, wenn man auf der Einstellung der Reflexion besteht. Dann ist ›Aufregung‹ am ehesten der Zustand, in dem ›Erlebnisse‹ verhindert werden, als Phänomene jeden Umriß verlieren, die Differenz elementarer Bestimmbarkeit einbüßen: *Die falsche Auffassung, daß dieses Wort sowohl etwas Inneres als auch etwas Äußeres bedeutet.* Insofern ist ›Aufregung‹ ein Befinden, das in hohem Maße die Kriterien der Lebensweltlichkeit erfüllt, deren Befunde schon ihre Thematisierung – von deren theoretischem Erfolg ganz abgesehen – bedenklich machen.

Wie kommt es, daß wir derartiges nicht nur *haben* oder *sind*, nicht nur über uns ergehen *lassen*, ihm wehrlos *ausgeliefert* sind, und doch seine Bedeutungslosigkeit relativ zu den Erlebnissen und Phänomenen nachsichtig akzeptieren? Die Frage verschärft sich also dahingehend, wie ein Erlebnis beschrieben und darin als Phänomen ›dingfest‹ gemacht werden kann, das gerade darin besteht, jedem Beschreibenden seine Position zu entziehen. Aufregung ist zwar noch nicht die volle ›Verwirrung‹, in der sich

Erlebnisse verlieren, aber die Annäherung daran. Nur ein Nebenbefund ist, daß gerade für solche zuständlichen Intermittenzen des ›Erlebnisstroms‹ sprachlich die prägnantesten Bezeichnungen gefunden wurden.
Bei dieser Schwierigkeit des Rückgangs aufs Erlebnis gilt um so unausweichlicher Wittgensteins Maxime: *Ich muß mit der Unterscheidung von Sinn und Unsinn anfangen. Ich kann sie nicht begründen.* Der Ernst dieses Zugeständnisses trifft nicht nur und erst den Anspruch auf Begründung, sondern schon den auf Beschreibung. Sie hat eine ›Grenze‹, von der Wittgenstein gesagt hat, es sei die der Sprache als identisch mit der der Welt, für die aber mit dem phänomenologischen Instrument präziser gesagt werden kann, daß sie mit dem variablen Volumen der ›Lebenswelt‹ zusammenfällt. Die Erlebnisfähigkeit selbst schützt sich durch Formen der Unaufmerksamkeit dagegen, das Leben sich selber ständig ›thematisch‹ oder gar ›problematisch‹ werden zu lassen. Auch ›Aufregung‹ ist eine Gunst, die das Leben sich erweist.

LEBENSWELTWÖRTER: WIEDERKEHR DER ›BALLASTSTOFFE‹

Die Geschichte des Geschmacks verläuft zwischen Polaritäten, die nicht primär ästhetischer Natur sind. Bevor die Skala von Bewertungen und Urteilen sich entfaltet, ist die radikalere Entscheidung schon gefallen, ob eine Lebensökonomie des Maßhaltens oder Lust an Fülle und Übermaß bestimmend sein soll. Niemand wird je die beiden Antworten auf die Frage, weshalb man esse, versöhnen können: um lange zu leben und dabei gesund zu bleiben *oder* um es sich schmecken zu lassen, für wie lange auch immer.

Auf dieser Breite können sich nun Moden und Maximen ausbilden. Wer denkt noch an die Tüten der Zwischenkriegszeit mit dem Aufdruck: *Eßt mehr Früchte und ihr bleibt gesund!* Das möchte man sich etwas komplizierter machen, denn Gesundbleiben muß verdient werden und daher anspruchsvolle Bedingungen stellen, ähnlich wie man sich einstmals den Himmel verdienen mußte. Nach der ›eiweißreichen Ernährung‹ und den ›ungesättigten Fettsäuren‹ mit ihren jeweiligen theoretischen Mythen sind die ›Ballaststoffe‹ mit ihrer schnöden Bezeichnung zur Werbewirksamkeit gekommen. Paul von Hindenburg hatte das, für zahllose Zeitungsanzeigen, noch anders begründet: *Der Patriot ißt Roggenbrot!*

Nun würden die ›Ballaststoffe‹ mit ihrer leicht begreiflichen anregenden Wirkung aufs Gedärm den Zeitbetrachter nicht so animieren, wenn nicht fast gleichzeitig ihre Rückkehr auch auf dem immer bewegten Feld der Pädagogik ersichtlich würde. Nach einer langen Phase vielfältiger Forderungen, die zu *Curricula* ernannten Lehrpläne von ›überflüssigem Ballast‹ zu befreien – was schnell und notgedrungen auf die akademischen Studienordnungen übergreifen sollte, die gleichfalls endlich vom ›Überflüssigen‹, weil nur ›Althergebrachten‹, zu entlasten waren –, dämmerte die Erkenntnis, daß es nicht so leicht war, das Notwendige vom Überflüssigen zu trennen, ja daß, wie in der

Ernährung, einige Prozente an Ballaststoffen vielleicht der bloßen Regsamkeit des Intellekts guttun würden: etwas Auswendiglernen, etwas mehr Rechtschreibung, sogar Schönschrift und schließlich das Schrotbrot des Kopfrechnens mit Einmaleins und Dreisatz. Die Euphorie der Ballaststoffe war ein um sich greifendes Gemütsmoment. Das Argument, weniger sei auch genug, zog sich aus dem Zeitgeist zurück.

Ich gebe mich nicht der Illusion hin, dies sei geschehen, weil man bemerkt habe, das Argument des Ballastabwurfs sei überwiegend ein Vorwand gewesen, um unter dem Deckmantel der Gefälligkeit von ›Entlastungen‹ neue und andere Inhalte – diesmal solche von Relevanz, wie sich versteht – in die Lücken zu schieben. Platz zu schaffen für das, worauf es ankommt – und danach dasselbe Quantum wie zuvor. Wo die Deklaration zum ›Überflüssigen‹ auftritt, hat sie wegen des Versprechens annehmlicher Entlastungen die verdeckten Platzansprüche zu leicht übersehen lassen: Die Schrumpfung der Gesamtlast hat es nie gegeben, wie viele Vokabeln man auch streichen mochte, um dafür etwas mehr modische Linguistik aufzunehmen. Am Ende standen neue Klagen der Überlastung des jugendlichen Gemüts, neue Entlastungs›strategien‹ wurden angeboten – mit neuen Wesentlichkeiten und Aktualitäten im Hintergrund.

Wird man irgendwann mißtrauischer gegen die Entlaster werden, wenn man hingestoßen worden ist auf einen deutschen Kultusminister, der sich in seinen zahllosen Erlassen ebendieses verheißungsvoll gleißenden Stichworts immer wieder bediente? Da wurden die nachgeordneten Behörden angewiesen, *auf die weitgehende Entlastung von allen überflüssigen Stoffen Bedacht zu nehmen.* Man darf das so lange mit Genuß gelesen haben, wie das Datum des Erlasses nicht bedenklich werden läßt; er stammt vom 16. März 1935 und ist vom größten Verwirrer der deutschen Schulwelt, Hitlers Kultusminister Rust, unterzeichnet. Trotzdem könnte der Halbsatz von jedem seiner auf Länderzahl gebrachten Nachfolger herrühren – hätte ich nicht unvollständig zitiert. Tatsächlich stand da, unter Ausführung früherer Bestimmungen vom 13.

September 1933 und 15. Januar 1935, es sei *auf die weitgehende Entlastung von allen überflüssigen und nicht in eine nationalsozialistische Schule gehörenden Stoffen Bedacht zu nehmen.* Natürlich, es ist das Metrum jenes Geistes nicht mehr, das den Überfluß der Stoffe zu regulieren sich anmaßen läßt; aber immer noch ist es eine Normvorstellung ›von Schule‹, nach der sich richten darf und muß, was unter die Heilsbotschaft der Entlastung vom Überflüssigen fällt: Freigabe des Ballastes zum Abwurf.

Weil diese rhetorische Figur immer wiederkehren wird und unter keinem politischen System ihre Funktion verlieren kann, muß man hinblicken auf das, was da von draußen hereinkommen kann, wenn drinnen rein gemacht worden ist. Die Bedeutung kanonischer Bildungsstoffe des späten oder dahingegangenen Bürgertums hat der Befragung oder Hinterfragung nicht standgehalten und hätte ihr unter anderen Bedingungen nicht standgehalten, weil ihre wichtigste ideenpolitische Funktion sich der offenen Namhaftmachung entzieht: den Standort einfach nur besetzt zu halten, um ihn vor ›Umbesetzungen‹ zu bewahren. Von denen jede, wenn es nur dazu käme, der Be- und Hinterfragungsprozedur nicht besser standhalten würde als dieses Überkommen-Überflüssige.

Wie kann man auch erwarten, es würde sich je ein Kriterium fürs Nicht-Überflüssige ergeben? Der Mensch ist das Wesen, das vom Überfluß für den Überfluß lebt, und dies noch dort, wo es ihm am Notwendigsten fehlt. Er schmückt sich im tiefsten Elend – und dies auch im Nichtelend, im Mittelmaß der Auskömmlichkeiten, tun zu dürfen, ist eine – wenn nicht: die – Hauptfunktion seiner Bildung. Genau genommen, sind ihre Inhalte immer kontingent – also: keiner ›Kritik‹ standhaltend. Die, die sie vermitteln, werden nie dem Ideal entsprechen, das in ihnen vermittelt wird. Das ist der Kern des Ärgernisses ihrer Kontingenz. Die Inhalte müssen nur dafür herhalten. Sie werden zum Ballast in den Händen ihrer Hüter.

1369 gelangt ein Stückchen Holz nach Venedig, von dem gesagt wird, es stamme von dem Kreuz, an dem Jesus gehangen hat. Noch heute verwahrt die Scuola di San Giovanni Evangelista die Reliquie, eingelassen in ein vollständiges Kreuz. Aber an Reliquien nagt der Zweifel. Die Kreuzespartikel wird nicht mehr in Prozessionen durch die Stadt getragen, wirkt auch keine Wunder mehr, die anderweitig noch nicht aus der Welt sind, doch in erstaunlicher Progression (oder Regression?) der Mutter jenes Gekreuzigten zugeschrieben werden. Hinzu ist gekommen: Venedig bedarf der Wunder nicht mehr, es ist selbst zur reinen Attraktion geworden – und nicht einmal das genügt, seinem Verfall zu wehren.

Die Republik Venedig stand in fast ständigem Kampf mit dem Islam rings um das Mittelmeer. Wie auch sonst wurden solche Kämpfe beiderseits im Namen der Religion, des Zugangs zu heiligen Stätten, des Transfers geistlicher Güter und der Farben für fromme Bilder und Gewänder geführt. Damit in Zusammenhang stand der unschätzbare Wert der Kreuzespartikel für die Republik und ihren Kult, nachdem man die Gebeine eines der vier Hauptzeugen für Jesu Leben und Lehre bereits viel früher, nach dem Bericht des Mönches Bernard schon im 8. Jahrhundert, im Dom der Lagunenstadt aufgenommen hatte. Solcher Besitz strahlte nach beiden Seiten aus: als Beweis für die Wahrheit der heiligen Schriften von Leben und Leiden Jesu *und* als Legitimation für die machtvolle Vertretung dieser Wahrheit und den Schutz ihrer Bezeugungen.

Am erstaunlichsten ist die Festigkeit der Überzeugung, man habe, in der Geborgenheit der eigenen Macht, am Kreuzessplitter den Beweis für die Zuverlässigkeit der Passionsberichte. An der Authentizität der Reliquie nicht zu zweifeln war Frömmigkeit und Staatsklugheit zugleich. So gab es die Compania della Calza, die in der überwachungsfreudigen Republik auf Einhaltung des Rituals der Verehrung bis ins kleinste zu achten hatte. Mit Pomp und Strenge bewies man sich, was man besaß. Sonst wäre solcher Aufwand unverzeihlich gewesen – wobei man sich nicht einzugestehen brauchte, wie gern man ihn betrieb. Indem man sich selber überzeugte, bestätigte man sich das Recht, andere am Zweifel zu hindern.

So ist das Unvorstellbare des fiktiven Kurzdialogs für das Zeitalter gültig:

– Hat der Sohn Gottes wirklich für euch am Kreuz gelitten und ist gestorben um eurer Erlösung willen?

– Aber wir haben doch den Beweis in der Scuola di San Giovanni seit 1369, daß es dieses Kreuz gab – und wozu sollte es das Kreuz gegeben haben, wenn nicht Jesus daran gekreuzigt worden wäre?

Dieses missionarische oder apologetische Stückchen ist ganz indifferent gegen den ›ideologiekritischen‹ Einwand, man halte für wahr, was man für Handel und Macht als Rückhalt benötige. Das Beweisstück war den Venezianern anvertraut, und andere hatten nicht dieselben guten Orientverbindungen, um ihre Kathedralen mit Kreuzesfragmenten zu bestücken. Die Quelle unter Kontrolle zu halten wurde wie nebenbei zur Staatsaufgabe.

Indem man dies ausspricht, wird man sich unversehens dessen bewußt, daß wir auch solche Dinge haben, die wir für bewiesen oder für Beweise halten und in deren Legitimation wir uns gegen anderes erheben und wenden. Die Annahme, Bürger und Obrigkeit von Venedig hätten sich der Reliquie zum Staatskult versichert, ist so wenig bewiesen und beweisbar wie die Echtheit oder Unechtheit des heiligen Reliktes selbst. Bei Beweisen kommt es vor allem darauf an, daß ihrer Beweiskraft nicht widersprochen wird. Das ist kein primär ›wissenschaftstheoretischer‹ Satz vom Typus des Falsifikationismus. Wir könnten gar nicht leben, wenn alle Widersprüche gegen Beweise, die nichts beweisen, faktisch erhoben würden.

›Beweiskraft‹ ist etwas anderes als der Beweis selbst nach seiner logischen oder empirischen Dignität. Was ist zur Absicherung und Verbesserung von Gottesbeweisen an intellektuell durchaus respektablen Anstrengungen unternommen worden – nach Kants endgültiger Niedermachung aller Gottesbeweise sogleich wieder bei Hegel für das ›ontologische Argument‹. Und doch scheint es gerade dieser Gattung metaphysischer Beweise immer an ›Beweiskraft‹ gemangelt zu haben, seit Platos Sokrates die Unsterblichkeit der Seele aufs schönste bewiesen hatte. Unter den zahllosen Bekehrungszeugnissen gibt es keines, worin bekannt und eingestanden würde, man sei durch einen Beweis zur Überzeugung von der Existenz Gottes gekommen – sowenig Atheisten jemals sich angestrengt hätten, die Nichtexistenz Gottes als bewiesene zum Ausgangspunkt ihrer Handlungsfolgerungen zu machen.

Was Beweise vom Typus der Herzeigung einer Reliquie ins Wanken bringt, sind nicht die ›Falsifikationen‹ durch Quellenkritik oder gar Nachweis von Fälschungen – für den Zweifel genügt ›Manifestation‹. Deshalb ist *Gedanken*freiheit so schön wie unwichtig; *Äußerungs*freiheit ist entscheidend. Darauf beruht der fast magische politische Glaube an die Demonstration auf Straßen und Plätzen, der Vorzug von Transparent und Parole vor Argument und Kritik. Das ist die Gegenform zu Ritual und Pomp des Staatskultes, eine andere Art von Aufwand, den man betreibt, um die stille Frage zu evozieren: Würde man solchen Eifer und gar Leidensbereitschaft haben können, wenn an der Sache nichts wäre, für die es geschieht?

Es ist da etwas wie Anwendung des Energieerhaltungsprinzips: Was auf der einen Seite an Energie aufgewendet wird, setzt sich auf der anderen Seite um: dieser hintergründige Glaube, es könne gar nichts verlorengehen, also nichts vergeblich gewesen sein. Das Denkschema entspricht ganz dem Typus der neuzeitlichen Rationalität, die auf Erhaltungssätzen beruht oder auf sie tendiert.

Sollte mir nichts Besseres einfallen, werde ich der Welt zu ihrer Rettung einen Bewußtseinswandel empfehlen.
Niemand wird mir dann nachsagen können, ich hätte ›affirmativ‹ alles beim alten gelassen und nur ein wenig Trost gespendet. Denn ein Bewußtseinswandel, das ist ja wohl keine Kleinigkeit. Oder doch?
Im Zuge der Produktion der großen Worte, die im Deutschen nur mit Doppelwörtern eindrucksvoll gelingt, ist der ›Bewußtseinswandel‹ so ungefähr seit den Zeiten der ›Seinsvergessenheit‹ das größte.
Wenn man nur wüßte, was es zu bedeuten hat. Und was die zu ›tun‹ haben, von denen diese zweifellos totale Anstrengung verlangt wird. Wer wandelt was beim Bewußtseinswandel?
Da alles, was wir vom ›Bewußtsein‹ wissen und sagen können, nur kraft und mittels desselben ›Bewußtseins‹ gewußt und gesagt wird, läßt sich nicht erwarten, daß wir von einem ›Bewußtseinswandel‹, vorausgesetzt, er sei eingetreten, jemals etwas erfahren werden – oder erst, wenn es zu spät ist, sicher sein würden, er sei *nicht* eingetreten.
Der Verdacht ist kaum von der Hand zu weisen, daß die Benutzer solcher ›Pathosformeln‹ etwas anderes zu sagen vorhaben, als sie faktisch von sich geben, die ›Schlichtheit‹ ihrer Mitteilung sie aber geniert und am Ausspruch hindert. Vielleicht möchten sie nur sagen: »Tuet Buße, denn das Gottesreich ist nahe!« – aber das ist doch den Leuten so viele Jahrhunderte hindurch gepredigt worden, daß man seinen theoretischen Standard in Verruf brächte, es nochmals damit zu versuchen. Außerdem hat schon der Philologe Wilamowitz darauf hingewiesen, die Griechen hätten niemals verstanden, was mit dem Aufruf zur *metanoia*, zum Umdenken, zur Buß' und Reu' überhaupt gemeint gewesen sei. Daß viel verlangt wird, bedeutet doch noch nicht, daß *etwas* verlangt wird. Im Gegenteil: Je mehr verlangt wird, um so unbestimmter wird zumeist, worum es sich handelt. Und der böse Hinterge-

danke bei dieser Feststellung ist natürlich, daß der Umgang mit den großen Forderungen gerade von dieser Verlegenheit und Ratlosigkeit herkommt, nicht zu wissen, was zu tun sei, aber so zu tun, als wisse man doch, worauf es ankomme. »Tut Buße« ist immer gut – aber auch immer folgenlos, außer für die, denen das Herumstehen auf Säulen in der Wüstensonne ohnehin ganz gelegen kommt, um sich einmal gründlich mit sich selber zu beschäftigen.

Will man das alles etwas moderner ausgedrückt sehen, kann man auch sagen, die Inhaltsleere der Totalforderung nach ›Bewußtseinswandel‹ sei *methodisch* darauf abgestellt, es würden sich die Konkretisierungen schon einfinden, wenn die Herausforderung nur stark genug ist. Es ist das Vertrauen auf den guten alten *horror vacui* der Natur, die hier wie so oft immer noch ihren bewährten Dienst anbietet: Die Leere ist nicht einfach leer, sie erduldet es nicht, leer zu *bleiben*. Man muß dann nur ein gehöriges Aufgebot von ›Bewußtseinswandlern‹ herbeischaffen, die dem Programmtitel das Programm beischaffen werden. So kommt es zu Symposien, Kongressen, womöglich gar zu einem ›Konzil‹ zwecks ›Verinhaltlichung‹ von Bewußtseinswandel. Nur daß am Ende dieser ihren Ausrichtern Ruhm und Dankbarkeit sichernden Unternehmungen nur wieder steht, was schon an ihrem Anfang stand: die Aufforderung zum ›Bewußtseinswandel‹, allerdings nun durch Mehrheit der Stimmen ›verdringlicht‹.

Was unter dem Stichwort ›Bewußtseinswandel‹ zwar nicht gemeint sein, aber nur herauskommen könnte, stellt sich mir in der Erinnerung an einen Philosophenkongreß 1948 dar: Ein Referent trat mit einer Art Bauchladen auf, in dem er eine Serie von Brillen mit Umkehreffekt bei sich führte, um zu demonstrieren, daß man optisch die Welt nur für kurze Frist auf den Kopf stellen könne, dann werde der Umkehreffekt genauso korrigiert, wie es das Sehzentrum des Gehirns ohnehin mit dem ihm angelieferten Netzhautbild tut. Ein *in toto* gewandeltes Bewußtsein ist doch wieder die Instanz, die alles wenn nicht beim alten läßt, so doch aufs alte zurückführt.

Ausgenommen ein paar Sprachreste, die immer der fernen Zukunft überliefern, was kein Mensch wahrgenommen hatte: daß einmal alles anders geworden war.

Definitionen sind Kunstwerke. Am meisten bewundere ich die des Glases: *Glas ist eine unterkühlte Flüssigkeit extrem hoher Zähigkeit bei praktisch unendlich kleiner Fließgeschwindigkeit.* (Gustav Tammann, 1903) Man sieht gleich, worauf es bei einer Definition ankommt: Sie muß sich soweit wie irgend möglich von der Tautologie entfernt halten. Sie zieht Vorstellungen heran, durch deren Grenzwerte sie bestimmt, was die Erscheinung nicht beschreibt. Wer vor einer Schaufensterscheibe steht, wird zu deren Beschreibung am wenigsten an ›Flüssigkeit‹ und ›Fließgeschwindigkeit‹ denken.

Daher auch die unüberbietbare Disposition von Definitionen zur Parodie. Etwa: *Gesundheit ist der prekäre Zustand, der nichts Gutes erwarten läßt.* Oder: *Lärm ist die unerwünschte akustische Information.* Oder Ernest Renans brisante Formel: *Nation ist, was eine Nation sein will.* Schließlich: *Die Welt ist der geometrische Ort aller Punkte.* Die Parodie macht deutlich, was mit Definitionen geleistet wird und daß man sie unterschätzt, indem man sie ihrerseits definiert als *Regeln zur Ersetzung von Wörtern.*

Man darf Definitionen vergessen. Eine einzige sollte man nicht vergessen, obwohl in ihr das Vergessen essentiell ist. Sie stammt von einem der vielen französischen Ministerpräsidenten, einem, dem Vergessen unrecht täte: von Edouard Herriot. Er hinterließ, *Bildung* sei das, *was übrigbleibt, wenn man alles vergessen hat.*

Man ist, bevor man bewundert, schon dankbar, daß man vergessen *darf.* Ja, dazu ins Recht gesetzt wird.

Diese Definition macht sich nicht lustig über diejenigen, deren ›Bildung‹ sich in Formeln der Assoziation äußert: »Ach, übrigens erinnert mich das an . . .« Es ist ganz in Ordnung. Aber es ist ein Durchgangsstadium. Man muß sich an vieles erinnern können, um die Lizenz zu erwerben, alles vergessen zu dürfen. Denn das Vergessen, das hier gemeint wird, ist nichts anderes als die homogene Unbestimmtheit der Erinnerung.

Die Welt hat sich angefüllt mit Bezügen und Bezüglichkeiten,

und es bedarf nicht mehr der Heraushebung dieser oder jener besonderen. Aus der ›Bedeutung‹, die auf dem Wege zur Bildung erlernt werden muß und deren Koordinatensystem die Absicherung dagegen schafft, es habe nichts mit nichts etwas zu tun, wird der Aggregatzustand der ›Bedeutsamkeit‹. In ihm hat alles mit allem zu tun. Dennoch hat der Beziehungswahn keine Chance. Man ist geschützt dagegen, vor Singularitäten offenen Mauls zu gaffen. Wem das zuwenig ist, der habe mehr!
Sollte man diesem schlichten Sachverhalt noch etwas Hochgestochenes aufsetzen, so läge bereit: *Bildung ist kein Arsenal, Bildung ist ein Horizont.*

Da der Gläubige gehalten ist, das zu kennen und zu achten, was in seinen heiligen Schriften steht, und er damit schon überbeansprucht ist, kommt kaum jemals einer darauf, sich über das zu wundern, was nicht da geschrieben steht.

Die Evangelisten und die Briefschreiber des Neuen Testaments scheinen verbündet zu sein zu dem Zweck, dem ihnen Überlieferten einen Glauben zu verschaffen, dessen Zeugnisse und Zeugen hinzunehmen angesichts deren Glaubwürdigkeit keinem als Unerreichbarkeit vorkommt. Auch anders gesagt: Das *credo quia absurdum* des Tertullian wäre keinem der Verfasser der heiligen Texte in den Sinn gekommen. Lukas etwa, mit zwei historischen Haupttexten, dem Evangelium seines Namens und der Apostelgeschichte, an dem Ganzen beteiligt, aber seinerseits nur ein Zeuge der zweiten oder gar dritten Hand, hält es nur für wichtig, den von anderen ihm zugänglich gemachten Stoff auf bestimmte literarische und historisch-geographische Ordnungsschemata zu bringen: so etwas wie die Beihilfe zum Gedächtnis dessen, was zu behalten und zu halten ist.

Was ich nun vermisse, ist der Anflug der Erwartung von Mißtrauen – auch nur die rhetorische Floskel: Ihr werdet es mir nicht glauben, aber es war so, ich habe mich dessen gründlich vergewissert; und wenn ihr mir trotz der Unglaublichkeit der Ereignisse zu eurem Heil dennoch glaubt, so ist ebendies ein Wahrheitszeugnis eigener Art für das Geglaubte. Wie sonst wäre es möglich, daß etwas daran sein muß?

Freud hat ebendiesen rhetorischen Kunstgriff benutzt, den »Widerstand« gegen seine Theorie geradezu als deren Beweismittel einzusetzen. Als er am 16. Februar 1915 in der Loge »Wien« einen kriegszeitgemäßen Vortrag »Wir und der Tod« hält, testet er seine Zuhörer mit der Prognose ihres Unglaubens: »Ich habe Ihnen bisher nichts gesagt, liebe Brüder, was Sie nicht ebenso gut wissen und fühlen können wie ich. Ich werde jetzt in die Lage kommen, Ihnen manches zu sagen, was Sie vielleicht nicht wissen, und manches andere, was Sie mir gewiß nicht glauben werden. Ich muß es mir gefallen lassen.« Und dann erzählt er seine Lieblingsgeschichte vom Urzeitmenschen, diesem grausamsten und bösartigsten, weil leidenschaftlichsten aller Tiere, dem kein Instinkt gegeben war, seinesgleichen zu verschonen von Tötung und Verzehr. Es darf keine Aussicht bestehen, Glauben zu finden – das gibt denen, die dennoch glauben, das höchste Privileg und der ›Sache‹ die Beglaubigung, sich gegen den »Widerstand« behauptet zu haben.

Von ähnlichem Typus ist das argumentative Schema, es ginge bei der Wahrheit ohne Risiko nicht ab. Darauf bezieht sich Freuds Verachtung der amerikanischen Sexualität, die es auf ›Folgen‹ nicht ankommen läßt und dadurch ›Flirt‹ bleibt (von ›petting‹ erfuhr Freud drüben noch nichts). Wie er insgesamt 1909 bei seinem kurzen Aufenthalt in den USA zur Ehrenpromotion zum *Doctor of Laws* der Clark University in Worcester nur das erfuhr, was er nicht erwartet hatte und nicht erwarten durfte: die erste große Zustimmung unter dem Einfluß von James J. Putnam. Das tat, wie er in seiner »Selbstdarstellung« schreibt, seinem Selbstgefühl wohl, ließ ihn aber doch an den theoriegemäßen Bedingungen des Mangels an ›Widerstand‹ zweifeln. Kein Geächteter zu sein, wie in Wien, hatte den irrealen Zug der *Verwirklichung eines unglaubwürdigen Tagtraumes*, obwohl es doch zugleich der Psychoanalyse attestieren sollte, *kein Wahngebilde mehr*, ein *Stück der Realität geworden* zu sein. Das war ungefähr so, als wenn die Apostel Jesu eines natürlichen Todes gestorben wären. Das »Martyrium« als Evidenz läßt den Tod nicht nur als den Aufwertungsfaktor des Lebens erscheinen, sondern auch als das Maß, an dem sich zu bewähren hat, was ernst genommen sein will. Ohne den höchsten Einsatz wird das Leben *so leer und schal wie ein amerikanischer Flirt, bei dem es von vornherein feststeht, daß nichts vorfallen darf, zum Unterschied von einer kontinentalen Liebesbeziehung, bei welcher beide Partner der stets lauernden Gefahr eingedenk bleiben müssen.* Lag etwas von der Unverbindlichkeit des ›Flirts‹ auch in der eiligen und eifrigen Zustimmung zur Psychoanalyse? Dann war es wohl besser, in Wien unter dem Entzug von Zustimmung weiter zu leiden und den Logenbrüdern von B'nai B'rith auf den Kopf zuzusagen, sie *könnten* ihm gar nicht glauben, was sich ihm als Wahrheit gezeigt hatte.

Lukas, um diesen noch einmal heranzuziehen, hatte nicht daran gedacht, den Engel Gabriel bei Maria eintreten zu lassen mit der Provokation »Du wirst und kannst mir nicht glauben, was ich dir zu sagen habe« – doch genau dies ist in der Einwilligungsformel der Jungfrau impliziert, ihr möge nach seinem Wort geschehen.

Römische Grabinschrift, nicht als Rätsel für die Nachlebenden, sondern als Mitteilung der sichersten Gemeinsamkeit mit ihnen, die keiner Entschlüsselung bedarf:

N F F N S N C

Doch sollte der Spruch noch solche erreichen, die zwar seines Sinnes inne, nicht aber seiner Sprache kundig sind:

NON FUI; FUI; NON SUM; NON CURO

Bin nicht gewesen, bin gewesen, bin nicht mehr, keine Sorge.

Klingt es glaubwürdig, wenn Leo Strauss in einem Brief an Karl Löwith am 15. August 1946 aus Oxford schreibt: *Husserl sagte mir einmal, als ich ihn wegen der Theologie befragte: Wenn es ein Datum Gott gibt, werden wir es beschreiben?* Strauss fügt ironisch hinzu (und Löwith hat zwei Ausrufungszeichen draufgesetzt): *Die Schwierigkeit ist, daß die, die etwas von Gott zu wissen glauben, bestreiten, daß er ein beschreibbares Datum ist.* Es ist aber wohl das, was Husserl hätte sagen müssen und daher auch gesagt hat, mit dieser kindergläubigen Zuversicht auf die Leistungsfähigkeit der Phänomenologie. Und Leuten Gewicht beizumessen, die etwas *zu wissen glauben*, wäre der geringste aller Einwände gewesen – denn zu glauben, daß man weiß, ist nicht besser, als zu wissen, daß man glaubt.

Ernster ist der Einwand, schon der Begriff Gottes schließe aus, von ihm sei ein Datum zu haben und dieses beschreibbar. Da ist es eben der Grundzug der Phänomenologie, daß sie sich durch Begriffe nichts vorschreiben oder verbieten läßt, sofern solchen Begriffen nicht die Rechtfertigung erfüllender Anschauung zugrunde liegt. Ein Datum, etwas Gegebenes, ist in der Weitfassung des Begriffs eben Anschauung – obwohl hier das Dilemma einsetzt, daß ein Begriff von Anschauung seinerseits auf Anschauung beruhen muß, um sagen zu lassen, wo sie anfängt und wo sie aufhört. Der Rekurs auf eine Art von ›phänomenologischer Erfahrung‹, die sich im Vollzug ihres Verfahrens den Begriff ihres gegenständlichen Anspruchs ›erwirbt‹: Anschauung aus der Genese von Anschauung, solcher Rekurs ist unvermeidlich.

Es ist naheliegend, daß es phänomenologische Religionstheorien gab, doch ist ihr ›Datum‹ nicht Gott, vielmehr die Eigenart der mit ihm oder an ihm gehabten ›Erlebnisse‹, die nicht anders als durch zeitversetzte Mitteilungen vorgelegt werden können. Und das sind nicht einmal Erlebnisprotokolle, geschweige denn ›Beschreibungen‹, weil das Erlebnis dieses ›Gegenstandes‹ Einstellungen evoziert, die sich mit der theoretischen Distanz nicht vertragen. Deren Urbild ist am ehesten die Rhetorik der »Confessiones« Augustins, die den ›Beobachter‹ nur mithören läßt, wie sich der Autor dem Gegenstand seiner Erfahrung nachhaltig zuwendet, so als sei das Momentane das Dauernde, das ekstatische Erlebnis die bleibende ›Anschauung‹. Kann Husserl gemeint haben, auch der Phänomenologe sei – im Vollbesitz der durch Reduktion purifizierten Subjektivität – solcher ›Anschauung‹ virtuell fähig? Dann wäre das vermeinte ›Datum‹ Gott ein Ertrag der endlich gewonnenen und durchgehaltenen ›Methode‹.

Warum sollte der Cartesianer Husserl das von sich gewiesen haben, da doch der Meister des *Cogito* seine Konzeption der neuen ›Methode‹ in Bezug zu den ›Meditationen‹ gesetzt hatte, für deren Typus ihm die Exerzitien des Ignatius von Loyola vertraut waren, und Husserl auf den Titel der »Cartesianischen Meditationen« noch (oder erst recht?) in der Spätzeit seines Denkprozesses nicht verzichten wollte? Wer »Meditationen« schrieb, konnte sehr wohl gesagt haben, was Leo Strauss von ihm berichtete.

Daß jeder ersetzbar ist, folgt zwar aus der Idee der Gleichheit, ist aber auch das Ärgernis ihrer Anwendung für jeden, dessen Idee nur sein kann, unersetzbar zu werden. Dafür gibt es eine paradoxe Voraussetzung: Unersetzbar kann man nur werden um den Preis, überflüssig zu sein. Es wäre zur Vollentwicklung dieser riskanten Spezies *homo sapiens* nicht gekommen, wenn nicht die ihr Notwendigen jederzeit hätten ersetzt werden können. Zum Luxus der Individualität durften es nur die bringen, die auch als andere hätten dasein können – deren Beliebigkeit zugleich die Schwäche ihrer Existenzsicherheit war.

Ersetzbar *muß* jeder sein, unersetzlich *will* er sein. In diesem Zwiespalt des Daseins erwächst die dritte Idee: die der Vertretbarkeit. Der Unersetzliche muß nicht selbst tun, wofür er dasteht, er kann es im Mandat abtreten und kraft der Delegation es so sein lassen, als ob er selbst es wäre, der es tut, und worum es anderen geht, daß er es tut.

Unter den Wrangel-Anekdoten sind Fontane, wie sich versteht, die am liebsten, die in Ruppin angesiedelt sind – obwohl die Pflicht des Historikers ihm abzwingt zu sagen: *auch andere Städte werden genannt.* Und Gelegenheit, sie zu erzählen, muß einer seiner ›Helden‹, etwa einer aus dem Geschlecht der letzten Schloßherren auf Liebenberg in den »Fünf Schlössern«, haben, der Graf Philipp zu Eulenburg-Hertefeld etwa, der als Wrangels Adjutant diesen schon darin zu vertreten gehabt hatte, daß er ihn in die Schlacht schickte, als ginge es darum, statt seiner zu sterben. Da beginnt der Ernst des Delegationsprinzips. Dessen heitere Seite, jenseits der ›dänischen Campagne‹, spielte sich eben in Ruppin bei der Inspektion der Truppe ab, die dort in Garnison lag. Die Ruppiner hatten *ihren Jungfrauenflor in drei Gliedern aufgestellt: Die hübschesten natürlich in der Front. Wrangel küßte die ganze Frontreihe durch und sagte dann, auf den Rest deutend: »Eule, küsse weiter.«*

Der Unersetzliche, oder wenigstens in jenem Augenblick so Angesehene, konnte sich vertreten lassen – und keine der Ruppiner

Jungfrauen des zweiten und dritten Gliedes hätte Mißmut zeigen dürfen und wollen, auf Befehl vom Adjutanten geküßt worden zu sein. Vom Ersetzbaren, hier Unersetzlichen, im Besitz des Mandats kraft dieses schönsten aller preußischen Befehle, auch wegen der Vertraulichkeit der Namensverkürzung: »Eule, küsse weiter.«

Wie ein Mensch ›erwachsen‹ wird und dabei so etwas wie ›eine Welt‹ bekommt, läßt sich zwar nicht erklären, doch beschreiben mit dem Begriff der Distanz. Was ›den Erwachsenen‹ mit Wehmut im Rückblick auf die Kindheit erfüllt und ihm als das Unwiederbringliche an ihr erscheint, ist die verlorene Nähe zu den Dingen, bis zur Körperwärme im Wort- wie im Übertragungssinn. Doch wem es gelänge, Kind zu *bleiben* und damit kindisch zu *werden*, der bekäme nie eine Welt. Einer der bedeutenden Verleger dieses Jahrhunderts – von denen es immer so wenige zu geben scheint, wenn gerade wieder einer im Generationswechsel auf sanfte oder rauhe Art abtritt – hat in seinen unterbeachteten Erinnerungen mit nahezu phänomenologischer Einstellung beschrieben, was vor sich geht, wenn dem Kind eine Welt aufzugehen beginnt. Mit der Auflehnung gegen die abstrakte Belehrung des älteren Bruders im mecklenburgischen Penzlin setzt es ein: die Erde sei rund. Es ist milde ausgedrückt, wenn der Autor sich erinnert, er sei ›erstaunt‹ gewesen. Nicht jedes Erstaunen setzt sich in Nachdenklichkeit um. Dieses tat es.

Nein, das konnte unmöglich stimmen. Schon hier auf dem Hof die Ecke an der Treppe, und das Haus mit den vielen Ecken, und die Kirche mit dem Turm! Zweifellos, die Erde war eher eckig als rund: eine Summe von Ecken. Und es ist ja gut für das Kind zu wissen, daß die Erde der Inbegriff von Möglichkeiten ist, sich zu stoßen. Zugleich geht in das Nachdenken eine Komponente ein, die den Weg zum größeren Überblick öffnet, wenn auch noch nicht ausschreitet: die Veränderung des Blickpunkts. Doch auch da: *Nein, auch wenn man die Erde noch so sehr von weitem ansah –, rund konnte sie auch dann nicht sein.*

Daß in dem ›Noch so sehr von weitem‹ der Hinterhalt des ›Noch nicht weit genug‹ steckte, machte die Differenz von der Kindeslebenswelt zu avancierten Formen von Weltvorstellungen aus. Die Distanz war ungeahnt, unbegrenzt, ›unendlich‹ veränderlich – und da verloren sich die Ecken im Gleichmaß mit der Lebenskunst, sich an ihnen nicht zu stoßen. Die Theorie machte nur den Gewinn der Praxis mit, deblockierte die Versetzung auf imaginäre Standorte. Alles, was an Weltansicht noch zu gewinnen war – und es blieb eine Zumutung an die Imaginationskraft –, ergab sich aus immer neuen Wiederholungen der ersten Distanzergreifung. Die Behaglichkeit der ›Lebenswelt‹ bestand nur darin, die Distanzen nicht *abrupt* zu verändern – das konnten nur die kinderäugigen Einsteine.

DURCHLÄSSE: ENGES SIEB, WEITES NETZ

Der Metaphorologe erlebt mit seinen thematischen Gegenständen Überraschungen, von denen man glauben sollte, sie seien den Logikern vorbehalten.

Kaum anderthalb Jahre vor seinem Tod schreibt der Soziologe und Philosoph Arnold Gehlen an den Verleger Vittorio Klostermann, als Antwort auf die Anregung einer Gesamtausgabe, er könne nicht alles Eigene so wichtig nehmen, daß es darin wieder gedruckt werden müßte. Was Herausgeber und Verleger alsbald nach Gehlens Tod im Januar 1976 auf zehn Bände anlegen sollten, schätzt Gehlen selbst auf sieben bis acht. Er schließt, Selbstdistanz und Selbstschätzung verbindend: *Ich darf versichern, ich kenne niemand, der selbstkritischer wäre als ich, ich würde ein enges Sieb nehmen ...*

Der Herausgeber Lothar Samson berichtet 1978 über die Gesichtspunkte der definitiv getroffenen Auswahl. Die von Gehlen noch vorgeschlagene Beschränkung hätte den Wert der Edition als umfassende Darstellung des Werkes sehr beeinträchtigt. Daher: *Gehlens Grundgedanke wird beibehalten, allerdings ein weitmaschigeres Netz gewählt.*

Wie viel Übung im Umgang mit Metaphern dazu gehört, an dieser Stelle zu stutzen, läßt sich nicht abschätzen. Gehlens Sieb sollte eng sein, das Netz des Herausgebers weit, um der Beschränkung, die dem Autor angestanden haben mochte, zu entgehen. Wer gezögert hat, sich der Anschaulichkeit dieser Differenzierung zu beugen, hat es nicht mehr schwer, die Bilddifferenz bei den engen Löchern des Siebs und den weiten Maschen des Netzes nicht zu belassen, sondern mit dem Vergnügen, das hier noch möglich und zulässig ist, auf der entgegengesetzten Funktion von Sieb und Netz zu bestehen.

Das Sieb hält, wie Gehlen es beabsichtigt hatte, zurück, was nicht genutzt oder genossen werden soll; und je enger es ist, um so mehr Rückstand kann es dem Passiergut entziehen. Das Netz hingegen ist darauf angelegt, als nutzbaren Fang zu halten, was nicht durch seine Maschen passiert, und das Kleinzeug und Jungvolk des Meeres gerade eben durch bedachte Maschenweite wieder freizugeben. Statt dem Willen des Autors zu widerstehen, hätte der Herausgeber, der eigenen Rhetorik erliegend, das Gegenteil seiner Absicht angezeigt: eine auf die ›dicken Fische‹ beschränkte Edition zu machen.

Von den Sophisten nichts zu halten, hat Plato die Nachwelt gelehrt, und den ehemaligen – und niemals ganz davon ablassenden – Sokrates alle Künste aufbieten lassen, ihnen jedes Recht auf Achtung zu verweigern.

Vom bedeutendsten der Sophisten, dem Gorgias aus Leontinoi auf Sizilien, der sich in Athen mit einem Werk »Über das Nichtseiende« Aufsehen zu verschaffen suchte, wie es ›praktizierende Philosophen‹ wohl tun müssen, wissen wir daher fast nichts. Dennoch ist er berüchtigt durch drei Sätze, die der Skeptiker Sextus Empiricus überliefert hat. Sie lauten, lakonisch genug:

– Es gibt nichts.
– Gäbe es etwas, wüßten wir davon nichts.
– Wüßten wir etwas davon, könnten wir es nicht sagen.

Plato hat, wohl mit Recht, gezeigt, daß die ›Philosophie‹ der Sophisten auf die Schule der Eleaten zurückgeht und ihre ›Rechte‹ aus den Paradoxien ableitet, mit denen schon Zenon von Elea bewies, daß die Welt nicht so sein könne, wie sie uns erscheint. Man könnte sagen, Platos Polemik gegen die Sophistik sei eine Parodie auf die drei Sätze des Gorgias, obwohl er sie nicht gekannt zu haben scheint. Diese den Sophisten zur Rechtfertigung der Rhetorik und ihrer Wahrheit untergeschobenen Sätze ließen sich so fassen:

– Es gibt nichts.
– Also ist auch das Nichts.
– Also ist wahr, was man auch darüber sagt.

Die Neigung zum Ternar, zum ›Dreisatz‹, ist der Philosophie geblieben, nicht nur bis in Kants Kategorientafel. Es ist kein Zufall, wie ich meine, und Gorgias hat gerade das demonstriert. Vielleicht läßt sich jeder Philosophenstreit auf drei ›elementare‹ Sätze reduzieren? Etwa der Streit darüber, ob es ›elementare‹ Sätze gibt. Die Bestreitung sähe dann so aus:

– Es gibt keine Elementarsätze.
– Gäbe es Elementarsätze, könnten wir sie nicht feststellen.

– Könnten wir sie feststellen, wüßten wir nichts damit anzufangen.
Ich meine, daß in diesen drei Sätzen der Weg Ludwig Wittgensteins vom »Tractatus« zu den ›Sprachspielen‹ zureichend beschrieben ist.

›ELITE‹

Eine Elite macht, indem sie sich erweitert, die zu ihr Zugelassenen zu so entschlossenen Verteidigern ihrer Privilegien, wie sie zuvor deren erfolgreiche Bestreiter gewesen waren. Der Energiezuwachs ist selektiv.

Dabei entgeht leicht der Beachtung, daß die Privilegien im Maße ihrer Verteilung auf mehr Träger nicht nur an innerem Reiz, sondern auch an äußerem Wert verlieren. Es gibt sicher eine ermittlungsfähige Nullgrenze, an der ein zuvor geneideter Rang in eine schamhaft verschwiegene Bezeichnung umschlägt.

So wird etwas mit neuen Energien verteidigt, was aus Gründen des Bedarfs an Zufuhr dieser Energien den Aufwand nicht mehr lohnt.

›EMANZIPATION‹

Als Eugen Gerstenmaier noch dem Deutschen Bundestag präsidierte, machte er seine offiziellen Visiten gern in Ländern, wo es auch etwas zu jagen gab.
Als er die ehemalige deutsche Kolonie Togo besuchte, wurde er in Lomé vom Ministerpräsidenten Sylvanus Olympio empfangen. Die Straßen vom Flugplatz in die Hauptstadt waren von begeisterten Massen gesäumt, unter deren Zurufen Gerstenmaier überwiegend die Vokabel »Uhuru« ausmachte. Auf die Frage, was sie bedeute, erwiderte ihm sein Gastgeber, es heiße »Unabhängigkeit«. Der erstaunte Staatsgast mußte zurückfragen: »Was soll das? Die haben sie doch seit langem!« Heiter erwiderte darauf Olympio, die Leute hätten sich eben so daran gewöhnt.
Diese Erklärung klingt harmlos, und man erfährt aus seinem »Lebensbericht« nicht, ob der deutsche Besucher sich auch für sich selbst mit der Antwort begnügte. Das ist schade.
Sollten die schreienden Massen unter ›Uhuru‹ etwas ganz anderes und ungleich Schöneres verstanden haben als das, was sie nun hatten? Dann waren sie immer noch dabei, es zu erwarten und zu fordern. Könnte es sein, daß sie es dem besuchenden Deutschen – aus dem Land versunkener Erinnerungen der Großväter – zutrauten, es ihnen zu verschaffen? Gefährlich für den nächsten Jagdbesuch.
Vielleicht verstanden sie es aber überhaupt nicht mehr und nahmen es als eine Art Jubelschrei für schöne Gelegenheiten, wie die Christen ihr Halleluja. Hätte man es dem Präsidenten Gerstenmaier aber so erklärt, hätte er es als geschulter Kirchenmann allzu leicht mit der Rückfrage bedenken können: »Haben sie es denn vorher verstanden, als sie es noch nicht hatten? Oder war es schon damals die Unbestimmtheit, die der Hoffnung die bewegende Kraft gibt, die Dinge zu ändern, aber das Wiedererkennen verhindert, wenn sie verändert sind?«

Solange Begriffe Gegenpositionen zu Vergangenem und Gegenwärtigem bestimmen, können sie eine monolithische Eindeutigkeit suggerieren. Gegen die spekulative Physik des Aristotelismus die Bereitschaft zur Geometrie, zur Zahl und zum Quantum zu setzen, die im Platonismus beschlossen zu sein schien, war der plakativ einfache Weg, aus der Scholastik herauszukommen und den okkulten Kräften ein Ende zu machen. Aber die schöne Behauptung, alles sei nach Maß und Zahl in Ordnung, besitze also die Meßbarkeit als seine wesentliche Eigenschaft, bedeutete nicht im geringsten schon die Einstellung zum Maßnehmen, zur Empirie als Messung. Im Gegenteil könnte man sagen, das Vertrauen darauf, es sei alles mit Maß und Zahl nach Idee und Urbild in Ordnung, ließ für die eher mißtrauische Attitüde des maßnehmenden Handanlegens keinen Raum. Die Qualität der Welt war gesteigert, das Bedürfnis, sie zu prüfen, in ebendem Verhältnis gemindert. Erfahrung war immerhin das Schlagwort des Aristoteles gegen die platonische Akademie gewesen – fast zwei Jahrtausende später konnte sie umgekehrt zum Schlachtruf des Platonismus gegen die Aristoteliker werden. So wenig bedeutet, für sich genommen, ein der Vieldeutigkeit wenig verdächtigter Begriff.

Man kommt weiter, wenn man auf die Kontexte und imaginativen Assoziationen sieht, in denen er auftaucht. Von Francis Bacon bis zu Kant wird die Wirklichkeit als Natur ›vernommen‹, und das hat nicht zuvorderst die neumodische *softness* des geduldig-ergebenen ›Vernehmens‹, als das sich die Vernunft auch gelegentlich zu empfehlen pflegt; vor allem, wenn sie sich mit einiger Frömmigkeit zu vertragen bereitwillig zeigen will. Die neuzeitliche ›Vernehmung‹ steht ganz überwiegend im Bildfeld der juridischen Prozedur: die der Geheimnisse und Vorbehalte Verdächtige zum Reden zu bringen, ihr keine Ruhe lassen, auch zu den peinlichen Mitteln greifen, unter deren Metaphorik sich das Experiment mit seiner List und Tücke darstellt. Alles zielt auf das ›Urteil‹ als das Endergebnis, und alles Vorhergehende wird inspiriert von der judizialen Mehrdeutigkeit dieser logischen Unüberbietbarkeit der *causa finita.*

Erst hinterdrein, im Stadium der Resignation oder auch der Überreflexion, kommt auch die Metaphorik zur Disposition. Der Natur gegenüber seien wir eher Spione als Richter, wechselt Ernst Mach das Bild, und der Wiener-Kreis-Programmatiker Otto Neurath schreibt noch einläßlicher: *Wir können nicht gleichzeitig den Ankläger und den Angeklagten spielen und uns überdies noch auf den Stuhl des Gerichts setzen.* Erfahrung als ›Instanz‹ – das ist eine ausgespielte Partie.

Der Begriff wird lebendig durch die Erfrischung, die ihm das Bad in neuen Metaphern gewährt. Ich wandle da etwas ab, was Lichtenberg über die Erfrischung des Verstandes durch Metaphern gesagt hat. Ich möchte es nicht als modische Konzession verstanden wissen, wenn ich als Beleg für die Suche nach anderen Imaginaten den Biologen Jacob von Uexküll heranziehe, der dem deskriptiven Verfahren in seiner Disziplin zuerst den hohen theoretischen Rang gegeben hat, auf dem Organismus und Umwelt in ihrer Funktionseinheit verstanden werden konnten. Er, der baltische Baron, hat das juridische Verhör der Natur bewußt abgelöst durch den Akt der Courtoisie, der fragend bleibt, aber mit der Attitüde des galanten Respekts: *Die Natur ist eine große Dame. Man muß sie höflich fragen, damit sie antwortet.*

Was sonst als ›Umbesetzung‹ sich abspielt, ist hier eine Handlung der präzis kalkulierten Modulation der Tonart. Darin ein anderes Programm, das auf den Standard der ›Erfahrung‹ nicht zu verzichten, eher ihn zu intensivieren gesonnen ist.

›ERGÄNZUNG‹

Als Goethe von seiner letzten Lebens- und Liebeskrise aufgetaucht war und sich selber die verschwiegene Verszeile zurief *Das Maß ist voll*, einen anderen Vierzeiler mit dem schwersten aller *Ache* begann, an denen es ihm doch in konträren Intonationen nie gefehlt hatte, war es ein *Ach! wer doch wieder gesundete!* – da gab es noch einmal die Hinwendung zur allheilenden Natur, den letzten Zyklus von Gedichten, im Typus wie in der Kürze nach fernöstlichem Muster die »Chinesisch-deutschen Jahres- und Tageszeiten« von 1827.

Die Jahreszeiten angehend, hat Goethe dem Frühling zweimal gehuldigt, dafür den Winter – als schmerzhafteste aller Metaphern in diesem Kontext – verschwiegen, dem Herbst die genaueste Formel des ›Selbstbesitzes‹ gegeben. Es ist das Lebensgedicht, auch dies vierzeilig, von der Einsamkeit der letzten Rosenknospe. Immerhin, nicht von der letzten Rose, sondern erst und bleibend ihrer Knospe – darin keine Vergänglichkeitsbetrauerung: *Nun weiß man erst, was Rosenknospe sei, / Jetzt, da die Rosenzeit vorbei; / Ein Spätling noch am Stocke glänzt / Und ganz allein die Blumenwelt ergänzt.* Der Gegensatz von Einsamkeit im Einzelsein und Weltbezug ist durch den schwebenden Wortsinn von *wissen* in dem Einsetzen mit *Nun weiß man erst* ... der bloßen Gartenblickgewißheit entzogen: Die vielen Knospen, die es gegeben hatte, genügten wohl zum alten *Schauen*, nicht zum letztgültigen *Wissen*. In diesem Verstande macht erst der Spätling aus allem Gewesenen eine *Welt* am Ende der *Zeit*, schon jenseits ihrer empirisch zugemessenen Spanne.

Das durch seine Reimdienlichkeit ein wenig als ›gesucht‹ verdächtige *ergänzt* wird zur Markierung der Zeitgrenze im Umschlagen von der Erfüllung auf die Idealität – nicht die ›bloße‹, sondern die sich wie unerwartet ›ergebende‹. Dem Spätling – dem Blickenden wie dem Erblickten – wird noch einmal averbal jenes Heilswort am Ende des Ersten Faust zugerufen: *Ist gerettet!* Nur bedurfte es nun keiner ›Stimme *von oben*‹ mehr.

Zeitlich nicht weit entfernt von Goethes letztem Zyklus und im Blick nach Osten seinen späten Affinitäten ganz nahe, hat Friedrich Rückert in »Die Weisheit des Brahmanen« ganz zwanglos die ›Natürlichkeit‹ des Reimes von *glänzen* und *ergänzen* in einem Zweizeiler gefunden: *Freu dich in jeder Nacht, daß Sterne niederglänzen, / Mit höhrer Hoffnung Strahl dein Dasein zu ergänzen.* Wieviel ›reflexiver‹ als bei Goethe ist diese ›Ergänzung‹: des Daseins, nicht der Welt. Goethe braucht die *Hoffnung* nicht anzurufen, sie hat sich ihm schon ergeben: mit der ›Blumenwelt‹ auch *seine* Welt ›ergänzt‹.

Stifter der Neuen Akademie in Athen war ein Mann namens Lakydes, der um 240 geboren sein soll. Er begann erst in höherem Lebensalter das Studium der Geometrie, deren Kenntnis doch Plato selbst durch den Spruch über dem Eingang zu seiner Akademie zur Bedingung der Zulassung gemacht hatte. Es konnte also Befremden erregen, daß einer, der das platonische Erbe zu erneuern und zu verwalten beanspruchte, erst verspätet die wichtigste Zurüstung dazu erworben hatte.
So ist denn auch bei Diogenes Laertius ein Wortwechsel mit einem Widersacher oder Rivalen überliefert, der dem Lakydes eben das zum Vorwurf machte, erst im Alter zur Geometrie gefunden zu haben. Mit einem der eigentümlichsten Ausdrücke für griechisches Denken, der die Gunst der Zeit *(kairós)* dem Wesen der Welt als *kosmos* zuordnet, fragt der Anfechter der Legitimität des Lakydes: »Erst jetzt?« Worauf dieser zurückfragt: »Warum nicht ›Schon jetzt‹?«
Es könnte sein, daß in diesem Kurzdialog auf einen gleichfalls bei Diogenes überlieferten Ausspruch Platos angespielt wird. Dabei geht es um die Merkmale der rechten Redekunst *(rhētoreia)*, zu denen die Rechtzeitigkeit ihrer Ausübung gehöre. *Wann* soll man reden? »Weder zu früh noch zu spät«, lautet der Merkspruch: *mēte proterō mēte hysterō.*
Doch besagt die mögliche Anknüpfung ans Überlieferte noch nichts über die Finesse der Anekdote. Sie liegt darin, daß die getadelte Unterlassung oder Verspätung des Eignungsnachweises verwandelt wird in eine Zurückhaltung des Respekts. Der Erneuerer der Akademie hat aus Ehrfurcht vor ihrem Stifter gezögert, dessen Bedingung durch frühe und rasche Ableistung als leichtesterfüllbare erscheinen zu lassen.
Es war schon viel Zeit vergangen seit Plato, weit mehr als ein Jahrhundert. Wenn nun einer ganz gegen die Neuerungssucht seiner Gegenwart keine eigene philosophische Schule begründete, statt dessen die eines anderen aus ihrem Verfall herauszuzie-

hen sich entschloß, durfte und mußte er zögern, das Hauptgebot der Gründungsurzeit hinsichtlich seiner Erfüllbarkeit der Unterstellung werbender oder gar abwerbender Leichtigkeit auszusetzen. Zugehörigkeit zur Akademie war sowenig wie ihre Erneuerung Sache des Handstreichs.

Man sollte sich bedenken, ehe man diese Wahl traf. Lakydes hatte sie als eine Sache der Reife und Reiflichkeit erkennbar gemacht. Ob er sich über den Preis klargeworden war, der auf Kosten der Lehre des Meisters dabei zu entrichten war, verschweigt die Überlieferung. Denn in seiner *Praxis* hatte Lakydes damit einem platonischen Kernstück widersprochen: dem Gedanken von der *Anamnesis*, dem der Seele aus ihrer Präexistenz mitgegebenen Wissen von den Ideen. Vergessen hatte Lakydes – wie sein Tadler –, daß Plato den Sokrates des Dialogs »Menon« einem fremdländischen Sklavenknaben den Besitz der Geometrie nachweisen ließ. So geht es seither mit ›Schulen‹ aller Art: Was vor einem Jahrhundert noch die Knaben vorzuweisen hatten, gibt Generationen später ergrauter Gelehrsamkeit die Aura reifen Könnens.

Gleiches durch Gleiches – dieses ehrwürdige Prinzip beherrschte den Begriff der Erkenntnis bis tief ins Mittelalter in der hochabstrakten Fassung, die ihm Aristoteles als Resümee aller vorhergehenden Philosophie gegeben hatte, indem er dem Organ der Erkenntnis zudefinierte, es sei in gewisser Weise schon alles und alles ihm daher auch zugänglich; dasselbe Prinzip hat die Medizin durchwaltet und niemals ganz von ihr gelassen. Es hat eine eigentümliche Plausibilität, um nicht zu sagen: Evidenz. In der Negation, das Ungleiche müsse das Gleiche zerstören, hat es manchem Wahn manichäische Züge gegeben. Auch in der ästhetischen Harmlosigkeit, ein Ungleicher könne nicht bilden und gestalten, was ihm ungleich sei; oder es gerate ihm zur Mißgestalt, sofern er nicht der dem Gebilde Gleiche sei. So entsprang das ›Entartete‹ dem Unverhältnis des ›Artfremden‹ zu dem, was ihm ›seiner Natur nach‹ entzogen sei.

Überhaupt scheint der Begriff der ›Natur‹ hinter jenem Prinzip des *simile simili* zu stehen, als ginge es darum, dem Faktum der Fertilität nur innerhalb der Artgrenzen einen allerhöchsten Hinweis abzulesen. Auch die tiefsitzende Angst, die ›naturhaften‹ Arten könnten durch gentechnische Eingriffe biologisch so ›entartet‹ werden wie vormals ›nur‹ die Kunstwerke, hat den normativen Zug, es müsse Gleiches auch Gleiches *bleiben.*

Daß die Evolution und damit die Artenbildung auf dem Gegenteil zu dieser vermeintlichen Naturnorm beruht, scheint durch die Zeitalter der Gegenwärtigkeit entzogen zu sein. Daß derselbe Satz umgekehrt innerhalb der Menschheit das Gegenteil seiner Ausschließungen verbürgen müsse, weil alle mit allen den Begattungserfolg erreichen, wird von Erlebnissen zumeist kultureller Exotik entkräftet: Nach dem Ende der Anthropogenese ist die Kulturdifferenz so etwas wie das Surrogat der Artgrenze geworden. Das ist nicht ohne Bezug zur Funktion kultureller Zerschneidungen der Menschheit und ihrer oft derart blutigen Demonstrationen, daß es wie eine Maßnahme gegen die sexuelle Kompatibilität aussieht.

In diesen Bezugsrahmen gestellt, nimmt es sich eher harmlos aus, wenn einem bestritten wird, er könne das Verhalten derer verstehen, zu denen er nicht gehört. Oder nicht gehören soll. Wobei die Argumentation umgewendet wird: es könne nicht von ihm herkommen, was solches Verständnis dennoch bezeugt. Alfred von Berger, damals Intendant des Hamburger Schauspielhauses, ab 1909 Direktor der Wiener Burg, hatte im September 1907 in der »Neuen Freien Presse« einen Aufsatz über Arthur Schnitzler veröffentlicht, in dem er mittelbar würdigte, daß noch der *bornierteste Antisemit* nicht den *wienerischen Erdgeschmack* seiner Werke abstreiten könne. Damit kann sich der Gewürdigte nicht abfinden; er fand verharmlost, was sein Leben überschattete. Er hat einen Beleg parat, der aus einem seiner Einakter genommen sein könnte. Kein eigenes Erlebnis: das von einem Bekannten in einer Straßenbahn mitgehörte Gespräch zwischen zwei ›Urwienern‹ über Literatur und unvermeidlich über ihn, Arthur Schnitzler. Beide äußerten sich empört über die *Versuche, der wienerischen Volksseele beizukommen, deren tiefere Erkenntnis mir, dem Juden, naturgemäß versagt bleiben müßte.* Nachdem man sich ausgelassen und gesteigert hatte, bemerkt der eine: *Und er soll ja seine Sachen nicht einmal selber schreiben; ein armer christlicher Student macht sie ihm.* Schnitzler schließt fast beschwörend: *Keine Anekdote, verehrtester Herr Baron.* Das sollte der Adressat ein paar Jahre später näher kennenlernen, als es um den »Professor Bernhardi« für das Burgtheater ging.

Kein gedanklicher Umweg ist zu weit, wenn es um die Bestätigung des Postulats *Gleiches durch Gleiches* geht. Einerseits ist, was der Schnitzler macht, für die beiden Trambahnfahrer doch nicht ›bodenständiges‹ Wienertum – wie könnte es auch? Aber da gehört noch etwas drauf, was das Falsche dublieren soll: Es macht ihm ein anderer, ein ›christlicher Student‹, ein *ghost writer* mithin. Daß auf den wiederum nicht zutrifft, was zuerst über die Unzugänglichkeit der wienerischen Seele gesagt worden war, ist ein kleiner Denkfehler im Verhältnis zur ›Größe‹ des Tatbestands, den man festzustellen hat. Die Macht des niederen

Vorurteils, das sich lächerlich macht, bezieht ihre Dominanz keineswegs aus derselben Niederung; es hat einen Hintergrund elementar einleuchtender Vorstellungen, wie die Welt zusammenhängt und nach welchem Muster die ›Weltordnung‹ gewirkt sein könnte.

Die Formeln und Phrasen der Zeit- und Kulturkritik verdampfen unter der Reibungshitze der Rotation ihrer Verbrauchsapparaturen. Weniges erweist sich als dauerhaft oder auch nur im Rückblick erträglich.

Zu den großen Prägungen, die unmittelbar nach dem Ersten Weltkrieg entstanden sind, gehört manches vom wortmächtigen Max Weber, der den Genuß der Rhetorik, die Anziehungskraft der ›Kathederpropheten‹, zwar für bedenklich hielt, aber doch selbst diese ›Rolle‹ nicht vermeiden konnte. Was damals noch mit einiger Harmlosigkeit ›Führer‹ hieß und wonach es ›die Jugend‹ angeblich verlangte, wurde ihr an der Gestalt Webers nur durch dessen frühen Tod 1920 genommen. Hätte er die von ihm deutlich genug gesehene Aufgabe des Ausnüchterers durchstehen können?

Wie auch immer – er hat eine der Folgen und Folgerungen der Anspannungen einer Situation der bewegten Jugend gesehen, die schon vor dem Krieg mit den Stichworten ›Leben‹ und ›Erlebnis‹ Inbegriffe reiner Unbestimmtheit gefunden oder angeboten bekommen hatte, von denen auch die Enttäuschung der Niederlage nicht hatte ablenken können. Als Max Weber 1919 im Münchener Auditorium Maximum – angesichts einer Hörerschaft, vor die gerade berufen zu sein er nicht mehr sollte wahrnehmen können – den vielmals zitierten Vortrag »Wissenschaft als Beruf« hielt, sprach er von den eng verbundenen Begriffen ›Leben‹ und ›Persönlichkeit‹ als ›Götzen‹. Was diese ausmachen solle, könne ihr nur jenes geben, sei die Verheißung.

Die Komplexion, diese Bedingtheit, sieht Weber als den Vorweisungszwang des Zeitgeistes: man habe das eine zu *sein*, indem und nachdem man das andere *hätte*. Das führt bis hin zur physiognomischen Verzerrung: *Man quält sich ab zu erleben* – mehr der Worte bedurfte es nicht, um den Druck zu beschreiben, der Erwartungen wie Forderungen produzierte.

Der rhetorische Großmeister fügt seiner deskriptiven Kurzformel die sprachliche Ernüchterung hinzu, auf die mancher nicht mehr gefaßt sein mochte: *Früher nannte man dies ›Erlebnis‹ auf deutsch: ›Sensation‹.*

ES GIBT ZU DENKEN -
VERSUCH, HEIDEGGERS ›KEHRE‹ AUSZUNÜCHTERN

Der sprachgeschichtliche Zufall will, daß die Kopula, die das Subjekt des Satzes allen seinen Prädikaten zuzuordnen vermag, in Entblößung von allem Weiteren – in der betonten Nacktheit, die alles offenläßt, was dieses sein könnte, das jedenfalls ist – auch Existenzprädikat mit dem Sinn ›Es gibt‹ ist. Es ist keine Willkür, dem Sprachgeist zu folgen und zu fragen, welche Einheit von ›sein‹ diesen Bedeutungsspielraum umgreift und zusammenhält. Daß zugleich der metaphysischen Spekulation an dieser harmlos ausschauenden Stelle Tür und Tor geöffnet wird, muß in Kauf genommen werden.

Geht man schon am Leitfaden des Sprachlichen, so darf man sich das Erstaunen über die Bedeutungsgleichung von ›Es ist‹ und ›Es gibt‹ nicht ersparen. Was ist, gibt zu denken, daß es ist und nicht vielmehr nicht ist. Da ist man schon an der schärfsten Zuspitzung des stupenden Faktums, daß etwas ist, zu der gewagten Nachfrage, ob es einen zureichenden Grund dafür gibt, daß es nicht eher nicht wäre.

Im ›Es gibt‹ ist, fast schmerzlich bemerkbar, der Geber verschwunden oder ausgespart. Vergessen oder verschämt verschwiegen ist er und sein Gegebenes in einer rudimentären Relation vereinsamt, deren eines *relatum* so vernichtet erscheint, daß, was es gibt, kaum noch den grammatischen Zwang des Objekts erduldet, im Akkusativ zu stehen. Die Wissenschaftssprache hat denn auch durch Umwandlung des Gebens ins Gegebensein – des fast sinnwidrigen Aktivs ins Passiv des Gegebenwerdens – die Unbestimmtheit der Sachlage abgeschwächt. Es ist niemand, der gibt, wenn etwas gegeben ist (unfragbar, wie beim Kartenspiel zu sagen: Wer gibt?).

Das Impersonale ist ein Meisterwerk der Sprache, um offenzulassen, wer oder was am Werke ist, und gerade dadurch zu denken zu geben: Offen nicht nur, wer gibt, sondern offen auch, wem gegeben wird. Wird ihm ›nur‹ zu denken gegeben, oder

steckt im ›Es gibt‹ das Rudiment einer Koppelung von Gegebenheit und Gabe, die zu mehr als zum Denken anhält, nämlich zum Danken?
Indem man dies in einer Reihe sprachgelenkter Assoziationen entwickelt, bemerkt man, wie man sich der Sprache Heideggers im Umfeld seiner ›Kehre‹ nähert. Das Sein des Daseins hatte er 1927 in »Sein und Zeit« als Sorge bestimmt, und eine der Implikationen dieser Vorbereitung einer Fundamentalontologie war, dem Denken seine ursprüngliche Fülle zurückzugewinnen, die es in der Reduktion auf die theoretische Einstellung zu Gegenständen eingebüßt zu haben scheint. Ist das Dasein wesentlich Sorge, so muß ihm Gegebenes ursprünglich Behebung seines Mangels, die formale Existenz von Seiendem genuin das auf die Sorge bezogene ›Es gibt‹ sein: die virtuelle Versorgung des Daseins als Inbegriff dessen, was es in der Welt gibt.
Fragt man sich nun, was aus dem Denken werden wird oder schon geworden ist, wenn es diesem Bezug vor aller Reduktion aufs Theoretische gerecht werden soll, so ›ergibt sich‹ die präzise Korrelation des Seins im originären ›Es gibt‹ mit dem Denken als originärer Antwort auf eine Gabe, die niemand gibt und die dennoch für ein auf seine Faktizität zurückgeworfenes und unversorgtes Dasein das Verdankbare schlechthin sein muß. Keiner ist da, dem sich der Dank sagen ließe; deshalb wird er nicht gesagt, sondern ›gedacht‹.
Das Dasein begreift sich, weil es den zureichenden Grund dafür, nicht eher nicht zu sein, in keiner Reflexion bei sich auffinden kann, als pure Schuldigkeit, ohne Adressaten, ohne Ritual, ohne Parameter der Abtragbarkeit. So wird es ganz und gar und ohne Maß selbst zum Dank dafür, daß es das ›Es gibt‹ gibt, auch wenn die Herkunft aus der Relation der Sorge zu dem, was ihren Mangel behebt, mit der Daseinsanalytik von der Seinsthematik subtrahiert worden ist. Was als ›Kehre‹ der Ontologie ausgegeben wird, sieht eher so aus wie eine lineare Folge von Schritten der Argumentation, aus der so große Stücke herausgebrochen worden sind, daß die Konsistenz dem Blick entzogen wurde und

wohl werden sollte. Der schöne Leitfaden des ›Es gibt‹ wird dem schlichten Nachdenken weggezogen.
Man kann den Blick auf die Sorge richten oder auf das, was ihr abhilft, auf den Gestus der Selbsterhaltung oder auf das, was seinen Bedarf deckt bis hin zum ›erfüllt‹. In der Doppelkirche San Flaviano in Montefiascone am Bolsena-See nördlich von Rom findet sich eine alte Grabplatte mit einer nur noch schwer lesbaren Inschrift, die den Namen des dort Ruhenden in spärlichen Resten *IO... DE FU...* als Johannes von Fugger kenntlich machen, einen Angehörigen also der durch ihr Augsburger Handelshaus seit dem 15. Jahrhundert weltweit berühmten Familie. Die lateinische Inschrift enthält keine Jahreszahl, läßt aber trotz ihrer Verkürzung noch erkennen, der Inliegende sei *wegen zuviel EST EST EST* gestorben. Hier scheint sich die Fundamentalontologie von ihrer besten und dennoch tödlichen Seite zu zeigen.
Die anekdotische Überlieferung erklärt den epigraphischen Befund so: Der Augsburger Prälat habe sich auf einer der seinem Amt obliegenden Reisen nach Rom befunden. Dabei habe er täglich seinen Diener vorausgeschickt, damit dieser ihm am jeweils nächsten Übernachtungsort die besten Weinquellen ausfindig mache. Der Kundschafter sei dabei so verfahren, daß er an die Türen oder Hauswände das Prädikat für den erhältlichen Wein durch ein *EST* angekreidet habe. Eben in jenem Montefiascone sei dem Vorausprobierer der Wein so viel besser als anderswo erschienen, daß er das Signal seiner Rühmung gleich dreifach anbrachte. Der Prälat fand die Prädikatisierung bestätigt, konnte sich von der Stadt nicht wieder lösen und kam so am ortsansässigen Gewächs zu Tod und Grab.
Man erwartet schon, daß eine solche Geschichte dem Dienst der touristischen Werbung nicht entgehen kann und in den Prospekten erscheint. In diesem Fall steht aber, was sehr viel riskanter ist, auf dem Etikett des in Montefiascone geernteten Weins bis auf den heutigen Tag das zur Beschwörung gewordene Signalement: *EST! EST!! EST!!!* Dies wäre immer noch und nur Lokalsage, wenn nicht die Anekdote in das maßgebende »Universal-Lexikon« von

Zedler aus dem Jahre 1735 eingegangen wäre. Denn was *dort* stand, gab es wirklich – zumindest für die Zeitgenossen. Schließlich befand man sich im »Zedler« auf dem Boden der historischen Kritik des »Dictionnaire« von Bayle, der endgültig zwischen Historie und Legende zu unterscheiden gelehrt hatte.

Was sich an dieser Anekdote aufs schönste ablesen läßt, ist die dürftige Unangemessenheit der Übersetzung des *EST* mit ›Es ist‹. Der Übergang zum Ausruf »Es gibt!« trifft bei der Sache, die angesichts der Selbstverständlichkeit des begehrten Objekts keiner Erweiterung bedarf, jenen ontologischen Hintersinn, daß mehr als die Sorge bedient werde.

Um von der heiteren Geschichte eines schönen Todes auf Heidegger zurückzukommen, sieht man leicht, wie die ganze ›Seinsgeschichte‹ nur durch die Aussparung eines Subjekts möglich wird. Dessen Anonymität kann durch vage Konnotationen abgedeckt sein, indem es in der Form des grammatischen oder logischen Impersonale alle Prädikate offenläßt, jedenfalls nicht mit Interdikt belegt. So gibt es das Seiende nicht mehr, nur noch das Sein, weil das Seiende einer anderen Kompetenz überlassen oder vorgeworfen wird, um die man sich nicht mehr zu kümmern braucht.

Auslassungen sind Mittel des Denkens, wo es durch Verkettungen der Assoziation produziert worden ist. Das ›Es gibt‹ ist Mittel des Verständnisses gerade und eben dort, wo es dessen bedarf, was ›es gibt‹. Deshalb versteht die Sorge nicht nur, was es gibt, sondern auch dieses ›Es gibt‹ selbst – in der Sprache der Grabschrift jenes *EST! EST!! EST!!!*.

* * *

Dann kommen wir an den Lago di Bolsena, wild unter dem Wind, die zwei Inseln (beneidenswertes Paradies), herrlich blaßblau grün, wie der Himmel zwischen den Wolken. Sind um halb zwölf in Monte Fiascone. Sehr gutes schlichtes Essen im Ristorante Dante. Wir nehmen verschiedene Flaschen weißen und roten »Est Est Est« mit. Aus dem Tagebuch von Laura Badoni, nach ihrem Tod vom Witwer in seine Erinnerungen eines

Literaten aufgenommen. Überraschend, wenn man an Rudolf Krämer-Badonis skurrile Heidegger-Reminiszenz denkt, die beiläufige Erwähnung des dreifach beschworenen Seinstitels ohne jeden Nebengedanken an den Seinsdenker. Weshalb? Nicht aus Rache des immer rachsüchtigen Literaten wegen seines verkannten Kunstwerktraktats, auf dessen Zusendung Heidegger trotz des darin enthaltenen politischen Freispruchs so vorbeidenkend reagiert hatte – nein, das ›Sein‹ Heideggers war bereits so weit ›weggedacht‹ von jenem weingewissen ›Est Est Est‹, daß sich das eine im anderen ohne Banausitätsgefühl nicht mehr wollte erkennen lassen.

Mit wem auch immer Freud nicht zusammengetroffen sein mag, mit Hans Kelsen, dem Begründer der »Reinen Rechtslehre«, jedenfalls machte er beim Urlaub im Tiroler Seefeld 1921 Bergwanderungen. Daß etwas ›rein‹ sein konnte und dann auch sein mußte, gehörte ja implizite auch zu Freuds ›kathartischen‹ Praktiken in der Hypnose-Ablösung. Aber die Verbindung mit ›Reinheit‹ ist ein Merkmal vieler Zeitvokabeln.

Kelsen wollte einen Freund, der in der Nähe einlogiert war, mit Freud zusammenbringen, denn dieser Mann träumte auffällig und penetrant vom Tod seiner Kinder, wobei ihm unbehaglich war, daß er träumend davon unbewegt blieb. Insofern waren diese Träume unsittlich. Gerade der letzte in der vergangenen Nacht war ein schauriges Stück: Jemand hatte dem Mann Nachricht vom Tod seiner Kinder gegeben, woraufhin er mit der größten Seelenruhe erwiderte: »Gut, stelle sie in den Eisschrank.«

Freud mag dieser Träumer etwas zu unzensiert geträumt haben, um es auf eine weitere Einläßlichkeit ankommen zu lassen. So sagte er Kelsen, man könne von ihm nicht erwarten, den Traum eines Fremden aus der Distanz zu deuten, doch könne er die Vermutung nicht für sich behalten, daß dieser Träumer unglücklich verheiratet sei und sich die Kinder im Traum erfolgreich aus dem Wege wünsche, um zu einer anderen Verbindung zu kommen.

Hans Kelsen hat dem ›offiziösen‹ Biographen Freuds, Ernest Jones, mitgeteilt, jener Freund habe tatsächlich ein Verhältnis mit seiner Sekretärin gehabt, die dazu noch zur Zeit des ferngedeuteten Traumes am Urlaubsort der Familie wohnte.

Freud verstieß mit dieser Deutungsverweigerung durch Ferndeutung gegen alle Regeln der Schule. Erstaunlicher noch als diese bei Schulhäuptern nicht ungewöhnliche Selbstdispensation ist die Schwäche der Gegenwehr gegen die Frivolität des Träumers, denn diese Verschlüsselung war keine. Sie hat alle Merkmale der allzu schönen und dann auch allzu leichten Erfindungen, mit denen ›Träumer‹ sich profilieren, deutlicher noch: sich für den Meister präparieren. Im Jahr 1921 war bereits jede Tischrunde in gehobener intellektueller Stimmung imstande, diese Art von Träumen zu ›deuten‹. Und wer wunderte sich schon, wie Arthur Schnitzler, jetzt Träume *à la mode de* Freud zu haben?

› FUTUROLOGIE ‹

Manche akademischen Disziplinen haben sich nur deshalb von anderen getrennt und institutionell verselbständigt, um nach einiger Zeit der Ausbildung ihrer Methodik und Nomenklatur das Bedürfnis zu bekunden und wiederum zu institutionalisieren, mit den Genossen ihrer Herkunft ins Verhältnis der Interdisziplinarität zu treten. Die alte platonisierende Geschichte von Einheit zu Vielheit und zurück zur Einheit wird, wenn auch oft nur dem Anspruch nach und der Ressourcen wegen, wieder durchgespielt.

Bei der Vermehrung der Disziplinen spielt nicht nur das Auseinander und Zueinander seine Rolle, sondern auch das schematische Prinzip der Vollständigkeit der Besetzung von (ideellen wie reellen) Positionen. Wissenschaften, deren Aussagen für beliebige Zeitpunkte im Weltprozeß die Geltung haben, die sich im Genius des Laplace verkörpert, werden wegen ihrer demonstrativen Verifizierbarkeit seit der Sonnenfinsternisansage des Thales von Milet auf die Zukunft bezogen. Das ist theoretisch wie praktisch vorteilhaft, aber nicht wesentlich. Die Vorgabe oder Eingabe des Datums *t* ist indifferent gegen die Teilung der Zeit durch die Gegenwart. Deshalb ist die Einstellung des Historikers dem exakten Theoretiker auch dann suspekt, wenn es sich um die Historie seiner eigenen Disziplin handelt – es sei denn, er kann die ›Geschichte‹ für sich rhetorisch agieren lassen, es werde so erfolgreich weitergehen, wie es bis anhin gekommen sei.

Die »Futurologie« leidet an denselben Indifferenzmängeln wie ihre historischen Geschwister. Sie ist unfähig zu der Versicherung, es könne alles ganz anders kommen als bis anhin. Sie beruht darauf, daß das unwahrscheinlich ist. Doch wird sie ihre Beliebigkeit angesichts des Laplaceschen Dämons nicht los. Die Berufung auf ein ›Bedürfnis‹ ist jedenfalls keine theoretische Rechtfertigung. Ihr Ursprung, so ist der Verdacht, muß ein eher psychologisch-faktischer sein: die Besetzung einer Dimension, die man anderen dadurch nicht überläßt.

Kaum jemals sonst – vielleicht die »Limnologie« ausgenommen – wissen wir so genau den anekdotischen Moment des Ursprungs, wie es bei der »Futurologie« der Fall ist. Der in Düsseldorf geborene Hans-Kelsen-Schüler John H. Herz – zuletzt Politologe für Internationale Beziehungen in New York – zitiert einen Brief vom 29. Oktober 1942, den ihm von Emigration zu Emigration der Freund Ossip K. Flechtheim geschrieben hatte, den Plan zu einer ›neuen Wissenschaft‹ – nach gut neuzeitlichen Mustern – vorschlagend: *Was hältst Du davon, wenn ich statt auf die Vergangenheit mich auf die Zukunft werfen würde?* Und da ist – mit der schönen Asymmetrie der Einzigkeit gegenüber allen Vergangenheitsdisziplinen (gegen deren Gesinnung mal der Ausdruck ›Passatismus‹ gebildet worden war, von Ibsen zumindest benutzt wenn nicht erfunden) – auch schon die Namengebung vollzogen: *Als Namen würde ich »Futurologie« vorschlagen.* Das hat gut gesessen und trotzdem nicht viel geholfen.

GELASSENHEIT

Nichts ist schwerer zu beschreiben als die Leistung des Schauspielers. Ohne Lichtenberg wüßten wir nicht viel davon, wie Garrick sein Publikum sehen ließ, wie er den Geist des Vaters im »Hamlet« sah. Fontane hat in seinen Berliner Kritiken Proben der Meisterschaft gegeben, aber nicht viel Meisterliches zu erproben gehabt. Aber was wissen wir – übers Theoretische hinaus, das hier immer langweilig ist –, wie Goethe spielen ließ? Was war das Große an Iffland, das ihm die ebenso unverlöschliche wie ahnungslose Bewunderung der Nachwelt sicherte?
In Kotzebues »Verschwörung in Kamtschatka« hatte Iffland den Hetman der Kosaken zu geben, der Verschwörern in die Hände fällt, die ihn in einem Zelt gefangenhalten, die Büchse auf den Kopf gerichtet für den Fall, daß er auch nur einen Schrei von sich geben werde. Wir haben einen einzigen Satz, der berichtet, wie der Schauspieler die Situation meisterte: *Iffland blies in die Mündung der Büchse, um zu erproben, ob sie auch geladen sei.* Das würde bei den uns geläufigen Kalaschnikows nicht mehr genügen, um das Publikum hinzureißen, aber wir können gerade noch erahnen, wie es wirken mußte, als das Pulver freihändig aufgeschüttet wurde.
Der Fundort des Satzes bedarf doch noch abschließender Erwähnung. Er steht bei Schopenhauer, um seinen Lesern ein Beispiel zu liefern für Leute, die in jedem Fall den Kopf oben behalten, *welches* – diese schöne Gelegenheit, den Landsleuten ihre verkehrteste Beschaffenheit von ganz Europa wieder mal zu eröffnen, darf nicht ausgelassen werden –, *welches etwas ganz anderes ist als die auf Phlegma und Stumpfheit beruhende Gelassenheit vieler Deutschen und Holländer.*
Der Umweg über den gespielten Kosaken zu den lobenswerten reellen *Spaniern, Türken und allenfalls Engländern* ist etwas weit, aber nie vergeblich. Sonst wüßten wir von Iffland weniger.

›GESCHICHTEMACHEN‹

Was heißt: Der Mensch macht die Geschichte? Die Antworten, die gegeben worden sind, haben noch nie befriedigt, so befriedigend sich die in der Frage enthaltene Behauptung auch ausnimmt. Diese Behauptung kann man zugestehen und doch zu sehr beunruhigenden Interpretationen kommen.

Der Mensch macht die Geschichte, aber er weiß nicht, was dabei herauskommt – ist der Tenor der einen Gruppe von Interpretationen. Der Mensch macht die Geschichte, aber er macht nicht die Bedingungen, unter denen er sie macht – ist der Tenor einer anderen Gruppe. Er enthält sogleich das anfeuernde Rezept, nun auch die Bedingungen zu machen, worin die Fallgrube eines Regressus zu lauern scheint. Da wir also nicht genau genug wissen, vielleicht auch nicht wissen können, was mit dem Satz, der Mensch mache die Geschichte, gemeint sei, muß genügen, daß alle sich freuen könnten, wenn durch die Gleichsetzung von Machen mit Handeln das ganze Problem auf die Eingemeindung in die Ethik hinausliefe; aber das ist am unwahrscheinlichsten.

Eine phänomenologische Marschordre in dieser Sache müßte gebieten, Situationen zu beschreiben, in denen Geschichte gemacht wird oder gemacht werden konnte. Blickt man auf die Geschichtsschreiber, so bemerkt man sofort, daß deren Darstellungen solcher Situationen zumeist auf Konjekturen beruhen. Die Dokumente der Geschichtsschreibung sind schon sekundäre und tertiäre Resultate und Produkte des Geschichtemachens. Sie bezeugen wenig von der Ursprünglichkeit geschichtsträchtiger Situationen. Eine solche Phänomenologie bekommt es eher mit Symptomen zu tun, auf die es ihr doch nicht ankommt.

Gerade die Beachtung der *ordinary language*-Parole, dem alltäglichen Sprachgebrauch des schlichten Gemüts oder auch des weniger schlichten als Leitfaden zu folgen, führt zu den Symptomen und Fertigfabrikaten. Wenn ein Marburger Historiker aus den unruhigen Tagen seines Seminars berichtet, es habe eines Morgens an einer der Türen das Schild gehangen »Hier wird

Geschichte gemacht«, so ist dies für ein historisches Seminar allzu zweideutig, als daß es von einem schlichten Gemüt stammen könnte.

Es wäre schön, wenn es nur eine Übertreibung wäre. Denn hinter dieser Tür wird noch nicht einmal Geschichte *geschrieben*, und vielleicht ist dies immer noch die einzige Art, in der sie *gemacht* wird. Der Ausdruck ›Machen‹ ist ohnehin eine jener bemühten Untertreibungen, in denen doch die ganze Fracht der idealistischen ›Schöpferei‹ noch mitgeführt wird, ohne dies eingestehen zu wollen, wie Gottfried Benns frühe Verwendung des Ausdrucks für die lyrische Herstellertätigkeit und wie es der späte Gebrauch für die »Filmemacher« belegt.

This is history, lady! Dies ist der freien Zugang heischende, sein Recht gegen das Private geltend machende Ausruf eines Photoreporters nach dem Attentat auf Robert Kennedy im Juni 1968. Die Frau des Niedergestreckten wollte ihren Mann vor den Blitzlichtern der Reporter abschirmen. Ist das geschichtliche Ereignis erst besiegelt, wenn es die Endgültigkeit eines Toten annimmt? Oder wurden nur die Begriffe von Öffentlichkeit und Geschichte verwechselt? Handelt es sich bei dem, was jedermann zugänglich gemacht werden können muß, schon um das historische Faktum? Oder nur um das, was den Einsatz dessen ausmacht, der auf die Totalität seiner privaten Sphäre schon so global verzichtet hat, daß noch oder erst recht sein Tod nicht mehr privat sein kann?

Vielleicht komme ich einen Schritt weiter, wenn ich eine Postkarte zitiere, deren *understatement* mich so lange fasziniert hat, wie ich sie kenne. Am 19. April 1922 schreibt Walther Rathenau aus Genua an seine Mutter: *L. M. Heute, am Ostersonntag, hab ich einen Ausflug nach Rapallo gemacht. Das Nähere in der Zeitung ... Herzlichen Gruß W.* Der Name Rapallo wird hier zum erstenmal in einem unausdrücklichen Kontext genannt, in dem er für das folgende halbe Jahrhundert drohende Evidenz behalten sollte wie kein anderer Name der vielen Verträge und Konferenzen zwischen den Weltkriegen. Es ist der Hinweis des Sohnes gegenüber der

Mutter auf die Zeitung, die Zeitung des folgenden Tages natürlich, was hier die fast groteske Spannung zu der Wahl des legeren Wortes ›Ausflug‹ herstellt, das noch durch die Datierung auf den Ostersonntag bürgerlich verharmlost, in die Bildungsvertraulichkeit der anderen Osterbewegungsgemütlichkeit, die des »Faust«, zurückgenommen wird.

Das historische Faktum wie der historische Faiseur treiben Mimikry, indem sie auf ihre demnächstige Öffentlichkeit, die geplante, auf Effekt rationalisierte Öffentlichkeit der Zeitung verweisen. Es wird nicht beschrieben, es wird publiziert.

Das phänomenologisch Eigentümliche an dieser Karte ist auf die Formel zu bringen, daß sie die Gleichzeitigkeit *einer* Geschichte mit *der* Geschichte manifestiert wie kaum irgendwo sonst. Das Wort ›Machen‹ hat seinen Platz im Text, aber was gemacht wird, ist der Ausflug nach Rapallo, nicht das, was in Rapallo gemacht wird.

Daß einer sicher im Geschmacksurteil sei, sagt zunächst nicht mehr, als daß er sich vom einmal gegebenen Bescheid nicht abbringen, darin nicht beirren lasse. Subjektiv bleibt, was befunden wurde, und deshalb ist über den Geschmack nicht zu streiten; doch beansprucht das Geschmacksurteil mehr, als ›nur‹ subjektiv zu sein. Es enthält die präsumtive Verwunderung darüber, daß andere anders urteilen könnten oder schon konnten. Darin liegt der andere Gehalt des Satzes, über den Geschmack sei nicht zu streiten: Unbestreitbarkeit macht den Gestus des Urteilssicheren aus, auch wenn ihm verweigert wird, was es beansprucht. Das ›Urteil‹ kann nicht lassen, wozu es gemacht ist: der Sache ein Ende zu setzen.

Daß der Urheber eines Kunstwerks für dieses ›Evidenz‹ behauptet, hat ihn suspekt gemacht: Der Einsame ist für Objektivität verloren. Die Schwenkung des Blicks auf die ›Rezeption‹ als Handlung beliebig vieler in Zeitversetzung sollte die Schwäche der am Erzeuger orientierten Ästhetik beheben. Heimlich steckt in diesem Aspektwandel die Erwartung des ästhetischen Plebiszits. Vielleicht am ehesten zu erfüllen in einem Sonderfall: dem der Briefmarke. Die Postzentren der Welt haben längst so etwas wie geschmacksurteilende Beiräte, die zumindest dem öffentlichen Ärgernis letztentscheidender Bürokraten vorbeugen sollen. Die Fehlgriffe entstehen denn auch am ehesten daraus, daß den Beiräten ein falsches Planetensystem zu einem mäßigen Kopernikus nicht auffällt – keine Sache der Geschmacksunsicherheit, aber ein nachrichtenfähiges Ärgernis. Für den am meisten gebrauchten Trivialkunstgegenstand erregen sich Geschmackssichere selten: Das schweigende Kleben der ›Rezipienten‹ wirkt entmutigend. Die Sammler werden durch den Antrieb zur Vervollständigung ihrer Sätze und Seiten von der Ästhetik ihrer Schaustücke mehr abgelenkt als gefesselt.

Ein einsames Beispiel für das, was *auch* möglich ist, hat Carl Georg Heise in seinen »Erinnerungen an Aby Warburg« (1945)

mitgeteilt, seinen kunsthistorischen Lehrer, der einer der maßstäblichen Büchersammler war – was weltnotorisch ist –, aber auch ein Philatelist, was man weniger weiß. In den Jahren, auf die sich Sammlerfleiß damals richten konnte, bot die Briefmarke noch nicht viel mehr als Wappen und Köpfe, darin Nachfolgerin der Münze, deren Funktionsersatz sie gewesen war, indem sie die Hoheit, die den Wert erworbener Anrechte garantierte, gegenwärtig machte, ohne viel Lust zur Glorifizierung. Um die Jahrhundertwende tauchte auf den Briefmarken des Deutschen Reiches die mythologische Figur der Germania serienweise auf, als *Ersatz eines Sinnbilds durch die Theaterpose*, wie Heise urteilt. Aby Warburg war drastischer aufgefahren. *Sie sieht aus wie eine kostümierte Köchin!* Ein Beleg von auftrumpfender Geschmackssicherheit. Doch war es damals schon ein hartes Verdikt, mehr als ein ›Witzwort‹, das die Runde hätte machen können. Es traf immerhin eine ganze Generation, die diese Serie in alle Welt als deutsches Hoheitsmerkmal ausgeschickt hatte, ohne je zu zögern und zu zaudern. Nichts macht ein Muster selbstverständlicher, ›lebensweltlicher‹ als der Abbrauch von Briefmarken, heute ›Gebrauchswerte‹ genannt, im Unterschied zu den Luxuswerten der Sonderausgaben zu Anlässen und Nichtanlässen. Dann wird man nicht gern darauf gestoßen, welche Abscheulichkeit man im Bewußtsein des angemessenen Wertes von hinten befeuchtet und verklebt hatte. Die Reaktion auf Warburgs *mot* wird also unfreundlich gewesen sein. Jedenfalls machte sie ihn, als professionellen ›Urteiler‹ in Geschmacks- und Echtheitsfragen, beweispflichtig. Er habe sich, so Heise, selbst zur Ordnung gerufen, daß *nun durch seine Schuld eine unbewiesene These kolportiert werde.*

Wer hätte schon getan, was Warburg tat, um sich und anderen Klarheit zu verschaffen, als es die Germania längst nicht mehr auf Postämtern gab? Spätestens die Inflation hatte anderes zutage gefördert, die Republik ihre Präsidenten weltläufig gemacht. Dennoch gelang Warburg die späte Klärung des Hintergrunds in einer *endlosen Korrespondenz mit amtlichen Stellen.*

Der Vorzeitgraphiker Waldraff hatte für seine Germania ein Modell gehabt, und dieses war noch am Leben. Er hatte sich die *Germania-Darstellerin eines mit Makartschem Prunk gefeierten Kostümfestes* vom Fleck weg engagiert. Es war – Köchinnen gab es schon nicht mehr, selbst die nicht, die es einmal gewesen waren, sie waren ›Opfer‹ der jederzeit dem sozialen Fortschritt dienstwilligen verbalen Kosmetik geworden –, es war also in der neuen Nomenklatura *eine biedere Hausangestellte.* Das glanzvolle wissenschaftliche Resultat: *Warburg bekam die Photographie der geschmeichelten Heldenjungfrau in der glücklichsten Stunde ihres Lebens mit eigenhändiger Unterschrift.*

Ein Triumph der, freilich nicht philatelistisch allein erworbenen, Geschmackssicherheit. Nicht anders, als wenn ein altbewährt für echt befundener Rubens zum bloßen Produkt der Werkstatt oder gar Schule degradiert worden wäre. Und zugleich – wie von Warburg für seine Methode angestrebt, von ihren Nachfolgern kaum je erreicht – ein Zugriff auf den kulturellen Hintergrund: eine Metapher von singulärer Treffgenauigkeit für die Epoche, die sich im scheinbar unspezifischen ›Etikett‹ selbst darstellte.

›GESCHMACKSURTEIL‹

Das Geschmacksurteil – moderner: die ästhetische Wertung – beansprucht Objektivität, bekommt sie aber nicht. Das ist kein zufälliges Versagen, sondern der Kern der Sache: die Garantie für den nie ganz abzubrechenden Verbund von ästhetischem Genuß und subjektivem Glück. Nur kann das ›Urteil‹ nicht lassen, wozu es gemacht ist: Es besteht auf Zustimmung. Deshalb der zeitgeistgemäße Schwenk vom Blick auf den Urheber – dessen Einsamkeit ohnehin fürs Objektive verloren ist – zur Fixierung der ›Rezeption‹ als der Handlung beliebig vieler. Die Aussicht auf deren Konsens ist nur eine der immer erneuerten und immer neu benannten Annäherungen an den Geist der Objektivität. Zu erreichen wäre er im Vollzug einer Verifikation, wie immer sie zu beschaffen sein sollte. Heimlich steckt in ihrem Begriff das ästhetische Plebiszit.

Wir können das, was wir wissen, nicht allemal durchsetzen gegen das, was wir sagen. Die Mittel des Sagens gehören zu der Welt, in die wir eingelebt sind. Deshalb ist *die Welt, in die ich eintrat*, das umfassendste Thema, das einer sich stellen konnte. Damit war noch weiter als bis zur Sprache zu gehen – obwohl kaum zu kommen.

Daß der Morgenstern, zeitweise der Abendstern und zumeist der erste oder letzte Stern am Himmel wie der hellste, gar kein Stern – weil kein selbstleuchtender, sondern nur beleuchteter Himmelskörper – ist, ein Trabant der Sonne und von ihr in Phasen bestrahlt, allen Merkmalen nach so etwas wie ein »Mond«, das im Sagen zu beachten würde uns als Pedanterie erscheinen. Man darf es vergessen haben.

Die Komplikation steigert sich dadurch, daß dieser ›Stern‹ unter den Trabanten der Sonne mit ihrer mythologischen Nomenklatur der einzig weibliche ist und die Gunst des lateinischen *stella* nicht erfährt, daß dies schon von der Gattung her die Nicht-Ausnahme ist. Leicht könnte Venus die *luna* der Sonne genannt werden, doch schwerlich die *Möndin*. Sie ist Planet, und darin bleibt die Auszeichnung, die durch das mythologische Geschlecht der ›klassischen‹ Genossen von alters her bestimmt war. Erst als die Erde ein Auch-Planet wurde, besserte sich das Mißverhältnis – aber diese Änderung wahrzunehmen, von der wir wissen, die wir nicht erleben, müssen wir uns ›über-reden‹.

So bleibt, ein Stern zu sein, die Kompensation, die Venus vor der ›Trabantin‹, der ›Planetin‹, bewahrt. Eine ›Sternin‹ wäre eine Minderung ihrer phänomenalen Eindrucksmacht innerhalb jener *Welt, in die ich eintrat.*

Am Himmel wie auf Erden war das Motto der Übertragung der Physik auf den Himmel durch Newton. Doch erweist sich der Himmelsanteil an jener *Welt, in die ich eintrat* als hartnäckiger bestandhaft denn niedere Wandelbarkeiten – und das unabhängig von dem *Wissen*, daß dies ohnehin auch ›objektiv‹ und ›theoretisch‹ gültig ist.

Bleibt bei derart drohender Pedanterie die Bewunderung für eine der ältesten Weisheiten der Sternkunde, daß Abendstern und Morgenstern ein und derselbe Stern sind. Es könnte ein Satz des Heraklit sein: Morgenstern, Abendstern, *ein* Stern. Doch fand sich nur: Hinweg, Herweg, *ein* Weg.

Daß Definitionen nichts anderes als Regeln sind, nach denen Ausdrücke in Aussagen ersetzt werden können, ist in einigen Fällen eine Verharmlosung. Wir können in keiner Aussage den Ausdruck ›der Mensch‹ ersetzen. Deshalb hatte die Fachgruppe Hochschullehrer im NS-Juristenbund unter dem Vorsitz von Carl Schmitt zeitgerecht gefordert, den ›Menschen‹ als Rechtsbegriff abzuschaffen (Frankfurter Zeitung vom 19. Dezember 1935). Da kannte man allerdings schon die Anwärter auf die Bezeichnung als ›Untermenschen‹, wenn auch noch nicht alle. Der ›Übermensch‹ hatte den Vorzug gehabt, keine nähere Bestimmung dessen mitzuführen, was er unter sich lassen sollte. Da gab es, zum Glück, nur erfolglose Anwärter.
Die Weltgesundheitsorganisation (WHO) ist nicht davor zurückgeschreckt zu definieren, was für sie fortan ›Gesundheit‹ sein solle: *der Zustand vollkommenen physischen, psychischen und sozialen Wohlbefindens.* Das war mehr als eine Bestimmung organisierbarer Maßnahmen und Vorgänge, es war die brisante Vorgabe eines der ganzen Welt zudefinierten Anspruchs. Es war nicht mehr ganz das *größte Glück der größten Zahl* – worin immerhin die Relativierbarkeit des ersteren durch das letztere lag, mithin nicht die ›Vollkommenheit‹ ohne Rücksicht auf die ihr Zustrebenden –, aber es war ein ständig zu verfehlendes Kriterium.
Doch welche Wortersetzungsregel wäre harmloser gewesen? Schließlich ist Gesundheit schon dadurch, daß sie Zuständlichkeit eines Lebewesens ist, eine prekäre Befindlichkeit, die sich nur verschlechtern kann. Mehr noch: Gesundheit ist derjenige Zustand eines Organismus, der die höchste Wahrscheinlichkeit des Mangels an Dauer enthält. Vielleicht schon und vor allem deshalb, weil jenes Wohlbefinden das Unmerkliche ist, das man so schwer erträgt, weil man sich auch *danach fühlen* möchte. Das treibt die Blüten des Übermutes, der weniger bekommt, indem er mehr will. Das Unbehagen am Wohlbefinden – dem »in der Kultur« ähnlich – muß damit zu tun haben, daß es erst als ver-

lorenes *erlebt* werden kann. Umgeben von der Unendlichkeit des Möglichen, es physisch, psychisch und sozial *nicht* zu haben, verleugnet sich das Wohlbefinden *entmutigt*. Es kann nicht sein, was nicht empfunden wird *(esse est percipi)*.

›Gesundheit‹ gehört daher nicht zu den Begriffen, die ›in Geschichten‹ präsentiert werden können. Es müßten zu viele sein. Entmutigt, erzählt man lieber keine. Und das ist sie schon: Am 20. April 1939, dem Geburtstag des ›Führers‹ der Führer, wurde ein in Luzern geborener Mann namens Leonardo Conti zum »Reichsgesundheitsführer« ernannt; es blieb ihm danach nichts übrig, als am 6. Oktober 1945 die erlernte Kunst an sich selber letal auszuüben.

›GEWORFENHEIT‹

›Geworfenheit‹ war eine der eindrucksvollsten Prägungen der Daseinsanalytik auf dem Wege zur nie gelösten Frage nach dem ›Sinn von Sein‹. Es entsprach einem Grundgefühl dieses Jahrhunderts, daß man nicht sehr sorgsam ins Dasein gebracht worden war, erkennbar schon an den Ratlosigkeiten aller an der Aufzucht Beteiligten, die von neuen ›Wissenschaften‹ zuerst verlegen im Selbstverständlichen gemacht werden mußten, um sie dann mit reich drapiertem Rat und Druck auf die vielfach dissentierenden ›rechten Wege‹ der Erziehung und Konditionierung zu bringen. Vielen, die ihre gläubigen Erinnerungsreste von sich taten, erschien die ›Geworfenheit‹ zu Recht als Ausdruck für die verlorene ›Geborgenheit‹ im Vertrauen auf göttliche Vorsehung und deren Derivat in der Natürlichkeit elterlicher Fürsorge. Dazu die geschichtliche Willkür, die jeden fragen lassen konnte, warum gerade er in dieses mißlingende Säkulum gestoßen worden sei, da es doch – so der unbegründete Verdacht – auch angenehmere ›alte Zeiten‹ gegeben hätte. Es kam vieles zusammen, um Heideggers Wortschöpfung breite Zustimmung zu verschaffen.

Nun gibt es das Bedürfnis nach Symmetrie nicht nur als ästhetisches, sondern erst recht als theoretisches Desiderat. War das In-der-Welt-sein im zeitübergreifenden Sich-voraus-sein gezeichnet als Sein-zum-Tode, so lag die Reklamation nahe, dies sei endlastige Faszination durch die Mortalität, und es käme über dem Ende der Anfang zu kurz, die Natalität, die in sanfterer Sprache das Erblicken des Weltlichts geheißen hatte. Wechselt man so die Terminologie ein wenig, findet man sich nahe an den Biologismen, die die zwanziger Jahre dieses Jahrhunderts nicht weniger für sich beanspruchten als die Existenzialismen. Man kann sogar sagen, die expressionistisch getönte Sprache der Daseinsanalytik rivalisiere mit einer biologisch geprägten Anthropologie gerade darin, daß sie für deren Sprache in jedem Fall Äquivalente anzubieten habe, die der Mißdeutung des Daseins als eines ›vorhandenen‹ Lebewesens entgegengestellt waren. Dann war ›Geworfenheit‹ sowenig das *factum brutum* des Austritts aus der mütterlichen Leibeshöhle wie ›Sein zum Tode‹ das Wissen vom unvermeidlichen Herzstillstand oder Hirnversagen. Es ist daher fraglich, ob der Wortschöpfer jemals an die ›Geworfenheit‹ im animalischen Sinne gedacht hat, wie das Muttertier seine Jungen ›wirft‹ und diese miteinander diesen ›Wurf‹ ausmachen. Im Kontext stehen andere metaphorische Assoziationen, wie die ›Bewegtheit‹ des Daseins als ›Absturz‹: *Das Dasein stürzt aus ihm selbst in es selbst, in die Bodenlosigkeit und Nichtigkeit der uneigentlichen Alltäglichkeit.* Es gibt die biologische Abgeschlossenheit des ›Wurfes‹ nicht, weil dieser auf einem ›Boden‹ geschieht, um auf diesem aufzuwachsen, während die ›Geworfenheit‹ ins Bodenlose geht und darin ausdrücklich ›Sturz‹ bleibt, ›ständiges Losreißen von der Eigentlichkeit‹ und ›Hineinreißen in das Man‹, das seinen Terminus im ›Wirbel‹ bekommt. Zur biologischen Konnotation fehlen Aufwuchs und Ausreife, Abschlußphasen, die die Hinfälligkeit zum Tode als eine Wendung im Lebensprozeß erscheinen lassen wollen. Biologisch ist eben nur bedingt richtig, was Papst Innozenz III. in »De contemptu mundi« für viele Weltunfreudige schrieb: *Wir sterben, solange wir leben, und erst wenn wir aufhören zu sterben, hören wir auf zu leben.* Ins Zeitalter vermeintlicher Lebenserhaltungstechniken versetzt, hat es sich der Philologe Jacob Bernays so aufgeschrieben: *Hufelands Makrobiotik ist die Kunst, lange zu sterben.* Zur Hintergrundmetaphorik der daseinsanalytischen ›Geworfenheit‹ paßt das Gebären, Kalben und Jungen nicht. Nicht zu einem Satz wie diesem: *Die Geworfenheit ist nicht nur nicht eine ›fertige Tatsache‹, sondern auch nicht ein abgeschlossenes Faktum. Zu dessen Faktizität gehört, daß das Dasein, solange es ist, was es ist, im Wurf bleibt und in die Uneigentlichkeit des Man hineingewirbelt wird.* Es ist eher eine räumliche Konnotation von Sturz und Fall, Wurf und Wirbel, zu der Bodenlosigkeit gehört, weil jeder ›Boden‹ dieser Bewegung ein gewaltsames Ende machte, statt ihr endlich Grund und Bestand zu verschaffen, wie es das ›Vorhandene‹ haben muß.

Daß dem Imaginationszug von ›Geworfenheit‹ der ›Fall‹ angehört, läßt an den theologischen Hintergrund der als Deskription ausgegebenen Befunde denken, der in der Marburger Entstehungsphase von »Sein und Zeit« bei Rudolf Bultmann seine Induktion gehabt haben könnte, wörtlich vor allem aus der Gnosisformel der »Excerpta ex Theodoto« des Clemens Alexandrinus, die den Freiheitsgewinn der offenbarten ›Erkenntnis‹ zusammenrafft: *Was uns frei macht, ist die Erkenntnis, wer wir waren, was wir wurden; wo wir waren, wohinein wir geworfen wurden; wohin wir eilen, wovon wir erlöst werden, was Geburt ist und was Wiedergeburt.* Das Woher und das Wohin waren in strikter Symmetrie gehalten, ein Bezugsrahmen von derjenigen Unbestimmtheit, die immer die Hirne angezogen hat, ihn auszufüllen und sich dabei zu zerstreiten. Doch war das Woher schärfer gefaßt als mit dem klassischen ›Fall‹ der Ursünde, nämlich mit der Gleichsetzung von Woher und Wohin am Anfang durch das Geworfenwordensein in die Welt und den Leib von einem transzendenten Ausgangspunkt her, zu dem zurückzukehren nur die Umkehrung der Vorgeschichte, ihres Woher und Wohin sein konnte: aus der Fremde zurück zum Ursprung, zur ›Eigentlichkeit‹. Da ist die Entfernung vom Ursprung keine sündige ›Tat‹, sondern das Erleiden eines Unheils, der Welt und des Durchlaufs durch sie als einer Passion des *pneuma* als der erlösungswürdigen ›Essenz‹ des in den Welt- und Leib-Seelen-Bann verführten Menschen. Dazu gehört also die Passivität der ›Geworfenheit‹, die in der ›Geburt‹ nur eine ihrer Episoden hat, wie auf der anderen Seite anstelle des Todes die ›Wiedergeburt‹, auf die hin kraft der Erkenntnis Aktivität möglich wird: zwar *wohin wir eilen*, aber zuvor *wohinein wir geworfen wurden (pou eneblēthēmen)*. Nicht zu übersehen ist, daß Luther sogar die Menschwerdung des Gottessohnes so passivisch als Geworfenheit ins Fleisch verstehen konnte, dabei der Sprache der Heils*tat* durch Leib*annahme* nach aller Tradition vergessend. Und Luthers Sprache war Heidegger vertraut, es ist weithin die Sprache Augustins in seiner antipelagianischen Epoche, die von der Figur der Vorentschiedenheit bestimmt ist und damit auch die

Heilsgeschichte zu passiven Akten umzuformen tendiert. So fehlt auch der ›Daseinsanalytik‹ das Pathos der Freiheit, und darin gibt es keine ›Kehre‹ zur ›Seinsgeschichte‹ hin, die eine Projektion der augustinisch-lutherischen Prädestination ins Übergroße ist.

Dadurch, daß die Würfel erst *gefallen* sind, wenn sie *geworfen* wurden, ist eine imaginative Affinität, ja Überschneidung der ›Geschichte‹ von Geworfenheit mit dem großen Metaphernareal des *Spiels* gegeben, geradezu ›systematisch‹ sichtbar gemacht durch Pascals Verbindung zwischen Heilssorge und Wahrscheinlichkeitsabwägung im (theologisch) riskanten *argument du pari*, dessen Spiegelung – ohne belegbaren Nexus – die Wette auf Faustens ›Rechtfertigung‹ in Goethes Himmelsvorspiel ist. Der erklärte Atheist Einstein verwahrt sich dagegen, daß in der *wissenschaftlichen Erwartung* statt der *vollen Gesetzlichkeit* an den *würfelnden Gott* geglaubt werden könne. Auf das spielende ›Subjekt‹ kommt es hier sowenig an wie bei der ›Geworfenheit‹ sonst, denn in demselben Brief an Max Born vom 7. September 1944 ist ›neutral‹ vom *Glauben an das fundamentale Würfelspiel* die Rede, dem trotz des Erfolgs der Quantentheorie zu widersprechen Einstein sich auch angesichts dessen nicht scheut, daß *die jüngeren Kollegen dies als Folge der Verkalkung auslegen.* Ich zitiere das hier, weil man spürt, welche Grundschichten von Weltansicht, meinetwegen ›Seinsauslegung‹, mit dieser Metaphorik – um sie gleich zu iterieren – ›ins Spiel gebracht‹ werden können.

Ein weniger sensationelles, weniger bekanntes Dokument ist ein Brief Rilkes an Nanny Wunderly-Volkart vom 2. April 1924, also aus der nächsten zeitlichen Nachbarschaft der ›Geworfenheit‹ und, um es literarisch zu markieren, zwischen der abrupten Vollendung der »Duineser Elegien« auf Muzot im Februar 1922 und der im April 1926 abgeschlossenen Niederschrift von »Sein und Zeit« auf der Hütte Todtnauberg.

Rilke hat nach dem ›Durchbruch‹ der großen Gedichtzyklen, der »Sonette« und der »Elegien«, den Zusammenbruch der Jahreswende erlitten, den er in einem früheren Brief an die »Nike«

genannte sorgliche Freundin als eine Art *conversio* beschrieben hatte, seinen Preis an die unbekannte Instanz, die ihn mit dem Sturm der Gedichte überzogen hatte. Dann hatte sich Frau Wunderly, die immer in der Nähe zu wissen Rilke notwendig geworden war, auf eine ihn befremdende Afrikareise mit ihrem Sohn begeben – Anlaß genug, ihr den wohl intensivsten Brief dieser Beziehung nach Tunis nachzuschicken, seine ›Mitwisserschaft‹ mit ihren Erfahrungen dort ausbreitend, als sei es für sie gar nicht erst nötig gewesen, sie an Ort und Stelle zu machen: *Ja, Chère, ich wußte Ihre Freude voraus* . . . Mehr noch: die Ergriffenheit vor der Lebensform dort, dem *in sich beruhenden, nicht aus sich hinaus, nicht von sich fortstürzenden Leben.* Er nennt es das *statische Prinzip.* Es ist seltsam, wie diese Statik sogleich in eine Imagination gefaßt wird, die ganz auf Bewegung hinblicken läßt, aber eine der Wiederkehr aus der Geworfenheit in die Verborgenheit, die alle Bedeutungen bewahrt, die im Zufall ausgeschaltet waren: *Man ist dort wie der Würfel im Becher: eine unbekannte Spielerhand schüttelt ihn zwar, und man stürzt aus ihm und bedeutet draußen, im Auffallen, viel oder wenig. Aber man wird, nachdem der Wurf vorüber ist, in den Becher zurückgeholt, und dort, innen, im Becher, w i e man auch zu liegen kommt, bedeutet man alle seine Zahlen, alle seine Flächen.* Die Geworfenheit ist Episode. Kein Glück und kein Mißgeschick gibt es im Zurückgeholtsein, im Becherinneren. Dort bleibt *das bloße Dasein, das Würfel-Sein, das sechs Flächen haben, sechs Chancen, immer wieder alle –, und die eigenthümliche Sicherheit, sich selber nicht auswerfen zu können* . . . Aber gerade diese Selbstentmächtigung begründet den *Stolz* der Passivität: zu wissen, daß *es eines göttlichen Wagnisses bedürfe, damit einer aus der Tiefe dieses Bechers auf den Tisch der Welt geworfen werde, in's Spiel des Schicksals.* Da hat die Metapher die Grenze zum Mythos schon überschritten, sowenig der ›Gott‹ des Wagnisses bei diesem *Coup de dés* erahnbar werden mag.

Rilke hat im Fremden immer nur die Unerreichbarkeit des Eigenen beschrieben. Zwischen der Krankheitskonfession vom Januar und dieser ›Exotisierung‹ des Bedürfnisses nach Selbstauslieferung an ein rätselhaftes Risiko besteht über das Vierteljahr hinweg die Konvergenz auf einen Mythos, der die ›Stelle‹ der Geworfenheit besetzt, durch die sowohl das In-der-Welt-sein als auch das Zurückgenommenwerden aus ihr bezeichnet wird. Denn *zurückgenommen* zu werden *in den Spielbecher, um noch einmal risquiert zu sein* – das umreißt eine der Grundformen von Schicksal, die sich jeder Selbstverwirklichung entziehen. Denn daß es *die Welt ist, in die man fällt, unter Sterne, zu Mädchen, Kindern, Hunden und Abfällen*, daran gibt es keine Unklarheit. Der Fatalismus, den Rilke nie mit metaphysischer Bestimmtheit ausgesprochen hätte, den er dennoch zwischen Rußland und Spanien gesucht hatte, den er hier der Freundin nach Nordafrika projiziert, ist unverkennbar die mittelbare, umwegigste Konfession der Verlorenheit, die er nicht nur als tödliche Krankheit schon in sich trug, die auch die Ratlosigkeit über den kapriziösen Einfall der ›Stübli‹-Herrin von Meilen so durchdrang, daß er ihr zwischen so vielen Briefen über seine trivialen Bedürfnisse endlich seinen Daseinsmythos preisgeben mußte. Was sie dort drüben gesehen hatte, war die Anschaulichkeit des Würfelwurfs, von dem wissen zu lassen die Ästhetik der Lebensform diesseits der Kontinentgrenze zur Dezenz verurteilte: *Es ist ein lauteres Spiel, unabsehlich und immer neu aufgenommen, über einen hinaus, aber doch so, daß keiner in keinem Augenblick werthlos sei, oder schlecht oder schmählich; denn wer kann dafür, daß er so oder so aus dem Becher fällt?*

Nanny Wunderly-Volkart hat ihren Briefanteil nicht zur Publikation freigegeben. Wir kennen daher nicht, was von Rilke als *großer Brief aus Tunis* quittiert wird. Doch muß Rilke daraus entnommen haben, daß die Freundin ihre Art der Afrikaerfahrung ihm zu verdanken bekundet hat – oder, was dasselbe bedeutet, daß sie im so fremden Medium erst erfahren konnte, was ihr durch die Beziehung zu Rilke an Sicht möglich geworden war. Es ließ sie fühlen, *daß Sie dies nur mit mir erleben könnten, eben um meines Einsehens willen* – eines ›großen Einsehens‹, das *vorher nicht da war.* Daher Eile und Umfang der Antwort aus Muzot, als könnte etwas auf der Rückfahrt noch verlorengehen von der Erweiterung des Horizonts aus der bis dahin unangewendeten Vertrautheit mit dem Eremiten im Wallis, wie *diskret und verborgen man es dann auch in sich trägt . . .* Rilke wußte – und betonte es hier –, daß die Diskretion dieser freundschaftlichen Vertrautheit in der Nähe wiederkehren würde. Nur über die große Distanz hatte er gewagt, unter dem Wunschtitel des ›statischen Prinzips‹ von sich selber zu sprechen, indem er nichts Geringeres tat, als den Status des ›Empfängers‹ der Elegien zwischen Metapher und Mythos zu beschreiben: *Jenes arabische Dasein ist nur möglich, wenn man eben den Stern Erde bewohnt und den Weltraum athmet.* Geworfensein aus dem Würfelbecher, das setzt den Raum voraus, in den hinein es geschieht und aus dem der Geworfene und in der Geworfenheit Ausharrende seine ›Bedeutung‹ empfängt: *Nike, ach, daß ich d i e s noch erleben durfte, – was, erleben: s e i n , es sein, das Un-geheuere!* So hatte er der Freundin am Tag nach dem Telegramm *Freude und Wunder* neun Elegien angezeigt mit dem Eingeständnis, mehr und länger hätte er nicht ausgehalten: *alles, was Geweb in mir ist, Bindung, krachte im Sturm . . . ich muß schon gut gefügt sein, daß ichs ausgehalten habe.* Da stand die Zehnte noch bevor, einen Tag darauf. Als dann die »Saltimbanques« in einem *strahlenden Nach-Sturm* noch ›zur Welt‹ kamen, hatte er die *Signale aus dem Weltraum* ab- und ausgehört, dabei an seinem Pult *ungeheuere Kommando-Rufe* ausgestoßen und jene Signale *mit meinen immensen Salutschüssen* beantwortet. Es war ›Erfahrenes‹, was er wenig später nach Tunis projizierte: den *Stern Erde* zu bewohnen und aus dem Raum zu empfangen. Er war auch in der Zeit, über das Jahrzehnt des Beginns der Elegien hinweg, wieder mit sich identisch geworden: *je suis de nouveau le contemporain de moi-même!* Er habe sich ›eingeholt‹. Das ließ sich in den Würfelwurfmythos mühelos eintragen.

Es war die Auflösung des Hiob-Schicksals, das der alttestamentliche Dulder als sein Ungehörtsein beklagt hatte. *Schreie ich zu dir, so antwortest du mir nicht; trete ich hervor, so achtest du nicht auf mich.* Der Anfang der Neunten Elegie *war* die Antwort, aber als aus dem Weltraum Empfangenes die Klage *als* die Antwort: *Wer, wenn ich schriee, hörte mich denn . . .* Das Paradox von Muzot: Der Geworfene war gerufen worden. Nur nicht von Hiobs Gott.

DAS HAUSBOOT

Alles unter einem Dach, das ist eine nicht nur in der Sprache der Werbung wiederkehrende Verheißung. Die Lebenserfahrung zeigt, daß mit der Vereinigung vieler unter einem Dach die Friktionsrisiken ansteigen. Der Turmbau zu Babylon blieb liegen, weil sich die Bauleute im Laufe der Jahre auseinandergelebt hatten und in der Sprache einander fremd geworden waren. Dennoch vermag einer viele zu begeistern, indem er ihnen verspricht, sie sollten demnächst in *einem* Haus wohnen. Vorsichtigere geben der Metapher Präferenz, die schon immer für Politisches eingestanden hatte: man sitze in *einem* Boot und alle müßten sich so verhalten, daß es nicht kentere. Die nautische Metapher atmet weniger Gemeinschaftsfreude als die Hausbauverkündigung. Doch vermittelt einer der vielen auf Aktualitäten versessenen Prediger, schließlich sei noch lange nach dem Verlust des Paradieses die ganze Lebewesenwelt unter dem *einen* Dach von Noachs ›Kasten‹ beisammen gewesen – jedenfalls in paarigen Repräsentanten –, und dieses notwendig regensichere Dach war das eines Bootes. Aber doch, wagt man kaum noch einzuwenden, das eines Rettungsbootes. Da läßt schon mal eines das andere ungefressen.

Der italienische Novellist Gesualdo Bufalino hat den Blick auf den Erbauer jenes Kastens und Erretter seiner Passagiere gelenkt, wie er nach dem Verlaufen der Sintflut die Tierwelt aus der Arche entläßt. Kaum der Lebensnot entronnen, macht sich der Wolf schon wieder über das Schaf her – offenbar wohlweislich über den Widder, denn sonst wären dem Wolf seine Lieblinge sogleich ausgestorben. Kopfschüttelnd sieht Noach zu: »Wie ist das möglich?« fragt er sich. War die Zeit unter dem gemeinsamen Dach so spurlos an den Gelüsten seiner Schützlinge vorübergegangen?

Die Liebhaber des Äsop – der erst im 6. vorchristlichen Jahrhundert die Sprache der Tiere erfand (oder verstand) – bedauern, daß Wolf und Schaf zu Noachs Zeiten noch ohne Worte Täter

und Opfer wurden. Welchen Reiz hätte es sonst gehabt, dem von der Fabeltradition ein wenig idyllisierten Dialog der beiden zuzuhören. Da nichts berichtet wird, wäre es vielleicht nur ein innerer Monolog des Wolfes gewesen:
»Jetzt sorge ich mich nicht mehr um mein Leben, jetzt sorge ich dafür.«

›DAS ICH‹ I

Das Ich ist paradoxerweise ein sprachliches Neutrum, obwohl doch in der Sache das einzige, was ebendies nicht ist: so etwas wie ein *personale tantum*. Aus diesem Paradox erwächst allerlei, was uns zu schaffen macht.

Der Vorteil, den ›das Ich‹ fast zu spät – jedenfalls nach der Kulmination seiner Geschichte – aus jener Apersonalität zieht, ist seine Freistellung vom allgegenwärtig gewordenen Verdacht des Sexismus, der sogar seinen nächsten metaphysischen Schicksalsgenossen, den lieben Gott, nicht verschont hat. Er entzog sich ihm, indem er sich von Nietzsche für tot erklären ließ. Das Ich hingegen mag zur Wolke der Empfindungen, zum Leitungssystem des psychischen Apparats, zum Zwingherrn des Überich, zur bloßen Oberfläche untergründiger Rivalitäten geworden sein und neuerdings alle Schwierigkeiten mit seiner Identität haben – totzukriegen ist es nicht.

Was es am Leben erhält, mag der Rest an Energie sein, den seine idealistische Blütezeit ihm mitgeben konnte, die das im *Cogito sum* des Descartes versteckte neuzeitliche Selbstbewußtsein mit der magischen Hilfe des bestimmten Artikels, der uns auch ›das Sein‹ bescherte, herauspräpariert hat: das Ich – der im weltlichen Kontext deplazierte Träger der einzigen absoluten Gewißheit. Kritisch bis sensualistisch destruiert, um seine ›Substanz‹ gebracht, mußte es der tödliche Verlust der Epoche, ihr Selbstverlust, werden.

Der Niedergang des Ich beginnt nahezu in demselben Augenblick, in dem ihm das Attribut des Absoluten bewilligt worden war – eine Investitur, deren es nicht einmal bedurft hätte, die aber den Widerspruch evozierte, den Jean Paul mit dem Namen der Gestalt seines Leibgebers versah. Noch der Erblindete, kurz vor seinem Tod, delektierte sich an dem ihm verlesenen Bericht über einen Vertreter der absoluten Ichlichkeit, der sich in die Euphorie des Satzes verstiegen hatte: »Ich bin Ich!« Einen jener philosophischen Sätze also, die wenig kosten und viel hermachen. Nur daß für diesmal einer der Hörer unbegeistert den fatalen Einwurf riskierte: »Was aber bin dann ich?« Der Reiz der Geschichte besteht nicht zuletzt darin, daß sie verschweigt, was der ergriffene Fichteaner auf dem Katheder geantwortet hatte und ob überhaupt. Auch das Vergnügen Jean Pauls an der Geschichte vorzustellen, bleibt jedem seiner Liebhaber überlassen und gibt ihm genug zu tun.

Ganz unphilosophisch kann es auch nicht sein, sich auszudenken, was der durch die Zwischenfrage, was dann seinem Hörer zu sein übrigbleibe, wenn er ›das Ich‹ sei, gestörte Denker geantwortet haben könnte. Etwa: »Das andere Ich.« Oder: »Auch Einer.« Oder: »Der transzendentale Kommunikationspartizipant.«

Ein Aspekt der Geschichte, der nicht übersehen werden darf, ist die Blindheit des alten Jean Paul, als er sie hört. Er hört sie eben nur und entbehrt die metaphysischen Vorteile, die der Anblick des gedruckten Satzes geboten hätte, dessen ›Witz‹ in der Differenz von nominalem und pronominalem Gebrauch jenes Wörtchens zur Bezeichnung der ersten Person Singularis besteht. Man braucht sich nur zu vergegenwärtigen, wie mäßig die Emphase des Satzes nur hätte sein können, wenn das *ex cathedra* Erklungene die schlicht tautologische Druckgestalt *Ich bin ich* verdient hätte. *Ich bin Ich* – darin lag eine genuin optisch erzeugte Differenz.

Hatte es mit solcher Besonderheit des nur Schreibbar-Unsagbaren sein Bewenden, als das Jahrhundert dem Idealismus den Garaus gemacht hatte, das Ich zertrümmert, zerfasert, zerstäubt, zum Assoziationsmechanismus abgewertet war? Im Gegenteil: Dagegen erst konnte es sich neugewappnet formieren. 1915, inmitten einer der Vorübungen zum Weltuntergang, notiert sich Edmund Husserl zur Möglichkeit von Fremderfahrung: *Den Ausgang aber muß ich nehmen von dem absolut gegebenen Ich, von dem Ich, das eben ich ausspreche, wenn ich Ich sage.*

Man sieht leicht, daß man das nur als Gelesenhabender versteht. Und das gehört zur Geschichte, in der ›das Ich‹ aufkommt wie vorkommt.

Ist die Selbstverständlichkeit, mit der in philosophischen Reden ›das Ich‹ als ebendieses Substantiv gebraucht wird, eine der Verhexungen durch die Sprache, denen wir seit Nietzsche und Wittgenstein ausgeliefert sein sollen? Seit dem Sensualismus, seit Kants Kritik an der Substanzhaftigkeit der ›Seele‹ bis hin zur Empfindungswolke des Positivismus ist jedenfalls das als ›Ich‹ Benannte von geringer Solidität, von flüchtigem Aggregatzustand, ganz folgerichtig behaftet mit den Identitätsschwierigkeiten, die ihm zu schaffen machen und seine Reparaturbedürftigkeit bedingen.

Nun hat die Auflösung des ›Ich‹ ins Gasförmig-Wolkenhafte oder Flüssig-Rohrgeleitete, in den psychischen Apparat mit seinen Bahnungen für Energieströme, Stromschnellen und Stromstauungen, weniger der Sprache als den Bildern Raum geschaffen, das rätselhafte Ineinander von Augenblicklichkeit und Beständigkeit, von Vergessen und Dauer wenigstens darzustellen. Die Verwechslung von hilfsweiser Beschreibung und abrufbarer Erklärung hat auch hier zumeist das Spiel gewonnen. Dazu bedarf es des Hexenwesens nicht.

Im Zuge der energetischen Metaphorik liegt, das ›Ich‹ als einen Kondensator aufzufassen, der eine Kapazität für ›Triebspannung‹ hat wie die Leydener Flasche für Elektrizität, wobei Flächengröße und Isolierung das Fassungsvermögen bestimmen. Worauf es ankommt: Die Ladung kann bei geringer Spannung groß sein. Daraus folgerte 1938 Michael Balint, ein Enkelschüler Freuds, für den schönen Sachverhalt der ›Ich-Stärke‹, daß *bei richtiger Struktur des Kondensators keine Gefahr einer unerwünschten, stürmischen, nutzlosen Entladung* bestehe. Der Leser ist erfreut, eines so sinnvoll gebauten Ich auch teilhaftig zu sein – oder mit Beihilfe werden zu können.

Damit könnte die Leistung des ›Bildes‹ erschöpft sein. Aber kommen uns solche hilfreichen Bilder aus dem Nirgendwo? Wenn schon Träume und Dichtungen, Assoziationen und Fehlleistungen aufschlußreich für eine unbekannte Realität sein können, warum sollten so genau passende, so restlos ›aufgehende‹ Imaginationen zu theoretischem Bedarf nicht auch einen zuverlässigeren Hintergrund haben als die bloße Vordergründigkeit einer geglückten Bildwahl, die sich womöglich durch manche andere austauschen ließe? Man sieht den Fuß sich heben, der den festen Boden der Zuverlässigkeiten verläßt und den Schritt ins Bodenlose tun wird.

Das geschieht, wie es hier genau paßt, in einer Fußnote. Dort bekennt der Autor, daß seine Hilfsmetapher in Wirklichkeit so etwas wie die Selbsterklärung jenes ›Ich‹ ist, dessen mögliche Stärke für Triebspannungen darzustellen war. Balint schreibt im Kleingedruckten: *In Wirklichkeit stelle ich mir die Sache umgekehrt vor: das Werkzeug ›Kondensator‹ wurde, unbewußt, nach dem Bilde des menschlichen Ichs geschaffen, ist also, wie die meisten Werkzeuge, eine Organprojektion.*

Aus dem Beschreibungsmittel ist ein Erklärungsmittel geworden – auf dem Umweg über eine Theorie der technischen Erfindung als ›Organprojektion‹. Dieser Begriff wurde 1877 von Ernst Kapp in seinen »Grundlinien einer Philosophie der Technik« eingeführt und ist selbst ein »Begriff in Geschichten«. Balints Lehrer Sándor Ferenczi hatte an eine ›Psychogenese der Mechanik‹ gedacht, die theoretische und technische Konstrukte als Selbstprojektionen des Ich verstehen sollte; am schönsten in der technischen Elementaridee der Brücke. Waren solche Gebilde nicht ›erfunden‹, sondern ›projiziert‹, dann war ihr Gebrauch zu Metaphern nur die unverstandene Anamnesis ihres Ursprungs.

So schön kann Metaphorologie sein, daß man zu fragen schier vergißt, wie wahr sein müßte, was ihre Sache ist.

›IDENTITÄT‹

Getanzt vor dem einen, dem selten
blutenden Zaubergerät,
das sich am Saume der Welten
öffnet: Identität – . . .

Gottfried Benn, Valse triste (1936)

Man hat sich daran gewöhnt, daß Identität nichts Selbstverständliches ist. Identitätsschwierigkeiten zu haben oder gehabt zu haben gehört inzwischen in jeden ordentlichen Lebenslauf. Aber: Wie schwierig kann es damit werden?

Der englische Archäologe Max Mallowan grub zwischen den Weltkriegen das mesopotamische Arpachiyah, berühmt geworden durch seine komplette Töpferwerkstatt, aus. Ein Ire namens Gallagher gehörte zur Besatzung der Station. Er verfügte über phantastische Geschichten, die sich bei Nachprüfung sogar alle als wahr herausstellten. *Er gehörte eben zu jener Sorte Menschen,* schreibt Mallowans Witwe in ihren Memoiren, *denen die unglaublichsten Dinge passieren.*

Wie auch immer: Der Ire erzählte von einem Onkel, den in Burma ein Krokodil gefressen hatte. Das Krokodil wurde erlegt, aber man wußte nicht recht, was man mit ihm anfangen sollte. Schließlich hielt es der Neffe für das beste, das Krokodil ausstopfen zu lassen. So geschah es, und man schickte es der Tante zu.

Der Grat zwischen Pietät und Brutalität kann sehr schmal sein. Die Fragen, die zu stellen der Neffe seiner Tante Anlaß gab, können nur als höchst unschickliche Zumutungen qualifiziert werden.

Hatte sie nun den Mörder oder das Opfer im Haus? Alles mußte davon abhängen, wieviel Zeit man dem Krokodil gelassen hatte. Andererseits: Hätte man es noch erschießen dürfen, wenn zu viel Zeit vergangen gewesen wäre?

Nebenbei: Mallowans Witwe schrieb, dieses und anderes, unter dem Namen Agatha Christie.

* * *

Zwei Monate nach diesem vergeblichen Versuch, eine Reihe von ›Begriffsgeschichten‹ im niederen Verstande in Gang zu setzen, veröffentlichte die FAZ am 23. Januar 1986 den folgenden Leserbrief:

Zu »Begriffe in Geschichten: Identität« von Hans Blumenberg in Ihrer Ausgabe Nummer 275, Geisteswissenschaften: Ich möchte nur eine Richtigstellung der in diesem Beitrag erwähnten Fakten anbringen: Max Mallowans Witwe gibt es zwar, aber sie heißt nicht Agatha Christie, und diese Witwe hat auch nicht ihre Memoiren geschrieben. Das hat Agatha Christie getan, aber Max Mallowan war ihr Witwer, er hat Agatha Christie überlebt und nach ihrem Tod seine Sekretärin geheiratet, die jetzt seine Witwe ist, denn Max Mallowan, der 10 Jahre (etwa) jünger als Agatha Christie war, hat sie nicht sehr lange überlebt. Agatha Christie ist Ende der siebziger Jahre gestorben und ihr Mann Max Mallowan, mit dem sie in 2. Ehe verheiratet war (ihre 1. Heirat endete unglücklich, die Ehe wurde geschieden), starb meines Erachtens Anfang der 80er Jahre.
Ich hoffe, daß Sie die Richtigstellung der Fakten begrüßen, am Sinn des Beitrages ändert sich nichts, es wundert mich nur, daß Agatha Christie daraus nicht einen Krimi gemacht hat.

Annemarie V., Iserlohn

Der dem Hercule Poirot kongeniale Liebhaber der Agatha Christie wird stutzen und sich fragen: Holla! Woher weiß die Schreiberin das so entschieden und doch so raffiniert ungenau? Und dann diese Spitze gegen das kriminalistische Metier im Schlußsatz! Sollte die Schreiberin etwa selbst Mallowans Witwe sein? Und wäre nicht im Grauzellenhirn zu überlegen, ob sie noch mehr zu wissen scheint, als sie sagt, weil sie es war, die verhinderte, daß Agatha Christie Mallowans Witwe wurde? Nach dem von Agatha Christie noch selbst bewirkten Tod des kleinen belgischen Detektivs wird das Rätsel wohl ungelöst bleiben. Es muß genügen, daß es uns auf diesem Umweg noch aufgegeben wurde.

Es gibt keine reinen Fakten der Erinnerung. Das bedeutet noch nicht, enthält aber als Möglichkeit: Erinnerung ist die Dimension der Kunst, der Herstellung eines Einzigen und Ganzen, eines der ›finalen‹ Romane im Wettbewerb mit dem Mythos. Was nicht als Faktum Sache der deskriptiven Feststellung oder exakten Messung sein kann, gerät unter das Regime der narrativen Transformation und durch diese in die Kompetenz der Hermeneutik. Auch ist im wesentlichen kein Unterschied, ob einer seinen vorherigen Tag in allen Verhaltensweisen für sich zur verständlichen Einheit von Intentionalität zu bringen sucht – Vorgänger in den Praktiken der ›Gewissenserforschung‹ – oder ob er sich den Ritualen und Lebensabläufen einer fremden, raum- oder zeitfremden Kultur mit dem Anspruch auf Begreiflichkeit nähert, *als ob* er in ihr und durch sie zu leben hätte.

Jede Distanz – sei es die eines Tages oder die eines Tagesmarsches von einem Dorf zum anderen – fügt den nackten Feststellbarkeiten einen Bedarf an Auslegung hinzu; Mangel an Auslegung manifestiert sich in der niedersten aller Formen, der der Aufzählung. Von ihrer Art kann sogar ein Schiffskatalog bei Homer sein; er gibt zu verstehen, was gerade nicht gegeben werden kann, und setzt den Spannungsbogen der epischen Intentionalität kontrastbedacht außer Kraft. Auch die Erinnerung leistet sich Kataloge, aus Verlegenheit oder aus Verachtung, schließlich aus Vergeßlichkeit, bevor sie aus der Quelle der Einbildungskraft neue und nachholende Komplexionsweisen heranschafft. Immer leben wir zwischen den Extremen des Zerfallens und der (Re-)Integration.

Arthur Schnitzler hat sich 1917 einen Kasus notiert, der ihm keine Ruhe gelassen zu haben scheint: *Ich kannte einen, der am Abend stets an sich selbst einen Brief aufgab, nur um am nächsten Morgen zur Postzeit keine Enttäuschung zu erleiden. Aber es ist mir nie klar geworden, ob es ein Narr oder ein Weiser war.* Die gestellte Frage könnte eher gleichgültig sein, denn die Weisheit eines Narren oder die

Narrheit eines Weisen wären so weit nicht voneinander entfernt, daß es sich lohnte, die Alternative zu entscheiden. Spürbar wird ein elementares Lebensproblem, auf eine eher symbolische Weise erfaßt, und das Symbolische hat wegen seines gelösten Realitätsbezuges immer etwas Närrisches wie etwas Weises an sich, man kann akzentuieren, wie man will.
Stehen bleibt die unausgesprochene Frage, ob denn die Absicht des Briefschreibers zureichend damit bestimmt ist, sich den enttäuschenden Postausbleib am Morgen zu ersparen. Das schnöde Vorbeigehen des Postboten durch bloße Portozahlung anzuhalten wäre der Neben- oder Hauptabsicht verdächtig, vor Mitwohnern und Nachbarn nicht als einer stigmatisiert zu sein, mit dem niemand in der Welt korrespondiert – also: etwas zu tun haben wollte, und sei es nur wegen Unwichtigkeit. Für derartige Absichten genügte ein mit leeren Bogen aufs Briefgewicht gebrachter Umschlag, der gelegentlich der Sensation wegen sogar auf Übergewicht und Nachportoeinzug angeschwollen sein könnte. Schnitzler übergeht solche Verdächtigungen seiner Versuchsperson, indem es ihm genügt, daß sie einen Brief allabendlich an sich aufgibt, um ihn allmorgendlich entgegenzunehmen.
Hat er etwas geschrieben? Bekommt er etwas zu lesen? Man stelle sich vor, welche Welt von Unterschied das ausmacht: Der geschriebene Brief wäre die Umgehung der Nacht, der fatalen Lebensunterbrechung, und die Herstellung der Sicherheit, am nächsten Tag den Anschluß zu finden: Identitätssicherung. Endlich zeigte sich einer der Tatsache gewachsen, mit deren Intentionsbedrohlichkeit wir uns nur in seltenen Augenblicken von ›Überreflexionsbereitschaft‹ befassen: daß wir, um leben zu können, dies unterbrechen und schlafen müssen. Der Schlaf ist eine Zumutung an jeden Realismus, an jede Insistenz auf Identität, sogar an jeden Leistungstrieb. Wir werden genötigt zu einem Vertrauen, das wir in anderen Dingen nicht mehr haben: Vertrauen in die Zuverlässigkeit der Welt, denn nur so ist Rückkehr zu ihr beim Erwachen möglich.
So gesehen müßte der Inhalt aller Briefe das Hauptstück ihrer

Absicht sein, Anschluß an sich selber zu finden, den Tag mit dem Tag nahtlos zu verbinden, den Unterbruch zu überlisten. Nun erst kommt die Frage auf, was denn der Inhalt sein müßte, sofern es ihn gäbe, um diese Intentionalitätssicherung zu leisten. Es ist schade, daß ein Autor von der Imaginationskraft Schnitzlers den Reiz des Themas gespürt hat, ihm aber nicht erlegen ist. Wie hätte jeder der imaginären Briefe beginnen können? Dieses Minimum der Aufgabe ist sogar noch dem Philosophen erreichbar: *Indem ich meinen Tag beende und mich auf den Zugriff des Schlafes gefaßt mache, frage ich mich, was eigentlich den Morgen und den Abend dieses Tages verbunden hat, um es nun zu rechtfertigen, seinen Abend mit dem nächsten Morgen um jeden Preis – und sei es den des Portos – weiter zu verbinden, da ich mir doch morgen abend dieselbe Frage zu stellen haben werde. Alles hängt also davon ab, daß ich sie heute beantworten kann. Es muß sein, und so sei es . . .*

Schnitzler, der Pathologe des Eros, sieht wohl auch an diesem ›Fall‹ eher die Finalität: In wessen ›Behandlung‹ war der, den er gekannt hatte, am Ende gekommen, sofern dieses Ende nicht immer noch bevorstand, wenn man die Prozedur der Selbstzusendungen aufgedeckt hätte? Welche Chancen zur Entmündigung oder zu jahrelangen ›Analysen‹ in der Berggasse! Schließlich hatte Schnitzler auch ein bißchen Übung darin, Philosophen im Sanatorium zu besuchen – *sein* Philosoph mußte dort Station machen inmitten der Errichtung des ungeheuren ›Systems‹, an das der Dichter glaubte, obwohl es niemals etwas davon gab. Es war das Sichüberschlagen derselben Intentionalität, die sich nicht gefallen ließ, Leben und Welt nur in Stücken zu haben. Schließlich war auch der erlebende Erotiker davon überzeugt, daß keine gegenteilige Erfahrung ihn davon abbringen konnte, jede Liebe für unendlich und den Eros seiner Natur nach für lebenszeitidentisch zu halten. Untreue kam dazwischen, war ein Unfall Mal für Mal – dem ›Wesen‹ der Sache konnte er nichts anhaben, das zeigte sich an Empörung und Wut der jeweils betrogenen Seite. Das immer Neue ist das immer Falsche, das nur anzeigt, was hätte sein *sollen* . . .

Ich möchte voraussetzen dürfen, daß jener unbekannte und hoffentlich niemals aufgefallene Bekannte Schnitzlers wirkliche Briefe an sich geschrieben hat, weil *mir* hinter seinem Bedürfnis nach täglicher Post das *ihm* vielleicht verborgene nach dem Nicht-täglich-anfangen-müssen wichtiger geworden ist.

Ob als pathologischer Fall, als freundliche Anekdote oder als heitere Erfindung gehört es in die ›freie Variation‹ des Phänomenologen, der leider nie so frei in der Verfahrensweise ist, wie er vorgibt, und deshalb der zugetragenen ›Fälle‹ bedarf, an denen sich das Wesentliche in Dasein wie in Abwesenheit faßbar macht. Ich möchte mich auf den Adressaten, nicht auf den Absender der täglichen Briefe konzentrieren dürfen, statt auf den *Protokollanten* des Tages ganz auf dessen *Hermeneuten* am Tage danach. Der will sich versichern, vernünftig gewesen zu sein, und das tut er als Leser des vorabends abgelieferten Briefes. Findet er sich im Vortag noch vor als den, der den neuen beginnt, als ausgegangen und aufgefangen von der Zeit, die uns zerreißt und wieder zusammenhält? Ist es nur zu oft ein Fremder, dessen vertraulichen Brief er empfängt, dessen er sich geniert, der ihm rätselhaft und unbilligenswert nachkommt – mit gerade jenen Stückchen an ›Gegenwart‹, die uns sonst die Vergeßlichkeit schon in kürzesten Distanzen erspart? Könnte es gar so weit kommen, daß er sich nur an der eigenen Handschrift überzeugen läßt, von keinem *genius malignus* verhöhnt oder geschmeichelt zu werden? Der Grenzfall, der die Hermeneutik des eigenen Gewesenseins impliziert, ist ohnehin in der Alltagsformel vertraut: Da verstehe ich mich selbst nicht mehr. Der Selbstadressat verkürzt und standardisiert sich die Maße der Erinnerung, er schenkt sich nichts und erzwingt sich alles, sofern er denn mutig genug gewesen sein sollte.

Der Status der Reflexion ist unerreichbar geworden, wenn über den Tag eine Nacht geschlafen worden ist. In aller Hermeneutik steckt verpaßte Reflexion. Daß ich nur von der Nacht und von der Fatalität des Schlafes, nicht von der Sprache gesprochen habe, die beide ›umgeht‹, wird man mißbilligend bemerkt haben. Es ist keine Kleinigkeit, ich weiß es, die ich da beiseite gelassen habe.

Der Begriff der Infektion gibt an, in welcher Richtung wir uns für sie interessieren.

Der Infizierte ist in seiner Integrität verletzt, sie muß wiederhergestellt werden. Der Infektor bleibt dabei im Glacis der Festung liegen. Es geschieht ihm recht, er ist nicht das ›Opfer‹ der Abwehr in irgendeinem vernünftigen Sinn.

Vorweggenommen wird diese Direktion des theoretischen Blicks in der großen Bazillenpanik um die Jahrhundertwende. Ihrer gerechten Empörung gegen die aggressive Unterwelt der Unsichtbaren konnte kein Mittel scharf genug, keine Prozedur pedantisch genug in ihrer Strenge sein. Entsprechend der Steigerung des Kampfsinnes waren die Triumphe, zu deren Benennung das Wort ›Ausrottung‹ – der Pest, der Cholera, des Typhus, der Venerica – gerade recht war. Als die Pocken auf der ganzen Welt erloschen waren, wurde noch einmal von ›Ausrottung‹ gesprochen – aber die Skepsis über die Endgültigkeit des Errungenen schwelte längst. Denn die Welt der ›Erreger‹ erwies sich als listig, verschlagen, gewandt, lernfähig – ein Gegner, der unterschätzt worden war, als man ihn auf blindwütige Verderblichkeit festgelegt hatte.

Dieser Gedankenweg mag sich so ausnehmen, als solle die ›Idee‹ des Artenschutzes, mit der sich der eifrigste der Omnivoren das Gewissen bessert, nach unten, ins Mikrobielle und Molekulare, erweitert werden – auch im Hinblick darauf, daß im Zuge der niedermähenden Vernichtungen durch Hygiene und Asepsis auch die wohltätigen Besiedler der Därme und Epidermien ausgelöscht wurden und oft mühsam wieder aufgezüchtet werden mußten. Doch will ich den Gedanken des Artenschutzes nicht soweit strapazieren.

Worauf es aber doch wohl ankommt, ist der *theoretische* Schaden, der durch die einseitige Richtungsdominanz des Infektionsbegriffs entstanden ist: Die Mikroben, die nach dem Titel eines berühmten Buches ›gejagt‹ wurden, entzogen sich der Beobach-

tung nicht nur im instrumentell-optischen Sinne ihres Namens. Sie blieben unbeachtet in ihrer Funktionsweise, solange nur das tote Mikrobium ein gutes war. Bis gegen das Ende des zweiten Jahrtausends und des glorreichen Jahrhunderts der Infektionsabwehr wurden die Mikroorganismen als solche nicht ernst genommen, da man sich ihrer Wirkungen entledigen konnte. Man wußte kaum etwas davon, wie sie ›es machten‹, ihre pathologischen Effekte anzurichten, und erst recht nicht, wie sie es machten, die ihnen gesetzten Grenzen immer wieder zu überspringen. Erst als die Genetik ihre ›technische‹ Perspektive gewann und die innermikrobische Aufzucht von Enzymen und Proteinen aller Art anzubieten hatte, wurden die einstigen ›Bazillen‹ zu Organismen eigenen Anrechts auf ihr Maß an Theorie. Der vom Malariaplasmodium etwa befallene Mensch erschien nun als der bloße ›Zwischenwirt‹ für Wesen von höchster Geschicklichkeit der Selbsterhaltung durch Wandlung ihrer Gestalt und Kunst des Sichverbergens in Unterschlupfen des Wirtskörpers. Langsam konkretisierte sich die neue Artikulation der alten ›Bazillenfurcht‹, diese Aggressoren könnten vielfältiger im Variantenbild und schneller in der Variantenbildung sein, als der pharmakologische ›Fortschritt‹ – oder eher: das Schritthalten – sein Repertoire entwickeln könnte. Wie immer in der menschlichen Gemütsverfassung erregte die blanke Unbestimmtheit und Unbestimmbarkeit der Möglichkeiten ›des Anderen‹ – wie einst der Allmacht – ein angsterfülltes Heilsbedürfnis. Man mußte sich ›ganz allgemein‹ auf Alles vorbereiten, nicht erst auf den sich spezifizierenden Feind, und das tat man am ehesten durch eine Art Mitspielen mit der ›Natur‹, durch die Magie des Biotischen in allen von Findigen erdachten Formen der ebenso unbestimmten Stärkungen und Übergesundungen.
Erst recht aber lag hier eine Wurzel der Angst, in diese ohnehin schon unfaßbare und eben doch ›unausrottbare‹ Unterwelt – die sich am ehesten versöhnen ließ durch Inruhelassen – mit Manipulationen einzugreifen. Was mochte aus den Unendlichkeiten dieses Potentials schließlich herauszuholen und eines Tages in

den Verschleusungen der Labors nicht mehr zu halten sein! Aus dem einstigen Schrecken des Unsichtbaren war der des Ungreifbaren geworden, das sehr wohl begreiflich erschien, doch im Maße des ernstnehmenden Begreifens jeden Gedanken an Überwindung, an die vormalige ›Ausrottung‹, zur Lächerlichkeit verwarf. Dieser Heilsweg war versperrt, und es wirkten nicht so sehr seriös die Verkünder der Neben- und Schleichwege zum Heil: die Versöhner mit der Natur, die sie heilen zu lassen schon in Berufsschildern zu ›Erfahren‹ erklärten. Wer wäre nicht geneigt zu sagen: Gott geb's (ihnen)!
Die Seelennöte in solcher Gesamtlage des menschlichen Naturverhältnisses erscheinen groß genug, um nicht viel an Aufmerksamkeit für den ›Nachgedanken‹ erwarten zu dürfen, daß mit der Finalvorstellung der ›Ausrottungen‹ des Endemischen wie Epidemischen auch eine der ›absoluten Metaphern‹ der Epoche ihren Boden und ihre analogische Plausibilität verloren hat. Man versäume doch nicht, einen letzten Blick zu werfen auf den praktizierenden Exponenten jener aussterbenden Metapher: auf Hitler. Er war nicht nur die Verkörperung der ›Bazillenfurcht‹ als dadurch individuell ›Beschäftigter‹, als der etwa von bakteriell erzeugten Darmgasen Geblähte und vor ihrem akustischen Stigma zu allen Mitteln Greifende und für jeden Scharlatan Disponierte, dem zudem das magische Machtinstrument seiner Stimme täglich durch Infektion zu versagen drohte – er war über all diese ›Realien‹ und ›Irrealien‹ hinaus von der *idée fixe* einer Infektion des Blutes besessen, einer so lebensvergiftenden Infiltration des vermeintlich ihm zur Rettung übergebenen Volkes, daß nur die Grenzidee der Hygiene Heilung bringen konnte: die der ›Ausrottung‹ des Infektors. Auf dem Nährboden der Halbbildung des Monokraten schoß diese Heilpraktikeridee auf zu dem tödlichen Unwesen, das in ihrem Keim doch unvermutbar geblieben war.

Schopenhauer bietet in drei Zeilen eine Geschichte an, die die Einsamkeit des Menschen von Einsicht unter lauter Betörten drastisch illustrieren soll: Dieser eine hat eine Uhr, die richtig geht, in einer Stadt, deren Turmuhren alle falsch gestellt sind; er allein wisse *die wahre Zeit.* Die Geschichte hat ihre Pointe in der knappen Frage: *aber was hilft es ihm?*

Das Schicksal dieses Einsamen ist erbarmungswürdig. Nicht nur durch die Schuld der anderen, die sich nach den öffentlichen Uhren richten; nicht einmal derer, die wissen können und wissen, daß jener Eine allein die Uhr bei sich trägt, die die wahre Zeit angibt. Diese sind nicht bösartiger als jene anderen, die nur nach den Türmen sehen, denn schon einige Weltklugheit gebietet, sich in solchem Falle um die beim Solitär verwahrte Wahrheit nicht zu kümmern.

Ganz so wollte Schopenhauer es nicht gelesen wissen. Die Stadtbürger des Doppelsinns, sich nach den falsch gehenden Uhren zu richten und gleichzeitig den Besitzer der richtigen Zeit zu kennen, erscheinen im Zwielicht, eine Verpflichtung nicht wahrzunehmen: dafür zu sorgen, daß die Turmuhren auf die richtige Zeit umgestellt werden. An den Einen hingegen ist nicht gedacht, der sich des richtigen Ganges seiner Uhr mit Stolz bewußt ist: Wie könnte es für ihn einen Grund geben, seine Uhr dem Stand und Gang der Uhrenmehrheit anzugleichen? Weshalb sollte er das tun, wenn er doch im Recht ist mit seiner Zeit?

Er könnte es tun mit der einzigen Absicht, seine Möglichkeiten des Verkehrs mit allen anderen Bürgern der Stadt nicht zu zerstören, indem er zu allen Vereinbarungen und Gelegenheiten zu früh oder zu spät kommt. Er brauchte schließlich zu nichts dieser Art mehr zu gehen, weil die Besonderheit seiner Uhr ihn daran hinderte, die damit verbundenen Gewinne und Genüsse wahrzunehmen. Oder er käme zu dem stillen Entschluß, zwar an seiner wahren Uhrzeit festzuhalten, aber sie mit der Differenz zur öffentlichen Uhrzeit so zu verrechnen, daß er immer zurechtkäme. Da nähert er sich der Komik vor sich selbst, auf einer Wahrheit zu bestehen, die er zum Zwecke ihrer Anwendbarkeit doch ständig verfälschen müßte.

Der Kern dieser Absurdität liegt gar nicht bei denen, die in dieser Geschichte auftreten. Sie liegt beim Erzähler der Geschichte. Er nimmt zugunsten ihres illustrativen Effekts an, daß einer die wahre Zeit haben könnte, alle anderen nicht. Er vergißt, daß zu den Bestimmungsstücken des Zeitbegriffs die Öffentlichkeit gehört. Es gibt keine geheimen Zeiten, Zeitmesser, Individualzeiten, Privatuhren. Die Rotation der Erde oder die scheinbare Drehung des Himmels gibt die Länge des Tages vor, nicht aber dessen Beginn und Ende sowie die Einteilung dazwischen. Das sind Regelungen der öffentlichen Konvention. Es kommt nur auf den Radius der Lebens- und Verkehrsbereiche an, welche Reichweite eine solche Konvention haben muß, damit sie ›maßgebend‹ sein und alle Abweichungen von ihr sinnwidrig machen kann.

Der einsame Besitzer der wahren Zeit in einer Stadt mit lauter falsch gehenden Turmuhren ist kein Weiser, sondern ein Narr. Indem der Erzähler der Geschichte dieses außer acht läßt, verrät er mehr über sich selbst als über den Sachverhalt, den er anschaulich zu machen beabsichtigte: es müsse denen, die der falschen Zeit nachlaufen, eine angemessene Frist eingeräumt werden, damit sie schließlich begreifen, was der eine klare Kopf sogleich gesehen hatte. Die Geschichte soll von der Ungeduld abraten, es könne und müsse sehr schnell gehen, daß alle anderen dem Besitzer der Wahrheit folgen. Tatsächlich erläutert die Geschichte das Gegenteil: weshalb sie ihm niemals folgen würden.

Der Mann, dem es nicht zu beweisen gelingt, daß er der wirkliche Held einer wahren Geschichte sei, von der alle Welt literarisch vermittelte Kenntnis genommen hat. Nur der Heldin, der Mittäterin an der Romanze von vier glücklichen Stunden, kann er den stringenten Beweis schließlich liefern, nachdem sie – die seine Leiche gesehen zu haben glaubte – alles zurückgewiesen hatte, was in jenem so überaus erfolgreichen Buch stand und darum jedermann zum Mißbrauch offenlag. Das war die unbeabsichtigte Folge einer im übrigen pietätvollen Erinnerung vor der Welt.

Ich erzähle nach, was die Fabel eines Films von Frank D. Gilroy ausmacht und seinen zauberhaften Reiz daraus bezieht, daß jene kurze Romanze im parodierten Milieu des klassischen Western spielt und ihren äußeren Voraussetzungen nach nur dort spielen kann. Die Szene der gelungenen Identifikation mittels dessen, was nicht im Buch für eine puritanische Umwelt hatte stehen können, ist ein Kabinettstück filmischer Diskretion. Dieser Zug ist auch ästhetisch zwingend, weil jener Identitätsnachweis schlechthin öffentlich unverwertbar und damit ebenso bestreitbar ist und bleiben muß, sobald die Heldin sich weigert, mehr als ein einziges Zeichen ihrer Evidenz zu geben.

Amanda Starbuck besteht darauf, die literarische Figur zu sein, die sie durch das Sentiment von Trauer und Erinnerung an den toten Graham Dorsey geworden ist: die einzige hinterbliebene Zeugin und Attraktion der Geschichte, die sich touristisch besichtigen läßt und selten die Gunst eines Autogramms erteilt, allem voran die Gunstbewerbungen genießt, die ihr die Geschichte verschafft hat. Diese Rolle mit niemand zu teilen, läßt sie den Heimgekehrten gewaltsam aus ihrem Leben austreiben und den ohne ihre Einstimmung zum Beweis seiner Identität unfähigen Helden im Irrenhaus enden. Hier erst wird ihm gerade die Bestätigung zuteil, die ihm wegen der Insuffizienz ihrer Subjekte nichts helfen kann. Diese Art ›intersubjektiver‹ Genugtuung bleibt die Illusion, die ihm genügen muß; hier wird jedem geglaubt, der zu sein, der er zu sein beansprucht. Man braucht gewiß nicht an ›Intersubjektivität‹ zu denken, um den Reiz des Films (»From Noon till Three«) oder der Geschichte zu genießen; aber es ist nicht verboten, es zu tun: Intimität genügt nicht, Intersubjektivität zu konstituieren.

Immer, wenn es etwas zu feiern gibt, werden Marx-Feiern verschiedenen Typs an verschiedenen Orten der Erde begangen. Man kann das Jubiläum des »Kommunistischen Manifests« zu gleicher Zeit begehen, ohne sich mit seinen verschiedenen daraus gezogenen Folgerungen gegenseitig zu stören. Am 15. Mai 1968 ließ sich das jedoch nicht vermeiden, weil dieses Datum schlechthin nur am Ort des Geschehens angemessen gewürdigt werden konnte. So gab es zwei Feiern. Inzwischen wären es sicher noch mehr geworden.

Der Nestor der deutschen Marx-Philologie, Siegfried Landshut, brachte seine Festrede auf den Tenor: *Eine konkrete Utopie gibt es nicht.*

Der Nestor der deutschen Marx-Allegorese, Ernst Bloch, ließ seinen Festbeitrag in der Formel akut werden: *Eine konkrete Utopie ist nötig.*

Nicht zur Auflösung dieser Antinomie möchte ich einen Beitrag leisten, sondern zum Nachdenken über sie – was keineswegs dasselbe ist. Denn Nachdenken kann dazu führen, die Auflösung nicht mehr für erforderlich zu halten. Das Nachdenken heftet sich an eine Fehlleistung des Marx-Philologen, fast ein halbes Jahrhundert vor seinem Trierer Verdikt liegend, die vielleicht zu diesem hinführt.

1932, gerade noch in Deutschland möglich, hat Siegfried Landshut unter den Frühschriften von Marx die »Deutsche Ideologie« zum erstenmal und gleichzeitig mit der Moskauer Marx-Engels-Gesamtausgabe herausgegeben. In diesem Text, seinem ersten Teil über Feuerbach, war eine der wenigen Äußerungen von Marx – strenggenommen die einzige – nachzulesen, in der er hinsichtlich des von ihm angekündigten kommunistischen Endzustandes konkret geworden war. Das ist von denen, die ihre Erwartungen und die anderer unbestimmt und dafür um so bestimmender halten wollten, nicht mit Begeisterung gelesen worden. Das Jahr 1845 als Zeitpunkt der Abfassung gab die

Möglichkeit, darin den noch nicht systematisch ausgereiften Marx am Werk zu sehen. Dies interessiert hier nicht.
Es interessiert vielmehr, daß der Leser des Jahres 1932 zu lesen bekam, was der Herausgeber in der schwierigen Handschrift gelesen hatte. Da steht, im kommunistischen Zustand werde es durch die Regelung der allgemeinen Produktion möglich, *heute dies, morgen jenes zu tun, morgens zu jagen, nachmittags zu fischen, abends Viehzucht zu treiben, auch das Essen zu kritisieren, wie ich gerade Lust habe . . .*
Die Dürftigkeit der konkreten Utopie steht hier nicht zur Erörterung. Man darf bei der Einschätzung solcher Verheißungen den Kontext nicht übersehen. Zuvor war von der Arbeitsteilung die Rede, durch die man entweder Jäger oder Fischer, entweder Hirt oder ›kritischer Kritiker‹ ist. Der ›kritische Kritiker‹ ist eine Apostrophe gegen Bruno Bauer als Vorklang zum zweiten Teil des Werkes, »Sankt Bruno«. Die Utopie ist also ›konkret‹ hinsichtlich der Aufhebung der Funktionsspaltung; sie läßt Einen im Verlauf eines einzigen Tages alles das tun, was in der Arbeitsteilung von Verschiedenen getan werden muß. Dennoch ist die Utopie verblüffend in ihrer – um einen Ausdruck von Marx zu gebrauchen – ›Naturwüchsigkeit‹. Es ist ein Stück mißverstandener Rousseau; und schwer begreiflich für eine Welt, deren angekündigte Freiheiten doch auf dem Überfluß der großen Industrie beruhen sollen.
Aber was mich am meisten verblüfft hat, als ich die »Frühschriften« in der Ausgabe bei Kröner zuerst in die Hand bekommen hatte, war nur eine Partikel dieser utopischen Idylle. Noch mehr, als diese selbst, hat mich in Erstaunen versetzt, wie wenig andere Leser, darunter sehr strenggläubige, durch sie verblüfft waren. Es mag eine verheißungsvolle, erstrebenswerte, aller Opfer werte Daseinsform sein, heute dies und morgen jenes zu tun, in wechselnder Folge der Tageszeiten zu jagen, zu fischen und Viehzucht zu treiben, also zu tun, wozu man Lust hat – aber ganz rätselhaft blieb mir, wie unter diesen Verheißungen die Freiheit, auch das Essen zu kritisieren, ihren adäquaten Rang haben sollte. Dies

erschien mir als ein allzu intimer Reflex eines matriarchalischen Haushalts, in dem die Sehnsucht, einmal das Essen kritisieren zu dürfen, derart artikuliert werden mußte. Das Phänomen ist, daß der Leser über diesen Seiten so ausschließlich in den Kategorien der Unterdrückung zu denken bewogen wird, daß er die simple Harmlosigkeit, eines Tages auch das Essen kritisieren zu dürfen, für den fast symbolischen Ausdruck der Sehnsüchte einer bedrängten Lage hält.

Als ich 1958 in die Philosophische Fakultät der Universität Hamburg eintrat, hatte ich die Möglichkeit, Siegfried Landshut zu fragen, was er sich bei der für ihn offenbar ganz evidenten Lesung dieser Stelle der Handschrift gedacht habe. Ich fand, wenn auch mühsam, meine Vermutung hinsichtlich dessen, was ich Kontextmentalität nennen möchte, bestätigt.

Dennoch ist diese Lesung falsch. Inzwischen wissen wir, daß der Tageslauf der konkreten Utopie so aussieht, daß sie mir als ihrem Nutznießer *möglich macht, heute dies, morgen jenes zu tun, morgens zu jagen, nachmittags zu fischen, abends Viehzucht zu treiben, nach dem Essen zu kritisieren, wie ich gerade Lust habe, ohne je Jäger, Fischer, Hirt oder Kritiker zu werden.* Der polemische Seitenhieb gegen die Anmaßung der iterativen Kritik bei Bauer sitzt nur dann, wenn man so lesen darf: Die ganze Beiläufigkeit der sich zur Instanz stilisierenden Kritik kommt in der Verächtlichkeit zum Ausdruck, mit der sie im utopischen Tageslauf in die Mattigkeit der Verdauungsphase gelegt wird. Der Kontext gestattet gar nichts anderes.

Aber auch diese Feinheit der schließlich erreichten Stimmigkeit hat mich weniger gereizt als die Feststellung, daß es für die Wirksamkeit der Utopie bei denen, die ihr trauen, nichts ausmacht, wenn sie konkret wird – ausgenommen, daß ein solches Stückchen Leichtfertigkeit Rückfragen innerviert, denen die Evidenz für das bereitstehende Einverständnis dann doch nicht, ohne zu stutzen, standhält. So wird die ›konkrete Utopie‹ inmitten der abstrakten selbst utopisch.

›KONTINGENT‹

Im Warschauer Ghetto gab es, was es auch sonst gab, was zum Vokabular des Terrorismus gehört: ein *Kontingent* von etwas. Kontingente, die zu stellen waren für die Transporte ins Ungewiß-Gewisse. Aber auch, was sich der Terror als Hohn auf seine Opfer nicht versagen kann: ein Kontingent an Ausnahme, an *acte gratuit*, an Gnade. In der Gestalt von ›Lebensnummern‹, Kontingent vierzigtausend, zu verteilen von denen, die keine größere Qual erfahren konnten als die, Lebensprivilegien zu verteilen, ohne für diese Dimension Kriterien zu besitzen. Wer darf leben, wer nicht? Darum ging es: die ganz große Schuld auf die andere Seite zu schieben. Das Weltgericht als bürokratischer Akt – das war die Erniedrigung in Gestalt der Begnadigung. Wer durfte sich weigern, wer einwilligen?

Eine Kleinigkeit, so nimmt es sich aus, treibt den Hohn, die Unmenschlichkeit, die uniformierte Bestialität auf die Spitze: Das Kontingent bestand aus Nummern, und sie hießen ›Lebensnummern‹. Wer sie hatte, konnte noch einmal Gott spielen, dem Vater, dem Bruder die Lebensnummer zustecken und selbst in den Waggon nach Treblinka steigen. Das alles hatten sich die imaginativ vorgespielt, die es in Gang setzten: das Geschenk des Lebens im Formular einer Nummer.

Ob das je wird überboten werden können? Oder ist es schon?

Durch eine »Vierte Verordnung zum Reichsbürgergesetz« (Nürnberger Gesetze) läßt Hitler, besorgt um die ›Infektionen‹ des deutschen Blutes, allen jüdischen Ärzten zum 30. September 1938 die Approbation entziehen. Sie müssen ihre Tätigkeit fortan auf Juden und deren Familien beschränken, auch dabei aber nicht die Bezeichnung »Arzt« führen, sondern als »Krankenbehandler« praktizieren.

Ein Ärgernis wurde beseitigt: nach dem geschlechtlichen nun auch der körperliche Kontakt ›deutschblütiger‹ Personen mit solchen verderblichen Blutes verhindert. Es gab auch Grund, dem ausharrenden Patientenstamm jüdischer Ärzte den Zugang zu verwehren, der teils demonstrativ vollzogen, teils als demonstrativ verdächtigt wurde.

Aber was war das gegen den Gebrauch der verbalen Entwürdigung, in der dieses Regime sich und seine Opfer auf etwas vorbereitete, was erst allmählich Konturen gewann? Ein ›Krankenbehandler‹ war schon deshalb eine Unperson, weil er einen Unberuf ausübte – eine Manipulation. Denn ›Behandlung‹ ist deren infamere Eindeutschung, mit der Absicht und Norm in Frage gestellt waren, als könne es auch alles andere als Wiederherstellung einer defekten Gesundheit sein. Es war bei jedem dieser vielen sich klein ausnehmenden Schritte dieselbe Suggestion: Leute zu kennzeichnen und auszugrenzen, denen schon kraft ihrer Denomination alles zuzutrauen war.

Es war eine Handlung *zum Schutz* von Bedrohtem. Mit dieser Phrase hatte Hitler von Anfang an seine Gesetze und Verordnungen legitimiert. Der ›Schutz von Volk und Reich‹ mußte jedermann als Wahrnehmung einer Gefahr einleuchten, die nur große Dimensionen haben konnte, wie der *Schutz des deutschen Blutes und der deutschen Ehre* im Titel des dritten der Nürnberger Gesetze (nach »Reichsflaggengesetz« und »Reichsbürgergesetz«) die Abwehr einer Infektion und Entehrung unterstellte. Diese Schutzimplikation wird drei Jahre später auf Patienten aller

Art ausgedehnt: ›Krankenbehandlern‹ durften sie nicht ausgeliefert werden, sofern sie es wert waren, davor geschützt zu bleiben.

Mit der Schutzgebärde über den falschen Opfern wurden die vorgesehenen ›richtigen‹ Opfer – im Wortsinn: – nominiert.

Diejenigen, die soviel gelernt haben wollen aus *dieser* Geschichte, muß man immer wieder fragen, ob sie auch gelernt haben, auf den Umgang mit Bezeichnungen, Namen, Titeln als Vorzeichen für die Herstellung von ›Behandelbarkeiten‹ zu achten. Ich fürchte immer, sie warten wieder auf das, was mehr Grauen erregt und Male an der Stirn trägt.

›KREISLAUF‹

Nach einem Vortrag des Physiologen Karl Wezler »Zur Regulation des Kreislaufs« in der Akademie zu Mainz am 30. April 1965 (Gedächtnisprotokoll vom 1. Mai 1965):

– Großartig, nicht?

– Was? Der Vortrag?

– Nein. Diese Kreislaufregulation.

– Aber Herr Ritter! Doch eher ein skandalöser Aufwand, nur damit wir auf zwei Beinen gehen können.

– Der aufrechte Gang, lieber Herr Blumenberg!

– Das ist doch nur eine Metapher. Ein Vierbeiner, ein Baumhangler, der sich selber in die falsche Lage gebracht hat. Vierbeiner geblieben, da hätte es keine Kreislaufprobleme gegeben.

– Ist das Ihr Ernst, Herr Blumenberg?

– Natürlich nicht. Wenn man einmal den Preis all dieser Ventilklappen, Rücklaufsicherungen und Druckverteiler mit den zugehörigen dreihundert Störungen und Todesrisiken bezahlt hat, ist man stolz auf das, was soviel gekostet hat. Aber daraus Folgerungen zu ziehen, läuft auf Vorkopernikanisches hinaus – Ptolemäus im Gewande des Physiologen.

– Das sehe ich ganz anders.

– Sie sehen es vom Resultat her. Wir haben es überlebt. Nur wenn die Wetterlage etwas zu wünschen übrigläßt, fallen die Kreislaufopfer in die Intensivstationen ein. Es muß mit der Natur doch etwas nicht stimmen, wenn es ihr so schwer wurde, die Kreislaufachse um 90° zu drehen, damit der Pithekanthropus erectus etwas weiter über die Steppe gucken konnte.

– Wezler hatte doch auch was über die Giraffen gesagt . . .

– . . . ja, bei denen ist die Misere noch größer. Nur wissen wir nicht, wie sie das Verhältnis von Vorteilen und Nachteilen empfinden. Sie sehen aus, als seien sie Bipeden und sind es doch nicht. Haben aber deren Kreislaufprobleme, nur um besser an die Blätter herankommen zu können, die außer ihnen niemand frißt.

– Ihre Begeisterungsfähigkeit für die Natur ist begrenzt, lieber Herr Blumenberg. Jedenfalls für die irdische. Die Sterne bleiben intakt . . .
– . . . die Astronomie hat den Weg der Ausnüchterung schon länger und weiter beschritten als die Physiologie. Die Genetiker werden ihr das Pathos austreiben.
– Gerade das glaube ich nicht. Das Komplizierte ist immer nur ein Übergang zum Einfachen.
– Da kommen wir schnell zusammen, denn das ist wieder vom Resultat her gedacht. Darin sind wir Meister, und darin liegt etwas, was ich bewundere.
– Also doch. Nicht nur Zyniker, lieber Herr Blumenberg.
– Herr Ritter, Sie wissen so gut wie ich, daß ich den Menschen bewundere. Nur eben gerade nicht seine Störanfälligkeit. Ich bewundere ihn, weil die Natur aus ihm die Karikatur eines Organismus gemacht hat – und er sich dafür rächt, indem er sie unter Naturschutz stellt. (Glockenzeichen zur Diskussion)

* * *

Karl Wezler starb am 17. Juli 1987 im Alter von 87 Jahren.

* * *

APPENDIX zum Ritterprotokoll:
Ich habe nie begriffen, wie dieser Apparat gebaut ist . . . Ich finde außerdem, daß zuviel Überflüssiges dran ist.
Fermina Daza auf der Hochzeitsreise mit Juvenal Urbino bei erster Inspektion seines Geschlechtsorgans.
Gabriel García Márquez, »Die Liebe in den Zeiten der Cholera«.

Es würde wenig erbringen, die kürzeste Anekdote aus der Metaphysik mit ›Tiefgang‹ nachzuweisen. Vielmehr müßte, wenn das Reiz haben sollte, die Kürze im reziproken Verhältnis zur Tiefe stehen.

Es gibt Annäherungen.

Nicht zufällig: Kant. Als ihn Garve mit Berkeleys Idealismus in Verbindung bringen will, apotropäisch:

Bei Leibe nicht!

Ironie der ›Annäherung‹ liegt dann erst recht darin, daß Kant – nachdem er sich in der »Widerlegung des Idealismus« der zweiten Auflage der ersten »Kritik« von Berkeley ausdrücklich distanziert hatte – mit einer Anekdote über diesen bekanntgemacht wurde, in der Kürze und Tiefe kein ungünstigeres Verhältnis haben. Sie steht im Postskriptum eines Briefes, den der Prediger der Amsterdamer Mennonitengemeinde Allard Hulshoff am 5. August 1790 an Kant gerichtet hatte. Danach hatte der Leugner der Materie, versunken in tiefe Betrachtungen, auf dem Akademieplatz in Dublin seinen Kopf an einem Pfeiler gestoßen, die entstandene Beule mit der Hand bedeckt und vor Schmerz das Gesicht verzogen. Da habe ihm einer zugerufen: »Oh, Sir! it matters not.« Der holländische Prediger fügt dem nur hinzu: *Deeze aequivoque is onvertaalbaar.*

Einer, der hierzulande Berkeley besser kennt als andere, hat die Unübersetzbarkeit des Zurufs in Beziehung zu der Frage gesetzt, wer es gewesen sein könnte; davon hänge ab, wie man zu verstehen habe. Wolfgang Breidert hat mir erlaubt, seinen Katalog wiederzugeben, und ich halte mich an den Wortlaut:

Wer mag wohl diese Worte geäußert haben? Etwa ein Handwerker, der Berkeleys Verlegenheit als Sorge um die Standfestigkeit des Pfeilers auffaßte und sagen wollte: »Durch einen so kleinen Stoß bringt man unsere Werke nicht ins Schwanken.« Vielleicht hatte er auch den Eindruck, Berkeley versuche mit seinem Kopf den schwachen Pfeiler zu stützen. Der Ausspruch hätte dann den Sinn: »Nicht nötig. Unser Werk hält auch ohne Kopfstütze.«

Möglicherweise war es auch nur der tröstende Zuruf eines vorübereilenden Arztes, der sagen wollte: »Es eitert nicht. Es gibt nur eine Beule, die ohne Teerwasser wieder verschwindet.« Vielleicht wollte ein materialistischer Spötter eine Kluft zwischen Berkeleys Argumentationen und Empfindung aufreißen. Dann ist aber nicht auszuschließen, daß ein Schüler des Bischofs den verlegenen Lehrer durch eine Wiederholung derselben Worte zu trösten versuchte: »Selbst der Schmerz materialisiert nichts. Er ist als Argument ohne Bedeutung.«

Ich glaube eher, es kam gerade ein Metaphilosoph vorbei, der alle diese verschiedenen Interpretationsmöglichkeiten vor Augen hatte und deswegen meinte: »Der g e s a m t e *Vorfall ist für die Philosophie ohne Bedeutung.«*

»Es ist erstaunlich«, sagte die reizende, obgleich arme Mrs. Bulwer – verheiratet mit dem nachmals so überaus erfolgreichen Edward Bulwer-Lytton und von diesem »Poodle« genannt –, es sei erstaunlich, »wie langweilig Schriftsteller sind.«

Sie mußte es wissen. Und wie recht sie hatte! Denn als ihr Mann sich in letzter Stunde entschloß, unterhaltsamer zu werden, und dazu mit ihr nach Italien reiste, passierte ihm in Neapel das Unglück, daß ihm sein einziges unsterbliches, obwohl keineswegs bestes Werk zu schreiben einfiel: »Die letzten Tage von Pompeji«. Das machte das Maß voll. Rosina, so hieß sie wirklich, konnte nichts mehr aufhalten, sich von einem neapolitanischen Adligen betören zu lassen.

Sie hatte also recht behalten. Nur: Wie sollte es wohl anders sein? Diese Art von Leuten, die Schriftsteller, leben von der professionellen Erfüllung des Gesetzes, über die jeweils Anwesenden hinwegzusehen, um den jeweils Abwesenden desto kurzweiliger zu erscheinen.

Es ist diese unvermeidliche Vertauschung von Nähe und Ferne, von Nächsten und Fernsten, die den Schriftsteller denen, die mit ihm umzugehen haben, langweilig macht. Für sie ist er nicht da. Seine Berufsoptik bedingt, in der weiteren Peripherie um sein Zentrum wahrzunehmen, worauf es ihm ankommen muß: die größere Zahl. Je weiter der Radius, um so größer das Publikum. Erst dann lohnt es sich, etwas zu drucken, statt es nur zu sagen.

Der Mensch ist ein Wesen, das sich langweilt. Diese Aussage klingt zu harmlos, als daß sie der Wichtigkeit gerecht werden könnte, mit der seine Probleme von allen genommen werden, die von der Sorge um ihn leben. Was ist schon einer, der sich langweilt? Man sieht ihn vor sich in seiner gähnenden Trägheit, ein ebenso uninteressantes wie ungefährliches, untätiges wie tatenunlustiges Wesen. Der Mensch als Oblomow.

Es gehört die Schärfe der Wahrnehmung eines Nietzsche dazu, den sich langweilenden Menschen nicht langweilig zu finden. Er ist es, der Niedergänge anzeigt. Und er ist es, der die Gegenmittel erfindet, aus Niedergängen neue Epochen der Geschichte entstehen zu lassen.

Der Mensch als das Wesen, das sich langweilt, hat dramatische Bedürfnisse, auf deren Befriedigung er ein hohes Maß seiner Erfindungskraft verwendet. Ja, diese ist vielleicht nichts anderes als der Inbegriff seiner Fähigkeiten, damit fertig zu werden, daß ihn die Natur, seine Umwelt oder Welt nicht mehr selbstverständlich und wohldosiert mit den Reizen versorgen, die seine Energie abschöpfen, seine Zeit ausfüllen, ihm seine Verhaltensarten genau induzieren – mit einem Wort: ihn beschäftigen. Das ist wieder so ein harmloses Wort, das zu der Größe der Besorgnisse nicht recht passen will: Er muß sich beschäftigen, seit er nicht mehr nach dem in der organischen Natur bewährten Muster von Reiz und Reaktion beschäftigt wird.

Es mag uns wenig gefallen, daß Nietzsche diesen Sachverhalt vor allem an der Entstehung und dem Erfolg des Christentums vorführt, insbesondere an dem Aufkommen asketischer Ideale und Lebensformen in seiner frühen wenn auch nicht frühesten Geschichte. Das war Nietzsches zeitbedingtes Problem; man muß sich durch seine Zeitbedingtheit nicht davon ablenken lassen, daß es eine nicht auf jenen Epochenwandel beschränkte Theorie der Geschichte, des Verhältnisses von Anthropologie und Historik, enthält.

Der Heilige ist in einer bestimmten Sprache und unter Voraussetzungen bestimmter Institutionen zu Hause. Aber die Dramatisierung des Lebens, die er erzeugt und einer Umwelt von Nicht-Heiligen vorführt, ist an jene sprachlich-institutionelle Häuslichkeit nicht gebunden. Nietzsche wußte oder lernte es am Paradigma seiner Kritik des Christentums, daß der Typus des entstehenden neuzeitlichen Wissenschaftlers wieder der der Askese – und folglich der einer neuen Dramatisierung des Lebens – war. Wieder wurden ungeheuerliche Verzichte geleistet, Leben im Leben nicht gelebt, wieder wurde mit Dämonen gekämpft um die letzte Sicherung der Erkenntnis, mit neu entdeckten oder erfundenen Feinden des Irrtums, des Vorurteils und der Lüge, wieder das alsbaldige Ende des Bösen verheißen und erwartet und nach Schuldigen gesucht für deren Ausbleiben.
Nietzsche denkt gar nicht daran, diese Wiederkehr der Grundphänomene als eine Art der später dafür ausgedachten Säkularisierung zu begreifen, die im Typus des auf sich selbst verzichtenden Theoretikers nur die Verkleidung des dahingegangenen Mönch-Asketen sah. Aber für Nietzsche sind es dieselben elementaren Probleme, die der Mensch mit sich selbst hat, die den Verbrauch der alten Lebensform und den Bedarf einer neuen und anderen erklären. Man braucht es nicht einmal dadurch zu illustrieren, daß mit Aufzügen von Büßern und Geißlern, mit der Erfindung neuer und schrecklicher Torturen der Selbstvernichtung das Mittelalter zu Ende geht und seine abgenutzten Reizungen noch einmal auszuspielen sucht. Nietzsche hatte, mit der ihm eigenen Respektlosigkeit, schon die mehr als ein Jahrtausend vorhergehende Sensation des Asketismus in den Zusammenhang gebracht, daß die ausgehende Antike mit der Steigerung und Übersteigerung ihrer zirzensischen Reize der Langeweile nicht mehr Herr hatte werden können.
Es war ganz einfach auf eine neue Weise interessant, wie der Asket durch sein Lebensdrama die Mächte realisierte, mit denen im Kampf zu liegen nur durch das, was er tat und litt, erwiesen wurde: eine unsichtbare Entscheidungsschlacht, die im Sichtba-

ren ihre symptomatischen Zeichen setzte und der Phantasie die Signale für eine neue Herrschaft gab. Nietzsche ist weit davon entfernt, nach dem Muster der Aufklärung die Aufführung des Heilsdramas als eines der großen Betrugsmanöver hinterhältiger Priesterkasten darzustellen, die sich auf diese Weise die Macht über die Geister sicherten. Der Asket ist, bei aller Sensation, die er in einer dessen bedürftigen Welt zu erzeugen vermag, kein Betrüger, kein Schauspieler: *Er selbst kannte sich nicht; er selbst verstand die Schrift seiner Stimmungen Neigungen Handlungen nach einer Kunst der Interpretation, welche ebenso überspannt und künstlich war, wie die pneumatische Interpretation der Bibel.* Seine Pathologie blieb ihm wie seinen Zuschauern verborgen. Das gestattete ihm Aufrichtigkeit.

Löst man diese Phänomenologie der Dramatisierung, mit der das Leben sich lebendig erhält und der Langeweile entflieht, vom faktischen Anlaß der Kritik des Christentums, so tritt hervor, daß die positive oder negative Qualität der Stimulantien gleichgültig und an geschichtliche Kontingenz gebunden ist. Wer hätte schon in der Antike und von der Antike her glauben können, daß der Asket sich und seiner Mitwelt interessant werden könnte, daß er sich und die anderen beschäftigen würde mit dieser Belebung durch Negation des Lebens? Nietzsche hat den Epochenwandel, den er im Blick hatte, die Ermüdung des Alten und die Erwekkung des Neuen, auf eine seiner Kurzformeln gebracht: *Der Kreis aller natürlichen Empfindungen war hundertmal durchlaufen, die Seele war ihrer müde geworden: da erfanden der Heilige und der Asket eine neue Gattung von Lebensreizen.*

Das Schauspiel, das sie ihrer Zeit boten, bewirkte Schaudern und Entzücken zugleich, suggerierte eine Grenze zwischen Welt und Überwelt, Höhe und Tiefe; vor allem aber löste es psychischen Alarm aus, wie er immer durch *die Nähe der letzten Entscheidungen über endlose neue Lebensstrecken* ausgelöst wird.

Die Erregung, die moralisch zum Letzten bereitmacht und noch das Lebenswidrige als das akzeptiert, was der Ausnahmezustand der Welt vor dem Ende erfordert – das war längst geläufig; aber umgekehrt die Letztmaligkeit des Lebens zum bloßen Mittel seiner Erregung gemacht zu sehen, zu der List, mit der es sich zu sich selbst verführt, und das mit dem ästhetischen Einschlag der Dramatisierung eines sonst der Schläfrigkeit ausgelieferten Zustandes – das war Nietzsches Entdeckung. Vor ihr verschonte auch das Kernstück des Evangeliums nicht: *Die ganze Moral der Bergpredigt gehört hierher: der Mensch hat eine wahre Wollust, sich durch übertriebene Ansprüche zu vergewaltigen und dieses tyrannisch fordernde Etwas in seiner Seele nachher zu vergöttern.* Was die neue Epoche heraufführte, lag in der Konsequenz der alten; es war, wie Nietzsche zugespitzt formuliert, *die letzte Lust, welche das Alterthum erfand, nachdem es selbst gegen den Anblick von Thierhetzen und Menschenkämpfen stumpf geworden war.*

Zwei Ausdrücke stehen in erschreckender Nähe beieinander, die man erst unter diesem Aspekt beieinander zu sehen überhaupt gewärtig sein kann: Lust und Angst. In demselben abschnittlosen Textstück, das Nietzsche mit der Formel von der ›letzten Lust‹ der Antike abschloß, hatte er bei der Beschreibung des Dramas, das der Heilige darstellte, nicht nur davon gesprochen, daß sein gewöhnlichstes Mittel, sich das Leben noch erträglich und unterhaltend zu machen, *in gelegentlichem Kriegführen und in dem Wechsel von Sieg und Niederlage* bestanden habe, nicht nur in der Darstellung seines Lebens als einer fortgesetzten Schlacht und seiner selbst als ihres Schlachtfeldes, nicht nur in der Auffindung des neuen Feindes und seiner Dämonen – sondern auch in dem, was benannt ist: *man suchte die Angst.* Zufällig ist es die Angst um das Heil der Seele, die Angst, den Forderungen des Gottes nicht genügen zu können, die Angst, die Erlösung nicht zu erreichen und aus unbegreiflichen Gründen das Ziel zu verfehlen. Wichtig ist an dieser Formel nicht, daß es Ängste wie zu allen Zeiten auch hier gibt; wichtig ist, daß die Angst *gesucht* wird (auch Nietzsche läßt das ›suchte‹ im Druck herausheben).

Wie endet die Geschichte, die Nietzsche vom Ende der Alten Welt erzählt? Sie endet nicht, weil der Vorrat an dem, wovor Angst zu suchen man ausgezogen war, sich als unerschöpflich

erwies: *Wenn dieser Feind endlich, in Folge ihrer Lebensweise und ihrer zerstörten Gesundheit, die Flucht für immer ergriff, so verstanden sie es sofort, ihr Inneres mit neuen Dämonen bevölkert zu sehen.*
Die Geschichte wird gegen den Überdruß an ihren Zuständen gemacht. Ihre bedeutenden Gestalten sind die Erfolgreichen in der Abwehr der Langeweile am Bestehenden. Bedeutend kann nur sein, was etwas bedeutet: *Nicht Das, was der Heilige ist, sondern Das, was er in den Augen der Nicht-Heiligen bedeutet giebt ihm seinen welthistorischen Werth.*
Im Mythos muß einer dem Anblick der Gorgo Medusa standgehalten haben, um der Welt zu versichern, daß sie nicht mehr von den Ungeheuern beherrscht wird. Für die Geschichte genügt es, daß ein Typus gefunden wird, der es übersteht, wenn ihm *die Langeweile ihr gähnendes Gesicht entgegenhält* ...

Wer ›Leben‹ sagt – hat nie gelebt; dieser Laut gehört zum Grunzen der Pampasherden. Schreibt Gottfried Benn an den Freund Oelze am 9. März 1935. Da lag das Programm des literarischen Expressionismus – jenes *Dichter an das Leben heran!*, bei dem man nicht weiß, ob hinter dem *Dichter* nicht ein Komma hatte stehen sollen in Herwarth Waldens »Sturm« – gerade ein Vierteljahrhundert zurück.

Aber das Paradox des Umgangs mit dem Begriff ›Leben‹ war nur noch handgreiflicher geworden: Was tut der, der über das ›Leben‹-Sagen so genau Bescheid weiß, daß er daran ermessen kann, wer nie gelebt hat? Lebt er selbst, *wenn* er es sagt, oder nur dadurch, *daß* er es sagt? Die Pathosformel, auf den Gipfeln ihrer Leistung, dekretiert, wer etwas *nicht* hat, und gibt im platonischen Schlußverfahren zu der Vermutung Anlaß, er müsse im Original besitzen, was er dem bloßen Besitzanspruch bestreitet. Schön ist, wie weit in die Unerreichbarkeit Benn – im devisentechnisch von allen Fernen abgeriegelten ›Reich‹ – den Urlaut der Lebendigkeit verlegt. Leben – es war noch nie *da*, wo *man* zu leben hatte.

Der Erotiker – dem *Libido* und Leben derart kongruieren, daß ihm Sein-zum-Tode keine ›Sorge‹ abnötigt – steht vor einer unlösbaren Aporie: Sein Begehren nach der einzig ihm genügenden Genußgemeinschaft stößt auf eine bis zur Nahezu-Unendlichkeit offene Vielheit von Individualitäten, von denen es unter dem Kriterium seines Wunsches keine sichtende und wählende Erfahrung geben kann, die ihn dennoch von jeder faktischen Erfahrung losreißt, weil er deren Kontingenz nicht aushält. Immer muß es geben, was ihm genügen würde, träfe er es nur; doch es zu treffen ist *die* Welt zu groß, *seine* Welt zu klein. Das skandalöse Mißverhältnis von objektiver und subjektiver Welt muß den Erotiker verzweifeln lassen – es sei denn, er fände ein Kompromißverfahren zur Versöhnung seines Aktionsraumes mit dessen Welthorizont für jenes zerrende *Weiter und Weiter*.
Als Dramatiker hilft sich der Erotiker mit typisierenden Mustern von Personal und Handlung. Sein bühnenreifes Produkt kaschiert den Kunstgriff oder ironisiert ihn als stämmiges Artefakt wie Schnitzlers »Reigen«, der sich schließen darf, weil er auf die dongiovanneske offene ›Weiterung‹ *für diesmal* verzichtet. Die immer noch vom Mythischen her gestützte *Bedeutsamkeit* des Kreisschlusses emaniert Plausibilität, die vor der Bühne zum Applaus wird.
Besser sind solche *Muster* zu erkennen, wenn sich der Autor beim Entwurf auf die Finger sehen läßt (halb freiwillig, *post mortem*, am Hinterlassenen). Auch da hat Schnitzler Präparate hinterlassen, die eher so aussehen, als seien sie einem fülligen ›Bühnenleben‹ von fremder (Kritiker-)Hand extrahiert und abstrahiert. So »Die geistreiche Frau«, die sogar ihren Namen schon weghat: Albine, die ›sich vorstellt‹ als eine ebenso *tiefsinnige* wie *leichtsinnige* Frau. Mit dieser Ambivalenz reklamiert sie einen erotischen Doppelbedarf. Doch hat sie zunächst befunden, daß der Mann, den sie schon hat oder der sie, ihrer nicht wert sei. So beginnt der Entwurf, wie die Szene nie beginnen könnte: *Albine hat sich entschlos-*

sen. Sie eröffnet es Eugen, dem Philosophen, und warnt ihn zugleich, daß sie mehr als den *tiefen Denker als Geliebten* zum Sündigen noch einen *eleganten, schicken Menschen* benötige, sonst sei es nichts Ordentliches. So soll neben Eugen noch der Graf ihr Geliebter werden, was den Denker aus seiner Tiefe reißt und zur Todesdrohung gegen den noch gar nicht erwählten Rivalen greifen läßt. Albine hat zwei kühle Einwände: Dies sei nicht sein Stil und es würde ihm auch nichts helfen: *Ich würde eben einen Anderen nehmen.* Die Typisierung bürgt für Ersetzbarkeit. Da tut es nichts, daß Eugen der Albine wegen eine reizende Tugendhafte verließ! Was nichts als eine Narrheit von ihm gewesen sei, wie er gesagt bekommt. So geht es, wenn man sich unter Eros auf die Tugend beruft.

Dem Grafen sagt Albine nichts von ihrer doppelten Option. *Seinem* Stil entspräche es, mit dem Töten des Denkers nicht lange zu fackeln. Doch erfährt er mittelbar von einem Anderen, wenn *ihm* gesagt wird, er sei zwar elegant und nett, doch *etwas dumm.* Da weiß einer, daß er am anderen gemessen wird. Und auf seine Todesdrohung gegen den Rivalen bekommt er gleichfalls gesagt: *Das ist ein Unsinn. Ich nehme einen Andern.* Auch der Graf beruft sich vergeblich auf das schon der neuen Leidenschaft gebrachte Opfer: die *reizende Fifi vom Ballett*, die er zwar nicht seinerseits verlassen hat wie Eugen die Seine, doch schlechtweg *zur Tür hinausgeworfen.* Albine nimmt das Opfer nicht an: *Ja, warum haben Sie das getan?*

Nach diesem symmetrischen Vorspann kommt es zur überraschenden Peripetie im Wortsinne: Jeder der beiden versucht sich in der Typik des anderen, der Graf als Denker, der Denker als Weltmann. Um sich die Geliebte bis zum Umlernen zu erhalten, wird der unwerte Ehemann dazu angehalten, sich mehr um seine Frau zu kümmern. Doch lacht der die beiden aus, bleibt bei Spiel und Trunk. Derweil üben die beiden Bewerber, was sie werden wollen – und wo und wie ginge das in der Welt des Erotikers anders als bei den auf den Typus schon eingestellten Frauen? Eugen bemüht sich um die freigewordene Mätresse des Grafen, geht zum Spiel, erlernt den Schick und kauft ein Pferd, bringt Unsummen durch, über deren Herkunft man sich in dieser Welt keine Gedanken zu machen braucht.

Der Graf hat es schwerer, sich für die Tiefsinnsseite Albinens zu rüsten. Er muß studieren, weiß nur noch nicht was. *Irgendwas, wo man bei Tag schlafen kann, – also Astronomie.* Es muß Graf Moritz gewesen sein. Wichtiger ist dem Grafen, das Denkerische durch Vernachlässigung des Äußeren zu simulieren: Er läßt allen Schick fahren und sich von den Freunden auslachen. Zugleich nähert er sich Emma, der auf den Tiefsinnigen spezialisierten Geliebten Eugens. Doch bleibt sein Sinn auf ein Duell mit dem Rivalen bei Albine gerichtet. Oder doch nicht? Hier werden Schnitzlers Erwägungen undeutlich. Er scheint an ein offenes Ende gedacht zu haben: Der Gelehrte geht *riesig schick* vor die Hunde, der Graf frißt sich fest an der Gelehrsamkeit, wofür zwei Merkmale genügen: Er *wirkt an einer Universität, hat sich eine Bibliothek angeschafft.* Albine, der Anlaß zum ›Lebenswandel‹, wäre vergessen.

Bei einer drastischeren Geschlossenheit der Symmetrie wäre sie das noch schmählicher. Schnitzler braucht dafür nur einen Satz, der mit einem *Kann auch so enden* . . . eingeleitet wird: Der Denker Eugen bleibt es, trifft die ›Objektwahl‹ für seine gesamte *Libido* in des Grafen einstiger Fifi, der Graf tut ebenso bei der tugendhaften Verlassenen Eugens. Es ist gleichgültig geworden, was aus dem angelernten Typenwechsel wird, da er nur so etwas wie der Leitfaden zum erotischen Objektwandel war. Erst recht ist gleichgültig, was aus Albine wird, mit deren *Ich habe mich entschlossen* alles angefangen hätte, wenn jemals etwas aus der tiefsinnig-leichtsinnigen Doppelnatur begonnen worden wäre. Dieser Katalysator fällt aus dem Spiel wie aus der Rolle. Albine muß mit dem ihrer unwerten Gatten vorliebnehmen, und kein Zuschauer würde darin ein Unrecht finden.

Die Lebenswelt ist die Welt, in der es auf alles eine Antwort gibt und dies jeder so gut weiß, daß er die Fragen gar nicht erst stellt. Sie wären immer von dem Typus der Kinderfragen, die gar nicht um der Antworten willen gestellt werden, sondern um das ›Spiel‹ in Gang zu halten, den Adressaten mit Beschlag zu belegen. Trotzdem bilden Fragen und Antworten ganze ›Systeme‹. Sie sind vom zirkulären Typ, ohne daß daran jemals Anstoß genommen würde.

Etwa so:

– Woher kommt es, daß die elektrische Eisenbahn fährt?
– Durch den Strom.
– Woher kommt der Strom?
– Aus der Steckdose.
– Bekommt man so viel Strom, wie man haben will?
– Wenn man genug Geld hat, ihn zu bezahlen.
– Woher bekommt man das Geld?
– Von der Bank.
– Woher hat es die Bank?
– Von der Zentralbank.
– Woher hat es die Zentralbank?
– Vom Staat.
– Woher hat es der Staat?
– Von mir.
– . . .
– Zufrieden?
– Ja, ziemlich.

Wenn nun einer meint, dies sei die reinste Kinderei, dann muß ihm leider gesagt werden, daß die ›Weltmodelle‹ in vielen zeitgenössischen Köpfen gerade nach diesem Muster gemacht sind.

Wir sind irgendwann in der Lebenswelt gestört worden – und das lassen sich viele Leute nicht gefallen.

Der Libertin genießt nicht nur den unmittelbaren Erfolg seiner Freizügigkeit mit sich selbst, sondern auch – gelegentlich mehr noch – den mittelbaren des bewundernden Erschreckens seiner Mit- oder gar Nachwelt. Zu verachten, was die Mehrheit noch achtet, hat nicht weniger Reizmomente, als furchtlos zu sein, wo die anderen sich fürchten.

Was aber ist oder wäre der Gipfel von Libertinage? Was muß einer tun, was muß er mißachten, wenn er mit einer einzigen Manifestation seine Unerschrockenheit gegen die Schranken des Zeitgeistes, mit einer einzigen Handlung den Bruch mit den Verbindlichkeiten seiner Gegenwart ausweisen will?

Was auch immer er tun wird, es muß dazu noch das Air der Leichtigkeit haben, das diesen Bruch als ihm fast selbstverständlich erscheinen läßt. Beiläufigkeit gehört zu den Gipfelleistungen der Libertinage. Sie belegt als Freiheit, was sonst nur die Mühsamkeit der errungenen Freizügigkeit hätte.

Franziska, die Gräfin zu Reventlow, das Urbild der unserem Jahrhundertbeginn kaum je erreichbaren naturwüchsig anmutenden Libertinage, hat ein kleines Kabinettstückchen jener Beiläufigkeit – unter anderem, was mühsamer aussieht und bis zum Erkrampften variiert – geliefert.

In dem letzten ihrer erhaltenen Briefe an Oskar A. H. Schmitz aus dem März 1909 schildert sie einen der Schwabinger Karnevale jener Jahre, die zum Inbegriff der jugendstilisierten Abwendung von allem der ›Bürgerlichkeit‹ Verdächtigen geworden waren. Abwendungen oft von bloßer Deutlichkeit des Gestus, mit den darauf liegenden und den Genuß verstärkenden wenn nicht ausmachenden Publizitätsprämien. Nur selten kann die Nachwelt den Zeitwert des Gestus nachvollziehen, dem privat Gebliebenen sogar noch jene Prämie der überraschenden Eröffnung zuteil werden lassen.

Die Gräfin schreibt diesem unter ihren vielen Freunden, sie sei aus dem heurigen Karneval als ein anderer Mensch hervorge-

gangen, als einer, der sein besseres Ich vollständig abzulegen vermochte. Dies ganz unzweifelhaft zu belegen, muß die sonst selten Indiskrete von einer Liaison der Saison berichten: *Das war übrigens doch wieder eine romantische Affäre, indem wir gegenseitig nicht ahnten, wer wir waren, und uns erst morgens um 10 beim Abschied einander vorstellten. Er ist dann sehr erstaunt gewesen, daß ich eine Gräfin war ...*
Mehr kann man für das Jahr 1909 nicht verlangen. Mochte sich auch der Adressat seinerseits zu den Freizügigen rechnen, es wird ihn doch nach Berechnung schockiert haben.
Dann hätte der Briefwechsel geendet, weil wieder einmal einer noch nicht weit genug gekommen war.

›LUSTPRINZIP‹

Wenn alles erst ›Motivation‹ geworden war, kann es nicht ausbleiben, daß es eines Tages als letzten Politikereinfall »Motivationszuschüsse« gibt. Die jungen Leute haben ganz recht, bei jeder Gelegenheit das bürgerschreckende »Null Bock« auszustoßen – die Zuschüsse kommen dann ganz von selbst. Wer hätte nicht, im älteren Jargon, schon immer mal »keine Lust« auf dies und jenes gehabt, es aber für sich behalten, da es Unlustprämien noch nicht gab.

So etwas schreibt keiner als Einsicht ins ›Allgemeine‹ hin. Es ist die Pointe einer Geschichte. Wann hat sie sich ereignet? Gewiß nicht im Deutschen Bundestag: ein Ketzergedanke über ›die heutige Jugend‹ – unmöglich, solange die Jahrgänge stark genug sind, künftige Wählerprozente zu ›machen‹. Die Geschichte spielt im Alltag, genauer: am Morgen des 18. Dezember 1983, zwischen der ersten und letzten Seite einer der großen Zeitungen der Welt, deren Name hier nicht genannt sei. Denn da steht es schwarz auf weiß: DM 150 ständen monatlich zur Förderung der Mobilität Auszubildender bereit, die nur auswärts einen Ausbildungsplatz bekommen können sollen.

›MENSCHENKENNTNIS‹

Menschenkenner möchte wohl jeder sein, und manche behaupten sogar, sie seien es schon. Nur möchten nicht alle die Erkannten der Menschenkenner sein; vor ihnen nimmt man sich in acht. Man schätzt es, erkannt zu werden, wo man dadurch geachtet und vertrauenswürdig wird; man verwahrt sich und bestreitet es, erkannt zu sein, wo man es als Komplize oder Anwärter darauf wird. Entsprechend werden die Hilfsmittel der Menschenkenntnis, sofern es sie gibt, gepriesen oder verachtet, von der Physiognomik über die Phrenologie und Graphologie bis zur Rassentypologie. Zwar wird das Individuum scharf ins Auge gefaßt, aber nur, um es auf die Merkmale des Typus zu reduzieren – oder auch, um alles andere an ihm zu übersehen und das eine merkbar und behaltbar zu machen, was das ›besondere Kennzeichen‹ dieses einen zu seiner Wiedererkennung bewahrt. Kenntnis verzichtet dann auf Erkenntnis, um sich ganz dem Zweck des Wiedererkennens zu unterwerfen. Wie sich Laplace einen idealisierten Weltverstand als Subjekt der Weltkenntnis erdachte, wäre auch ein Dämon der Menschenkenntnis ausdenkbar, der in zwei Richtungen extremisiert, was alltäglich schon geschieht: Er machte von den Charakteren her die Handlungen vorhersehbar und wäre in deren Summierung Besitzer der perfekten Geschichtsprognose – oder er wäre der Erinnerungsträger für alle jene Merkmale, die jeweils genügen, ein Individuum zu ›erkennen‹, es unabhängig von der Zeit herauszufischen aus dem Menschheitsstrom. Diese Fiktion ist ernst zu nehmen, weil man sich das Subjekt als unfreiwilligen Besitzer seiner Erinnerung vorstellen muß. Es ist außerstande zu vergessen. Es wäre der verkörperte Verstoß gegen das »Grundrecht auf informationelle Selbstbestimmung«, welche das Bundesverfassungsgericht im Volkszählungsurteil vom 15. Dezember 1983 aus dem Persönlichkeitsrecht des Grundgesetzes abgeleitet hat. Speicher und Dateien kann man löschen, Gedächtnisse nicht abbrechen. Schon beruflich trainiertes ›Personengedächtnis‹ kann beängstigend sein.

Es ist begreiflich, daß der Streit gegen Lavaters »Physiognomik« nicht von Goethe, sondern von Lichtenberg geführt wurde. Doch ist solche ›Begreiflichkeit‹ ihrerseits des Gebrauchs von Physiognomik nicht unverdächtig. Es ist wie ›Ideologieverdacht‹ unseligen Angedenkens, daß wir dem Verlierer der Prozedur ›ansehen‹ und ›ablesen‹, was von ihm zu erwarten war und mit welchem zornigen Glanz er es verrichtete, als hätte er von der ›informationellen Selbstbestimmung‹ schon die präziseste Ahnung. Die Unerzwingbarkeit des Sichtschutzes ist nur die Minimalform der Unerzwingbarkeit des Datenschutzes, sofern er Hirnleistungen angeht. Die Vernunft ist die Instanz Lichtenbergs gegen Lavater, weil sie sich als Neugierde realisiert, der alles gleich wird – was ihr später übelgenommen werden sollte.
Noch bevor Lichtenberg sich mit Lavater eingelassen hat, gibt er bei einer kriminalistischen Gelegenheit (Mord an der Brücke, die dem Satiriker oft lachhaft erschienen war, weil kein Wasser darunter floß) den Gedanken preis: *Ich wünschte sehr den Thäter zu sehen, denn ich sehe solche Gesichter mit einem eben so grosen Vergnügen als die freundlichen* . . . (21. 7. 1772). Als Lavater seine Programmschrift »Von der Physiognomik« 1772 veröffentlicht hatte, macht Lichtenberg davon noch ganz harmlos Gebrauch in bezug auf den Verlegerfreund und Hausherrn Dieterich, der ein Manuskript angekauft und dann erst die Frage gestellt hatte, ob es etwas tauge: *Nach Lavaters Grundsätzen würde ein Engel aus dieser Frage meines HE. Gevatters, sogar seine Nase zeichnen können, so ähnlich sieht sie ihm* (13. 10. 1772). Da ist, bevor es ernst wird, der physiognomische Dämon, vorerst noch als Engel.
Bevor die englische Königin nicht höchstselbst ihn mit den »Physiognomischen Fragmenten« konfrontiert, lästert er schon *Lavaters Engel, der aus einem gegebenen Zahn den Mann restituirt, dem er zugehörte* (10. 10. 1775); dann, angesichts des ersten Bandes, erscheint der Engel in einer Wolke von Schwulst als Sprachmißbrauch: *Beschreibungen von Empfindungen die sich nicht beschreiben lassen . . . Beobachtungen in eine in Deutschland unter den sogenannten webenden Genies in den Wolcken, Mode werdende Adepten Sprache gehüllt,*

daß jedem der Sachen sucht und keine RedensArt die Geduld hundertmal ablaufft (17. 10. 1775). Dann die Entdeckung, wie sich die latente Physiognomik an den Schauspielern realisiert, etwa dem *teuflischen Jago* des Reddish: *Wehe allen Lippen und Nasen, die der seinigen gleichen, wenn ich einmal eine Physiognomik schreibe!* (30. 11. 1775) Als 1777 das *Corps der Propheten* ihm wegen des Pamphlets gegen die Physiognomik *fürchterlich drobt*, ist er auf alles gefaßt: *Aber was auch der Erfolg seyn wird, so will ich doch so lange beißen bis ich falle* (12. 10. 1777).

Tätlichkeit und Tödlichkeit sind hier noch Rhetorik. Aber zum Ernst hin ist die Skala offen für beide Grenzwerte. Ein Zeitsprung führt zu dem, was sich dem Titel »Geschichten« (wie jedem anderen) verweigert. Als Hitler im Zweiten Weltkrieg, schon als Verlierer, nach der Kapitulation Italiens dessen Okkupationsgebiet östlich der Rhône besetzen läßt, verlieren die Juden ihr letztes Refugium in Frankreich. Himmlers Schergen schwärmen aus, um diese Reserve für Auschwitz auszuschöpfen; aber sie operieren auf unbekanntem Terrain, bei Unkenntnis der Sprache und mangelnder bürokratischer ›Vorsortierung‹ ihrer Opfer, da auch der französische Apparat resistent wird. Daß *Geld keine Rolle spielt*, ist das sicherste Symptom fürs Versagen der gewohnten Dienste: Die Fangprämie für V-Leute muß, aufs pedantischste geregelt, der Gefaßte bezahlen – kann er es nicht, ein anderer für ihn mit. Denunzianten organisieren sich in Banden (»falsche Gestapo«), die sich vor und nach der Einlieferung bezahlen lassen. Seit kurzem wissen wir (S. Klarsfeld), daß in Nizza auch *Kleinwagen mit ›Physiognomikern‹* eingesetzt waren, die den ›Erkannten‹ überließen, den Irrtum aufzuklären, wenn sie es konnten. Unter den ›freiwilligen Physiognomikern‹ sei der erfolgreichste ein Weißrusse gewesen.

* * *

Die Chance solcher ›Physiognomiker‹, einen reellen Gewinn aus ihrer Identifikationssicherheit zu ziehen, wächst im Maße des Mangels oder der Desorganisation von Melderegistern und Bürokratien sowie der Ausstattung der Bevölkerung und Passantenströme mit Ausweismitteln. Wo die Schriftkultur spät jedermanns Sache geworden ist, herrscht das stabile Gedächtnis, bleibt der geschärfte Blick unwiderleglich. Die Szenerie dieser Art von Übersicht und Durchsicht stellt sich dem Beobachter in der Typologie lässigen Nichtstuns dar: *An die Mauer gelehnt oder auch frei, mitten im Menschenstrom, den sie teilen, stehen diesseits und jenseits der Trennungslinie unbewaffnete Männer, manche in Uniformen, andere in Zivil, die einen jeden Vorübergehenden genau mustern.* Das ist, je nach Anspannung der Lage im geteilten Beirut, der Ersatz für geregelte ›check points‹, deren Verengung die Ströme unsinnig staute, deren Emsigkeit ins Leere ginge. Jene Observanten sind *die Physiognomiespezialisten der ›Geheimdienste‹ beider Seiten – Leute, welche die Gabe besitzen, sich an Hunderte von Gesichtern zu erinnern, die sie in natura oder auf Photos gesehen und ihrem Gedächtnis einverleibt haben* . . . Sogar die Sicherheit des Übergangs »Museumspassage« mag dem Wunsch der verfeindeten Seiten nach Kontrolle ihrer Zu- und Abgänge dienlich gemacht worden sein; nach der Fehlerquote zu fragen ist auch in bürokratischen Systemen sinnlos, wenn es auf einen *mehr* nicht ankommt, nur jeder *weniger* ein Fehler ist.

Im übrigen ist alle ›Physiognomik‹ schon effektiv genug durch die Furcht, es könne sie geben, in der militanten Form natürlich mehr als in der dilettantischen: *Diese Gedächtniskünstler und ihre Kollegen mit anderen Spezialitäten sind die Ursache dafür, daß viele Libanesen es nicht wagen, von der einen Seite ihrer Hauptstadt in die andere zu wandern oder zu fahren. Wer weiß, daß die Gegenseite ihm aus politischen, wirtschaftlichen oder militärischen Gründen übel will, bleibt besser zu Hause.* Aber würde man ihm übelwollen, wenn ihm das seine Kondition erlaubte?

In der Zeit der hierzulande einmal grassierenden Physiognomik tat eben ein Lichtenberg besser daran, seine Silhouette nicht nach Zürich gelangen zu lassen, wenigstens im Bild zu Hause zu bleiben. Zwei Jahrhunderte später tut man gut daran, seine Träume für sich zu behalten, sie zumindest nicht handschriftlich mitzuteilen.

Wer auf sich hält, wechselt das Paradigma. Inzwischen haben sogar die Theologen einen Paradigmawechsel vorgenommen oder vorzunehmen vorgegeben. Dieses *sogar* ist nicht unbedenklich; immer wenn die Theologen irgendwo ankommen, ist es kurz nach zwölf. Als die Frage in Vorträgen aufkam, ob Jesus Existentialist gewesen sei, war der Existentialismus tot – man hätte es an diesem Symptom ablesen können, auch wenn es sonst nicht zu wissen gewesen wäre. Zugleich erreicht die Ungenauigkeit im Begriffsgebrauch ihren Höhepunkt. Es sind keine guten Bundesgenossen, wenn man sich der Frage stellt, ob der Begriff des Paradigmawechsels für Geisteswissenschaften brauchbar sei.

Daß mit dem Begriff des ›Paradigma‹ nicht gut umzugehen ist, bestätigt sein Urheber. Thomas S. Kuhn, geboren 1922, brachte ihn 1962 in Umlauf und zog ihn kaum zwanzig Jahre später wieder aus dem Verkehr. Das kommt bei erfolgreichen Autoren selten vor. Kuhn hatte einen Über-Erfolg, und daran scheiterte die Begriffsgeschichte des inzwischen hochberühmten Professors am MIT. Als er 1981 in München die zehnte Heisenberg-Vorlesung hielt, kam der Ausdruck ›Paradigmawechsel‹ darin nicht vor. Kuhn ließ im Druck des Textes wissen, er habe den zahlreichen Mißverständnissen *keine neue Nahrung geben* wollen. Ob er zu diesen Mißverständnissen gerechnet hat, daß es auch in Geisteswissenschaften Paradigmawechsel gebe, ist für das Jahr 1981 nicht sicherzustellen. Es gab deren genug schon zuvor.

Welcher Reiz lag darin, beim Paradigmawechsel dabeizusein, einen gar bewirkt zu haben? Zunächst: Für die Naturwissenschaften, zu deren historischer Darstellung die der Grammatik von Flexionen und Konjugationen entlehnte Metapher des ›Paradigma‹ vor gut einem Vierteljahrhundert angesetzt war, ist damit die ›Normalität‹ beschrieben: Wenn alles gut geht, bildet sich ein Muster von Problembehandlungen aus, dessen schul- bis faustformelige Anwendung einer Disziplin nicht nur Bestand, sondern Fortgang sichert. Immer geht eine kleine oder große

Katastrophe der Theoriebildung dem Griff nach einem neuen Konzept voraus, das keineswegs durch geniale Neuerung schon ›Paradigma‹ ist, vielmehr es allererst durch immanent-theoretische (also nicht: praktische) Anwendbarkeit *werden* kann. Deshalb ist die *Feststellung* des Paradigmawechsels Sache später Rückschau des Historikers. Neuerung, Genialität, Inspiration sind nicht Attribute des großen Augenblicks. Die ›exakte‹ Katastrophe spielt sich auch ›exakt‹ – nicht: genialisch – ab: Der Eifer, die schon durchgesetzte Modelltheorie durch noch verfeinerte Meßverfahren im Bestand zu verfestigen, fördert kleinste Ärgernisse von Abweichungen zutage, die ein eigenes Muster von ›Regularität‹ bilden können, sobald der Anstoß der Genauigkeitssteigerung zunimmt. Die Ungenauigkeit erweist sich als resistent gegen innerparadigmatische Zusatzannahmen. Daß dies die Stunde der Außenseiter ist, darf nicht vergessen lassen, daß hinterdrein nur *einer* von ihnen das theoretische Netz bereithielt, das den Absturz verhinderte und zum neuen ›Paradigma‹ *wurde.*

Die Alten ließen ihre Toten gern ein Wort noch zu den Lebenden sagen; ihre letzten Worte kommen noch nach den letzten. Meister des hellenistischen Epigramms war im 3. Jahrhundert Kallimachos aus Kyrene. In einem der 63 erhaltenen Stücke dieser Gattung gibt ein Verstorbener Antwort auf die Fragen der Überlebenden. Die Auskünfte sind insgesamt nicht erbaulich, am wenigsten für die Philosophen platonischer Tradition. Es ist kein Totengespräch in der Unterwelt, wie es ein halbes Jahrtausend später Lukianos von Samosata zum langlebigen Muster machen wird. Bei Kallimachos gibt ein unbekannter Toter Antwort auf Fragen von Lebenden, vielleicht in einer Beschwörung:

– Wie ist es in der Unterwelt?
– Tiefe Finsternis!
– Wie steht es mit der Rückkehr zu uns herauf?
– Alles Lüge.
– Und Plato?
– Ein Mythos.
– So sind wir verloren!

Plato ein Mythos – dann erst recht seine Mythen von Totengericht und Wiederkehr. Nicht aber das vorgeblich Bewiesene des Dialogs »Phaidon«: die Unsterblichkeit, wie unkomfortabel auch immer. Denn der aller Metaphysik abholde Kurzdialog beruht immerhin auf der Voraussetzung, daß ein Toter noch den Tod überlebt hat und sich befragen läßt.

Wenn Plato ein Mythos war, war dies Ganze ein Paradox, ihn zu verspotten. Man muß noch mal auf den Kallimachos gucken. Der lebte und waltete in Alexandria unter der Herrschaft des Diadochen Ptolemaios II. als Bibliothekar der Bibliothek aller Bibliotheken, die den Kern dessen ausmachte, was man Alexandrinismus nennen sollte. Der Epigrammatiker war beauftragt, für die etwa 700 000 Buchrollen einen biobibliographischen Katalog zu erstellen. Anschaulich und unmäßig hatte er vor sich, was

Unsterblichkeit bedeutete, wenn man sie ›realistisch‹ definierte. Vor der Lebensaufgabe, diesen Autoren und ihrem Nachlaß das Register (*pinakes*) zu schreiben, verblaßte Plato mit seinen Vorstellungen von Unsterblichkeit zum Mythos.

Nur brauchte man *noch einen einzigen*, um dies zu sagen.

Die Anekdote widerstrebt der Anonymität. Jeweils einen Heldennamen braucht sie schon deshalb, um den Gipfel ihrer Karriere zu erreichen: als Wanderanekdote.
Wo sie aus Gründen der Sozialbindung dennoch anonym bleiben muß, wahrt sie ihre Transplantationsfähigkeit durch Wechsel des Lokals.
So kann der Page eines großen Hotels nicht namentlich in einer Anekdote auftreten. Sie wüßte dann mehr, als ihr guttäte. Aber der Page kann in Stresa oder Biarritz, im Adlon oder im Claridge gewesen sein. Zeitlich allerdings ist die Wanderungsbreite nicht so groß, denn es muß noch Pagen gegeben haben und für einen hellen Kopf noch nicht in Konkurrenz mit dem Lehrerberuf gewesen, wenn die Geschichte glaubwürdig sein soll. Auch das beteiligte Publikum muß bestimmte Mindestanforderungen noch erfüllen: deutliche Geschlechtsunterschiede in der Bekleidung, Gast wie Gast, noch keine Gästinnen.
Dann läuft die Geschichte so: Der Garderobenpage eines Luxushotels war bekannt für sein phänomenales Gedächtnis im Umgang mit den Gästen und ihren Depositen. Nie benötigte er den Gegenschein, um die ihm ausgehändigten Stücke zurückzugeben.
Eines Tages fragte ihn ein Gast: »Wie können Sie noch wissen, daß dies mein Hut ist, ohne daß ich Ihnen die Nummer gegeben habe?«
»Verzeihung, mein Herr«, war die Antwort. »Ich weiß gar nicht, ob dies Ihr Hut ist. Ich weiß nur, daß *Sie* ihn vor zwei Stunden bei mir abgegeben haben.«
Ein andermal stellt ihm eine Dame dieselbe Frage. Die Antwort ist geschlechtsspezifisch variiert: »Verzeihung, meine Dame. Ich weiß gar nicht, ob dies Ihr *Hut* ist. Ich weiß nur, daß Sie mir diesen *Gegenstand* vor zwei Stunden zur Aufbewahrung gegeben haben.«
Inzwischen gibt es solche Pagen nicht mehr. Sie konnten alle

Philosophie studieren. Denn die beiden Antworten setzen voraus, daß man Bescheid weiß, was Identität und was eine Wesensform ist, welches Problem nur nominalistisch und welches nur realistisch gelöst werden kann.

Sollte die Anekdote lange gewandert sein, so mußte ihre Urform von Sokrates stammen. Sie ist auf ihre Art eine Variante dessen, was er im Dialog »Menon« an dem thessalischen Sklaven vorführt. Auch dessen Name wird uns ja von Plato verschwiegen, und aus denselben Gründen, die für den Hotelpagen jeder Neugier widerstehen lassen, ihn zu nennen.

OPPORTUNISMUS

Diogenes von Sinope wurde gefragt, wie er begraben sein wolle. »Mit dem Gesicht nach unten«, war seine Antwort.
Als er Erstaunen auf den Gesichtern ringsum sah, fügte er hinzu, es werde in der Welt bald drunter und drüber gehen, und dann werde er schon richtig zu liegen kommen.
Man hat diesen Ausspruch später auf die Umwälzungen bezogen, die von Makedonien ausgehen sollten. Man wünschte sich schon immer den Philosophen hellsichtig. So sollte auch dieser, wie ungeliebt er gewesen sein mochte, wenigstens nach dem Tode recht bekommen.
Eher mochte Diogenes daran gedacht haben, wie schlecht sein Ruf allerorts war; nach seinem Tode würde erst freiweg über sein Leben erzählt werden, daß es ihn im Grabe umdrehen mußte. Dann würde er richtig liegen.
Am wahrscheinlichsten ist, daß Diogenes das Laster der Philosophen hatte: Opportunismus auf längere Sicht. Da behielt allemal der recht, der der Stabilität der Weltverhältnisse nicht traute, auf die nächste allfällige Umwälzung setzte, woher immer sie kommen und wozu sie die Dinge wälzen mochte. In jedem Fall würde er dann richtig zu liegen gekommen sein.

Man sollte denken, »Der arme Poet« von Carl Spitzweg biete keinen Anlaß zum Streiten, wie es sich *de gustibus* versteht, doch dürfe man trotz der Armut des Dichters gerade *wegen* ihrer malerischen Kunstfassung sowohl in der Neuen Pinakothek in München als auch in Berlins Nationalgalerie gleichermaßen – wie sich die Bilder gleichen – wenigstens lachen.

Das Fernsehen will es anders. Es läßt Karlheinz Nowald das Inventar des Bildes erläutern und sogar Artiges sagen über das rätselhafte rosa Tuch an der Wand mit dem dahintergesteckten Papier und dem am Bande herunterhängenden Messingschlüsselchen, denen nicht zu Unrecht die Vergegenwärtigung der Muse des Poeten zugeschrieben wird. Der Maler hat gut daran getan, sie vor dem Lachen des Betrachters zu bewahren und dennoch seinen ›Helden‹ nicht ohne ihren symbolischen Beistand zu lassen. Denn sie muß eine Freundin des Unbehaglichen sein, folgt man dem Erklärer, der die leibhaftige Verelendung vor sich sieht: *Aber wie arm das alles, wie ärmlich! In welcher Umgebung wird hier gedichtet!* Ja, und gemalt wurde auch nicht in anderer, denn es war 1839, eine Zeit, die noch mehr an ›Umgebung‹ denken läßt, als andere Zeiten es ohnehin zur Pflicht machen.

Die Vita des Kunsterklärers läßt wissen, daß er 1979 Professor für Kunstgeschichte wurde. Da kann man sich denken, was zum Obligatorium des Nachweises der Denkweise gehörte. Dieser gemalte Poet, der sich gerade mit dem gefangenen Floh beschäftigt und dazu das Dichten kurz unterbrochen hat, muß nicht nur *in* der Zeit dichten, er muß *gegen* die Zeit andichten, gegen Restauration und Repression, gegen Tyrannei und Zensur. Da hat ihn sein Maler mitten ins Biedermeier versetzt – oder besser: verlegt – und zugleich das Kampfmittel der Feder ihm zwischen die Zähne gegeben. Wegen des Flohs, des Plagegeistes, zwischen die Zähne. Ernüchternd, fern aller Versuchung zum Lächeln – als sei das Kunstwerk, wie seine Erklärung, nach der Mitte des zwanzigsten Jahrhunderts entstanden – ist denn auch der Schlußsatz eine Drohung an den in der Galerienpracht wandelnden Zuschauer: *Und wer will, finde das komisch.*

Man wagt nicht mehr, es zu wollen. Aber man vermißt denn doch, daß wenigstens erwähnt werde, was im Zentrum der verwerflichen Komik steht: Der Dichter ist produktiv. Ein Konvolut seiner Ergiebigkeit ist zu sehen; es ist beschriftet mit *Operum meorum fasciculum III.* Das Bündel *meiner* Werke liegt beim eisernen Ofen. Der ist kalt, denn die Sonne scheint. Aber einige Blätter, wohl noch vom *fasciculum II,* stecken in der offenen Ofentür, bereit zur Entzündung, wenn es kalt werden sollte. Dieser Dichter schreibt, um sich zu wärmen – frischweg, denn das Maß seiner Produktion ist das seines Wohlbehagens. Eine Art Perpetuum mobile. Er schreibt sich warm, im Wortsinne. Nur wenn er hurtig ist, geht ihm das Feuer nicht aus. Wer das nicht komisch findet, will es nicht. Und wer nährt ihn? Man wird, ohne alle frivole Belustigung am Elend, an Zettelchen, Tüchlein und Schlüsselchen denken dürfen: Die Muse hat die Ihren noch nie im Stich gelassen.

Sein Lebensatem hat nicht ausgereicht, die Jahrhundertmitte zu überschreiten, und er gehört nicht zu den Desasterologen, die dem Fortgang der Dinge nichts Gutes zutrauen mochten. Wenn ihn dennoch mit der phänomenologischen und seinsdenkerischen Abschätzigkeit gegenüber den ›positiven Wissenschaften‹ etwas verbindet, so ist es die Annahme, Wissenschaft sei nicht der Inbegriff des Menschenmöglichen, nicht einmal der des Menschen Zuträglichen. Aber seine Distanz ist subtiler.
Er sieht in der Wissenschaft ein Beruhigungsmittel. Mochten die Griechen auch recht haben, die Theorie aus dem Staunen hervorgehen zu lassen, so war der Anfang nicht die Bestimmung ihres Dauerzustands. Konnte es wohl auch nicht sein; es ist keine Attitüde, darin zu verharren. Alles Folgende arbeitet seinem Ursprung entgegen: *Zum Staunen muß der Mensch – und vielleicht Völker – aufwachen. Die Wissenschaft ist ein Mittel, um ihn wieder einzuschläfern.* Das ist 1930 geschrieben. Es setzt sich, wie oft bei Wittgenstein, mit einem Blick auf *gewisse primitive Stämme* fort, die zur Furcht vor Naturphänomenen neigen. Sollte das durch Wissenschaft endgültig ausgeschlossen sein? Gerade wenn sie Mittel zur Einschläferung gewesen sein sollte, wird es ungewiß, welcher Wirkung sie beim Aufwachen erliegen läßt. Das ist weder Sache der ›Wiederholung‹ noch der ›Extrapolation‹. Die Naturfurcht kann auch und gerade unter den Bedingungen des Erkenntniserfolgs wiederkehren: *Es ist aber nicht ausgeschlossen, daß hoch-zivilisierte Völker wieder zu eben dieser Furcht neigen werden und ihre Zivilisation und die wissenschaftliche Kenntnis kann sie nicht davor schützen.*
Es ist wie mit der Hygiene: Sie macht anfälliger für das, was sie nicht überwunden hat. Wissenschaft ist ein Faktor von Anfälligkeit, obwohl Wittgenstein sie nichts hervorbringen läßt, was auf diesen Immunitätsmangel eindringt. Die Philosophie behebt ihn nicht. Sie macht am ehesten Furcht vor der möglichen Furcht und ist eine Variante der grassierenden Phobophobie.

Der Mensch wird aussterben. Um das zu sagen, braucht man kein besonderer Pessimist zu sein. Und Misanthrop wäre man nur, wenn man es ihm nicht auf die sanfte Aussterbensart der meisten seiner tierischen Genossen wünschte: über die Minderung seiner Proliferation. Immerhin haben von den geschätzten 50 bis 150 Millionen Arten, die im Laufe der Evolution aufgekommen waren, nicht mehr als 2 Prozent überlebt, geschätzt höchstens 5 Millionen, von denen 1,5 Millionen als wissenschaftlich erfaßt gelten können. Man braucht sich das Verschwinden so vieler Arten nicht allzu dramatisch und schmerzhaft vorzustellen; sogar die Saurier, die vor 65 Millionen Jahren ›plötzlich‹ von der durch sie beherrschten und vergewaltigten Erde verschwanden, hatten offenbar ›nur‹ Schwierigkeiten mit der Fortpflanzung, etwa durch zunehmende Dünnschaligkeit ihrer Reptilieneier.

Es wird Überlebende geben von den heutigen etwa 5 Millionen Arten. Sie werden die Nutznießer der Erde sein und vielleicht die Evolution in eine neue Richtung dirigieren, je nach den Bedingungen, unter denen sie den Menschen überleben werden. Der Mensch wird es ihnen nicht leichtmachen. Sein Nachlaß an Veränderung der Erde wird zumindest zeitweise zu den Überlebensfaktoren gehören. Ich will nicht spekulieren. Gelegentlich fällt etwas vor, was auf die Erde *nach dem Menschen* hinweist. Ein Stück Vorwegerschleichung des Erbes.

Am 14. Oktober 1988 meldete AP aus Chur in der Schweiz, die Bündner Verkehrspolizei habe im Straßentunnel durch den San Bernardino, der 6,6 km lang ist, einen Zugvogelschwarm von etwa 200 Staren angetroffen, die knapp bis zur Hälfte des Tunnels vorgedrungen waren. Ihre übliche Route über den 2065 Meter hohen Paß habe in dichtem Nebel gelegen und die Eingangsbeleuchtung des Tunnels daher den Vorzug der Benutzung des Menschenwerks ausgemacht. Auf halber Strecke habe sie dann die Lichtorientierung im Stich gelassen. Die Polizei machte die-

sen Mangel wett, indem sie die Tunnelbeleuchtung zum Südausgang in bestimmten Abständen vor dem Schwarm einschaltete, bis dieser das Freie erreichte.
Das ist ein Anfang. Noch mußte die Polizei eingreifen können, und es mußte genug Energie für die richtungweisende Beleuchtung geben. Wer weiß, wie der Mensch aus lauter Angst vor dem Untergang die Energieversorgung so vermindern wird, daß dieser Mangel dann wirklich seinen Bestand mindert?
Die Zugvögel jedenfalls, sofern sie zu den Überlebenden gehören werden, mögen dann an Energie sparen, indem sie unterhalb der Alpengipfel durch die menschenverlassenen Bohrungen hindurchzufliegen gelernt haben.

›RAUCHERLAUBNIS‹

Freiheit zu genießen ist etwas anderes als sie nur zu haben. Voraussetzung des Genusses ist bekanntermaßen die Auffälligkeit, die ein Wert durch seine Entbehrung erhält. Wir begrüßen als Freiheit, was uns verwehrt war, wir erwarten es als das dringlichste der Lebensgüter im Maße seiner Abwesenheit. Wir genießen sie wohl nur, solange uns die Erinnerung an ihren Entzug lebendig und faßbar bleibt. Es ist die Erscheinungsform des Schmerzes, die sich am wenigsten durch Beschreibung und Bericht anderen und Späteren übermitteln läßt. So gerät der hilflose Berichterstatter der Entbehrung, der damit neue Gefahren und Drohungen des Entzugs beschwören, gar prophylaktisch behandeln will, allzu leicht in die Verlegenheit, der Rhetorik des Wunsches zu verfallen, seine Adressaten möchten wieder identisch werden mit dem Subjekt der Erlebnisse, die zu vergegenwärtigen ihm mißlingt.

Zu den harmlosen Jugenderlebnissen früherer Generationen gehörte der physisch zumeist mißliche ›Genuß‹ ersten heimlichen, weil verbotenen Rauchens. Welcher Freiheitsrausch, wenn einem zugleich hundeelend wurde! Inzwischen hat die theoretisch induzierte Permissivität der Erziehung diesen Genuß unmöglich gemacht. Dafür hatten die Erzieher, Lehrer wie Eltern, den Freiheitsgenuß der ihnen wissenschaftlich abgenommenen Last, fürs Verbotene auch einzustehen – nicht umsonst waren die zugehörigen Theoreme so erfolgreich. Freiheit ist eben auch, wenn man nicht mehr anzuhalten braucht zu dem, wovon man nicht ausdrücklich zu begründen wußte, warum und wie lange man davon abzustehen hatte. »Herr, ich danke dir, daß ich keine Verantwortung mehr habe für den da!« lautet der Segensspruch des Vaters für den Dreizehnjährigen im Ritus der Bar Mizwa.

In der Sonntagsbeilage des »Prager Tagblatts« vom 5. Januar 1936 erschien ein Beitrag mit dem Titel »Rauchen im Gefängnis«, in dem nicht ohne ironische Zwischentöne die Verfügung der Regierung Österreichs gepriesen wurde, den Leitern von Strafanstalten die Raucherlaubnis für Gefangene ins Ermessen zu stellen. Der Artikel war von Alfred Polgar. Der Leser wird am ehesten überrascht und beeindruckt gewesen sein vom hygienischen Aspekt des Themas: Der in Haft gesetzte Delinquent wird durch die Plötzlichkeit und die Umstände des Entzugs seiner Nikotindroge härter getroffen als jeder Raucher, der aus Leibesrücksicht sich selbst des Genußmittels zu entwöhnen sucht: *Hier wirkt die Entbehrung des geliebten Giftes als noch stärkeres Gift.* Für den Gefangenen erscheine das Rauchen als ein Teil der Rechte, die ihn noch mit der Gesellschaft verbinden, aus der er separiert werden mußte; sein Verlangen, die Gesamtheit dieser Rechte zurückzuerlangen, werde durch ihre partielle Gewährung gesteigert. Kein Zuspruch und keine Behandlungsart könnten so stark wirken.

Und ein Letztes, das sich dem ein Halbjahrhundert späteren Leser am meisten einprägt: Mit der kleinen Reform am Strafvollzug hat das kleine ohnmächtige Land der Welt zum Bewußtsein gebracht, *was für Schmach und Unglück das wäre, wenn es ans Hakenkreuz geschlagen würde.* Dennoch wurde es.

Im siebenunddreißigsten und letzten Band der »Fackel« machte Karl Kraus im Februar 1936 Polgars Glosse über Gefängnisrauch zum Aufhänger für eine nachträgliche Würdigung des gerade Sechzigjährigen (angeblich, da den Dokumenten nach schon Zweiundsechzigjährigen). Von *Verteidigung der Donau* ist die Rede, und dies durch einen, der *gerade gegen diesen Strom dauergeschwommen ist*, aber gewußt und gekannt habe, was da noch zu verteidigen war, es besser gesehen hatte als die, die *prinzipienfest mit dem Strom schwimmen, ja selbst als die bodenständigen Uferbewohner.* Da ist die walzerodiöse blaue Donau ganz aufgegangen in der Metaphorik des Stromes als der Macht, mit der oder gegen die man es in jedem Falle einer sich zur Zeit frei einstellenden Schreiberexistenz aufzunehmen hat: . . . *und da kann man halt nix machen: als schwimmen wie man will und nicht: wie die andern wollen, daß man schwimme.* Den letzten Satz der Raucherlaubnisglosse benutzt Kraus für eine der wenigen, jedenfalls die letzte seiner Huldigungen vor eigenem Verstummen: *Die Einsicht, die in jenem Satz enthalten ist, macht dem Autor, Alfred Polgar, mehr Ehre, als ihm zu seinem sechzigsten Geburtstag erwiesen wurde . . .*

Man mag sagen, es sei aus einem nebensächlichen Verwaltungsvorgang in einem fast schon verlorenen Land zu viel herausgelesen und hineingelobt. Aber beide, Alfred Polgar, der es herausgehoben hatte, und Karl Kraus, der ihn dafür ehrte, lassen uns etwas bemerken, was unter den großen Worten und ihren abstrakten Objekten leicht verschwindet: Da es nach Kants Einsicht keine ›Erfahrung‹ von Freiheit im objektiven Sinne geben kann, ist alles entweder *erschlossen*, was wir von ihr zu *sagen* haben, oder durch Symbole *vertreten*, was wir von ihr *haben* möchten. Deshalb ist es ganz recht, von ihrem okkasionellen ›Genuß‹ zu sprechen, obwohl dies von ihrer Erfahrung zu tun ins Bodenlose führt. Der Vorteil des Symbolischen vor dem Objektiv-Reellen ist allemal, daß es auf die Gewichtigkeit des symbolisierenden Gegenstandes gar nicht ankommt. Es kann das Geringste sein.

Vielleicht muß es sogar ein Geringes sein, damit das Zeichen nicht *als* die Sache, sondern nur *für* die Sache genommen wird. So sind auch die Genüsse von Freiheit ans Unbedeutende geheftet. Insofern war es Polgar gelungen – und Kraus hatte ihm darin zugestimmt –, die unbeweisbare Würdigkeit des Donaureststaates, gegen die neue Reichsgröße verteidigt zu werden, mit der winzigen ›Realität‹ einer geänderten Vorschrift für Gefängnisdirektoren beinahe erfaßbar zu machen.

›REALISMUS‹ I

Thales von Milet stürzte bekanntlich in eine Zisterne, als er die Sterne beobachtete, und wurde von einer Thrakerin verspottet, er wisse wohl am Himmel Bescheid, nicht aber auf der Erde. Das erscheint als unauflösbare Gegensätzlichkeit. Erst spät empfahl Francis Bacon die methodische Weisheit, die Sterne doch im Spiegel jenes Brunnens zu betrachten, in den sonst der Astronom zu fallen droht. Bald wird man den ersten Spiegel mit einem Transporter in den Orbit schießen, um atmosphärisch ungestört die Sterne zu erforschen. Dazu kann der Astronom zu Hause bleiben und auf die Bilder warten.

Aber auch der irdische Realismus hat sich der einstmals höheren Wissenschaft zu bedienen gewußt, um seine niederen Ziele zu erreichen. Hebbel hat das geschmäht; dabei wußte er noch nicht, was in dieser Umkehrung möglich werden würde: *Den Menschen sind Verstand und Vernunft gegeben, um den Sternenhimmel zu erklären. Aber wenige von ihnen machen den Versuch, und die andern brauchen sie dann, um desto besser die fetten Würmer im Staube zu finden.*

Kann man sich denken, woran er denkt?

Der griechische Maler Zeuxis hatte ein Bild gemalt, auf dem ein Knabe eine Traube Weinbeeren in den Händen hielt. Da kamen Vögel und pickten nach den Beeren.
Der Maler stellte den Bewunderern des Bildes die Frage, weshalb die Vögel durch den gemalten Knaben nicht davon abgeschreckt wurden, sich der Weinbeertraube zu nähern.
Welche Antworten Zeuxis bekam, wissen wir nicht. Wohl hingegen, welche Lösungen von späteren antiken Autoren angeboten wurden.
Die eine war die des Seneca: Der Knabe sei so gut gemalt gewesen, daß ihn die Vögel mit keinem wirklichen Menschen verwechseln konnten und sich nicht vor ihm fürchteten. Idealität erschreckt nicht.
Die andere Lösung war die des Plinius Secundus des Älteren – der so furchtlos an die Dinge heranging, daß er beim Vesuvausbruch des Jahres 79 ums Leben kam. Er meinte, der Knabe sei soviel weniger naturgetreu gemalt gewesen als die Weintraube, daß die Vögel in ihm nicht erkannten, was sie sonst vertrieben hätte.
Beide Antworten billigen dem Maler zu, die Traube gerade so gemalt zu haben, wie Vögel sie sehen müssen, um sie alles andere vergessen zu lassen.
Was beide Autoren noch nicht wußten, war, wie wenig dazu nötig ist, um tierische Wahrnehmung an das Lebensdienliche zu fesseln.
Deshalb ist die Anekdote zeitlos genug, daß sie ›modernisiert‹ werden kann: Zeuxis hätte erst flüchtig ein paar Umrisse und Farbflecke für sein Bild hingeworfen, zufällig aber für die Weinbeeren die zwei ›Merkmale‹ getroffen, die in der Vogelsinneswelt genügten, sich ans Picken zu machen. Der Knabenumriß kam in dieser Merkwelt gar nicht vor, er war ›abstrakte Kunst‹.

›REALITÄT‹ – AN WIRKLICHKEIT GEWINNEN DURCH NICHTERSCHEINEN

Seit zehn Jahren wissen wir ein wenig genauer, was wir insgesamt doch nur sehr ungenau wissen: was Realität ist – und infolgedessen, immer mitgemeint, Realismus zu sein hätte. Man muß sich an den Rand der Ereignisse begeben, wo selbst die nachrichtenagenturgesicherten Meldungen über den Rand des Zuverlässigen hinaus, der Wirklichkeit hinaus verfließen mit dem Imaginären, das uns oft intensiver beschäftigt als das Reale.
Seit zehn Jahren also hat es einen kleinen Ruck gegeben, der schon zur Geschichte der Begriffe in Geschichten gehören müßte – und ab heute gehört.
Am 3. Oktober 1977 verbreitet die Deutsche Presseagentur eine längere Meldung über den Abzug der professionellen Beobachter am Loch Ness in Schottland, die den Sommer über auf das Erscheinen des umstrittenen Monsters im See mit umfangreichen instrumentellen Ausrüstungen gewartet hatten. Es ist so etwas wie der offiziöse Schlußpunkt hinter die alljährliche Sauregurkenzeit der Presse.
Aber auch für den Beobachter unserer Probleme mit Realität und Realismus ergaben sich aus der Saison Gesichtspunkte, und zwar drei.
Der wichtigste ist die schlichte Feststellung des Nachrichtenbüros, in diesem Sommer 1977 hätten sich im Gegensatz zu den Vorjahren keine Anhaltspunkte für die Existenz des urzeitlichen Lebewesens ergeben. Niemand habe behauptet, es gesehen zu haben. Es gab keine Geräusche, keine Photos, keine Spuren, keine Zeugen. Man sollte denken, damit sei die lange Geschichte des Wartens auf das Tier im See ihrem Ende nähergekommen, einem Ende der Resignation wenn nicht der Negation. Erstaunlicherweise ist es umgekehrt. Der negative Befund des Jahres 1977 macht die Zeugnisse der Vorjahre wertvoller, befreit sie ein wenig vom Ruch der überspringenden Illusionsbereitschaft. Sogar die vermeintlichen Photographien gewinnen dadurch, daß es

neue nicht gegeben hat. Die Unterwasseraufnahmen von 1975 hatten Realisten in aller Welt nicht überzeugen können. Aber wenn sie Fälschungen oder Fehldeutungen unklarer Objekte in der Botmäßigkeit der Wünsche waren – warum hatte es 1977 keine Erfüllung von Wünschen gegeben?
Dieser Sachverhalt ist für unser Wirklichkeitsverhältnis aufschlußreich: Die Verweigerung von Zugeständnissen an unsere Erwartungen und Wünsche hat mehr mit der Realität zu tun als deren Erfüllung, auch wenn die Erfüllungserfahrung geneigt macht, in ihrem Objekt alles und mehr zu sehen als das, was erwartet worden war. Die Wahrnehmung dessen, was es nicht gibt, überzeugt uns am Ende schon deshalb mehr von der Möglichkeit, das Nichtgegebene könne doch sein, weil es überhaupt so wenig selbstverständlich ist, Aufmerksamkeit an das zu wenden, was nicht existiert. Der Theoretiker macht oft seine wichtigsten Funde, indem er Lücken im Kontext der Erscheinungen bemerkt. Die nach einem auch noch verregneten Sommer enttäuscht von den Gestaden des schottischen Lochs abziehenden Beobachter sind eine glanzvolle Demonstration für die erfolgreichen der Vorjahre. Sonst hätte wohl auch die Presseagentur diesen Stoff nicht geliefert. Sie ist besser gerüstet für die Stallwachenzeit der nächsten Jahre.
Dann wird mitgeteilt, der Verfasser einer Broschüre über das schottische Phänomen, William Owen, habe da geschrieben, die Zweifler und sogenannten Realisten würden erst an das Nationalunwesen glauben, wenn sie von ihm gebissen worden seien. Auch das ist ein Philosoph. Gegen alle Tradition von der Würde des Gesichtssinns hält er sich an die schlichtere Erfahrung, daß kein Anblick zu leisten vermag, was der Schmerz zuwege bringt. Welches Indiz für Realität, auch für unerkannte und unbekannte, wäre stichhaltiger?
Der Mensch ist nicht nur ein realistisches Wesen, er ist auch trostbedürftig. Man versteht, daß die mit einem Verkehrsschild auf die Attraktion hingewiesenen Touristen, die erfolglos bei ihrem Besuch geblieben sind, des Trostes bedürfen. Sie können in

einem Ladengeschäft in Drumnadrochit eine Urkunde erstehen, auf der ihnen bescheinigt wird: *Ich habe Nessie gesehen.* Es mag sein, daß diese Trophäe bei der Heimkehr nicht so viele Gläubige findet, wie man das beim Kauf erwarten durfte. Interessanter ist der Versuch, sich vorzustellen, was Historiker in zwei Jahrtausenden aus dieser Urkunde herauslesen werden. Es wird ihnen nichts übrigbleiben, als zu beklagen, seither sei nun auch diese Tierart am Menschen ausgestorben.

Mißerfolge einer Theorie durch Ausbleiben dessen, was zu erwarten sie gebietet, werden erst ergiebig durch eine Paratheorie, die unter denselben Voraussetzungen erklären kann, weshalb es zum Mißerfolg kommen mußte. Einige gewitzte Freunde der stillen Umwelt schottischer Bergseen haben den auf der nahen Autostraße am Loch Ness erzeugten Verkehrslärm zur Ursache dafür gemacht, daß das scheue Untier sich 1977 nicht gezeigt habe. Nun ist diese Straße eigens für den Strom der Neugierigen zum Loch Ness ausgebaut worden. Das Monster hat sich die Folgen seines früheren Erscheinens selbst zugezogen und richtig auf das Übermaß seines Erfolgs reagiert, das rechte Maß von Enttäuschung zu erzeugen und dadurch den Lärm wieder aufs zuträgliche zu reduzieren. Man wird also sagen dürfen, daß mit dem Wiedererscheinen erst zu rechnen ist, wenn die Zahl möglicher Zeugen sich so verringert hat, wie es sich für Wunder und Naturphänomene gehört. Dadurch, daß es ein Motiv für das Nichterscheinen des Seetiers gibt, wird dieses nicht nur subjektiv zu einem Indiz für seine Realität, sondern auch objektiv: Es gibt eine Verhaltenstheorie für sein Bleiben im Tauchzustand. Aber wer hätte sich schon je zu denen gezählt, die zu viele waren, um ein scheues und der ruhigen Entfaltung bedürftiges Phänomen sich zeigen zu lassen?

REALITÄT IST DAS SELBE UND DOCH NIE GLEICHE, ZU DEM MAN ZURÜCKKOMMT

Ich tauche aus dem Schlaf auf, als hätte es mich nie gegeben. Nur eine dubiose Kleinigkeit hindert mich daran, dieser Neuling des Daseins zu sein: meine Erinnerung und die der anderen an mich. Es gibt Umstände, Umgebung, Dinge, die nicht dazu passen wollen, daß ich unter ihnen erstmals zutage träte. Ich kenne sie, sie kennen mich. Deshalb hat es seinen Sinn, daß die anderen mich begrüßen wie ich sie, wenn wir uns am Morgen oder im Laufe des Tages begegnen. Dazu muß man nur in einem allerweitesten Sinne dazugehören, keineswegs besondere Intimität besitzen: Die Normalität des Schon-Dagewesenseins bedarf der Zeugenschaft für ein Wesen, das so tief schlafen kann wie der Mensch, daß sein Anschluß an sein gelebtes ›Vorleben‹ ihm nicht selbstverständlich ist.

Es ist eben nicht das Und-so-weiter schlichtweg. Man kommt zu sich, das ist eine unglaubliche Sache, jedes Aufstehen eine Auferstehung, weil alles dagegen spricht, daß sich das Bewußtsein auf seine Unterbrechung eingelassen hat: Es ist seinem Wesen nach, was Unterbrechungen nicht erträgt. Was als Pathologie der Schlaflosigkeit erscheint, ist vielmehr das Sich-Durchsetzen der Normalität des Daseins als ›Sorge‹ um sich, zunehmend im Alter, wo es immer wahrscheinlicher wird, daß es dem Bewußtsein nicht gelingt, zu sich zurückzufinden. Deshalb auch wachen die Alten über die Einhaltung der Rituale: Man hat einander wissen zu lassen, daß man noch da ist; schließlich verliert man seine Zeugenschaft und hat es immer schwerer, für den Schwund Ersatz zu finden. Daher das ›Werben‹ der Alten um die Jungen, indem sie sich zu deren Komplizen in Anerkennung der ›Modernität‹ machen, da es doch keine andere Chance gibt als die eine, sich beerben zu lassen – und eben das ist die Bedingung, daß man die ausgedienten Zeugen nicht mehr belastet.

Deshalb ist die ideale Funktion des Geldes die der Erbsubstanz, in der der Erblasser anonym wird wie in nichts sonst. Jeder Gruß am Morgen, jede Wiedersehensszene während eines Lebens wird honoriert oder kann tendenziell vergolten werden mit dem schnödesten Medium des Dagewesenseins. Der Gruß ist eine Technik zur Herstellung von Selbstverständlichkeit, mit der Implikation, daß eben die darin enthaltene Zusicherung dem ganz und gar nicht Selbstverständlichen dient. Der noch und wieder da ist, jeden Morgen in seinem Büro, an seinem Arbeitsplatz wieder da ist, soll gar nicht merken, wie erstaunlich das ist. Deshalb fällt das Grüßen um so beiläufiger aus, je gleichgültiger diese Anwesenheit ist: Der Ersetzbare, der jederzeit jeder beliebig andere sein könnte, wird am nachlässigsten begrüßt, fast mit einem Ton des Widerwillens dagegen, daß er nicht weichen will. Ihm aber ist ebendies wichtig, daß man sich mit seinem Nichtweichenwollen abfindet, daß auch er zu den Indizien gehörig wird, die den anderen dazu gefügig sind, sich aus der Verwunderung herauszuziehen, daß sie wieder und noch da sind als dieselben. Im beiläufigsten Wiedersehen steckt dieses Drama des Risikos, daß es auch nicht hätte stattfinden können. Weshalb sonst sollte man sich mit »Auf Wiedersehen« verabschieden?

Der Mensch ist ein vorsichtiges Wesen. Je undurchsichtiger die Umstände werden, unter denen er zu leben hat, um so kunstvoller werden die Vorkehrungen seiner Vorsicht. Der Absolutismus eines Regimes läßt ihn sich der *absoluten Prävention* annähern.

Im totalitären System wird es ausdenkbar, daß der Funktionär einer die Staatssicherheit schützenden Formation seine Vorsicht auf den Fall richtet, daß eine andere mit derselben Aufgabe befaßte Organisation darauf verfallen könnte, den Staat vor ihm zu schützen. Das ist so abwegig nicht, wenn die rivalisierenden Kräfte eines solchen Systems von der Führung gegeneinander ausgespielt werden, die Spitze von diesen Antagonismen freizuhalten. Hitler war der Meister dieses mal blutigen, mal grotesken Spiels.

In der »Geheimen Staatspolizei« war es, wie zuverlässig berichtet wird, nichts Ungewöhnliches, Verhaftungen bei anderen Polizeiorganen durchzuführen. Ein Kriminalkommissar war auf den Gedanken verfallen, sich unter den Schutz der schon erfolgten Verhaftung zu stellen. Er trug ständig einen auf seinen Namen ausgefertigten Haftbefehl bei sich. Mochte seine Organisation in eine schiefe Lage kommen, die Sicherheit geschwächt werden, die sie ihm gewährte, war das Erscheinen der berüchtigten Stellvertreter des Milchmanns in der Morgenstunde das Vorsehbare. Den Haftbefehl zu zücken und sich für bereits verhaftet auszugeben, würde wenigstens die Häscher verwirren und einen Zeitgewinn verschaffen. Der bürokratische Apparat solcher Systeme macht sie für verblüffende Sonderfälle unflexibel bis reaktionsunfähig. Wo stand geschrieben, wie man sich bei Vollzug eines Haftbefehls zu verhalten hatte, wenn die gestellte Person amtsseitig beweisen konnte, daß sie schon verhaftet war?

Die Selbstverhaftung ist die am Grenzfall durchgespielte Reindarstellung des totalitären Systems. Aber Bürokratien haben den

Zug der Verblüffungsunfestigkeit auch in wohlgeordneten Staatswesen. Zumal dort, wo aus ›rechtsfreien‹ Räumen gegen sie operiert wird. Nach gehöriger Verzögerung erweist sich die Bürokratie dann als findig. Sie hilft sich damit, ihrerseits für den rechtsfreien Raum Institutionen zu erfinden, die wiederum ein Recht erfinden, das es gar nicht gibt. Auch hierbei ist Zeitgewinn das mindeste, was herauskommt. Derselbe Apparat, der das Recht für die Vakuolen inmitten der staatlichen Regelungsdichte auf die Tagesordnung der Instanzen bringt, schafft dann die Rechtsauskunftsbüros, deren Orakel noch von den erregtesten Gemütern akzeptiert werden, weil sie ›der Sache ein Ende setzen‹.

›REFORM‹

Die Sprache zu entmännlichen erinnert an die Versuche, sie zu entptolemaisieren.
Als die Lehrer noch nicht die Übermacht im Staat hatten, pflegte einer sich damit zu plagen, falsch intonierende Schüler zwischen Güte und Barschheit zurechtzuweisen: »Die Sonne geht nicht auf, die Erde geht unter.«
Wie recht er auf ihm noch unerahnbare Weise haben mochte – Galilei ist in der Sprache niemals Genugtuung widerfahren. Die Reue der römischen Kirche, ihm die Instrumente gezeigt zu haben, wird daran nichts ändern.
Nur verordnungstüchtige Bürokraten können andere Bürokraten zu allem verdonnern. Mühelos ließen sie die Sonne stillstehen, wenn sie in der Behördensprache vorkäme.
Nicht von ungefähr ist aus der Reformation die Reform geworden.

So wahrscheinlich es ist, daß wir über viele Dinge zuviel wissen, so unzweifelhaft ist, daß wir über andere zuwenig wissen.
Das hört sich trivial an, bekommt aber Farbe, wenn es eine Fragestellung in einen Zusammenhang bringen kann, der die Sachverhalte gleichsam ›von der Rückseite‹ betrachten läßt. Etwa: Hat die Nachsicht, mit der in bestimmten Disziplinen geprüft und für bestimmte Positionen der Freibrief erteilt wird, eine spezifische Beziehung zu den ›Gegenständen‹, mit denen man es zu tun hat? Die Unnachsichtigkeiten der Mathematiker oder der Juristen sind notorisch – und sie sind gegenstands- wie funktionsbedingt. Andererseits: Die Philosophen und Pädagogen gelten als nachsichtig, wer fällt da schon durchs Examen? Und das ist bei den Pädagogen ideologisch bedingt, weil sie von der unbegrenzten Belehrbarkeit des Menschen und seiner Lernfreudigkeit professionell ausgehen; bei den Philosophen ist es ›sachbedingt‹, weil sie von zu vielen Antworten, die ihnen ein Kandidat auf ihre Fragen gibt, nicht genau genug wissen, wie ungenau oder gar falsch sie sind.
Am schwierigsten ist es bei den Theologen. Sie wissen von ihren ›Gegenständen‹ rein gar nichts und sollen doch ein Maß von Wissen bei anderen eruieren; zugleich sind sie mit einem Ethos belastet, das ihnen noch mehr als Nachsicht gebietet und nur durch die rituelle Strenge der ›akademisierten‹ Prüfungssituationen daran gehindert werden kann, in schierer Nächstenliebe aufzugehen und nichts nicht zuzulassen. Daß ein schier unwissender Kandidat für Predigt und Lehre ein Sünder und ein Nächster ist, macht ihn schlechthin unanfechtbar. Prüfende Theologen sind daher personifizierte Peinlichkeiten. Und sie sind es in der ›Fülle der Zeiten‹ erst recht geworden, als sich der didaktische Furor und der pädagogische Eros der »Aufklärung« mit dem amalgamierten, was diese vom ›Gegenstand‹ der Forschung, Lehre und Unterweisung übriggelassen hatte. Namen werden oft nur spät zu dem hinzuerfunden, was es schon lange

gibt. Etwa durch Gründung von Lehrstühlen, Instituten, Verbänden, Kongressen. So entstand aus dem Produkt von Theologie und Aufklärung die »Religionspädagogik«. Auf sie selbst angewandt: Wer könnte sie von Amts wegen nicht ›ausfüllen‹ oder ›vertreten‹?

Carl Vogt (1817-1895), Zoologe und Politiker, auch zoologischer Politiker, dessen gefürchtete Umtriebe zwischen Gießen und Genf ein Jahrhundert später eher als bloßer Mangel an Seßhaftigkeit erscheinen, hat »Erinnerungen und Rückblicke« unter Betonung des selektiven Moments »Aus meinem Leben« – 1896 immerhin in Stuttgart bei Erwin Nägele erschienen – hinterlassen. Vogt wurde in Gießen geboren, und seine Erinnerung kreist um die Universität, die keineswegs eine verächtliche und anekdotenträchtige Nische der Stadt besetzte, sondern so etwas wie deren ›Substanz‹ und Existenzberechtigung ausmachte. Das muß man sagen, damit man sich nach der ›Entmuffung‹ von tausend Jahren nicht ins Kuriositätenkabinett des Spätmittelalters versetzt denkt – im Gegenteil: Hier war man ›aufgeklärt‹, wenn auch noch nicht ganz so, wie hernach Carl Vogt. Der Senior der Theologischen Fakultät, der Superintendent Palmer, war zugleich »Oberschulinspektor der Provinz« und ebendarin der Nachsichtspädagogik der Zukunft schon so nahe, daß ohne Bosheit von ihm gesagt werden konnte, *es sei bei seiner Berufung vor einigen Jahren eine Verwechslung vorgegangen.* Niemand ahnte, daß dies ein Jahrhundert später zur Standardanekdote werden sollte, bei deren Zuteilung es auf die Drolligkeiten des damaligen geistlichen Aufzuges nicht ankam.

Wichtiger ist, wie Palmer die Lizenzen der aufgeklärten menschenfreundlichen wie wahrheitsunsicheren, aber weltweisen Theologie in seinen Amtshandlungen umsetzte. Bei ihm ging die Nachsicht nahtlos in Nachhilfe über. Dies zumal, wenn der Anwärter aufs Amt der Religionsbelehrung sich verlegen erwies in der Methode, wie das zu machen sei. *»Herr Kandidat«, sagte Palmer dann, »ich werde Ihnen zeigen, wie man katechisieren muß. Sage, mein Kind, was war Christus?« Das Kind stockt verlegen. »Nun geben Sie Acht, Herr*

Kandidat, wie man auf Umwegen zu der richtigen Antwort gelangen muß! Sage, mein Kind, wie sieht der Schnee aus?« – »Weiß!« – »Ganz richtig, mein Kind, fahre so fort! Und nun die zweite Frage: Was war also Christus?« – »Ein Schneemann!« – »Nicht doch! Ein weiser Mann!« Die Qualität des Resultats entspricht der des didaktischen Verfahrens; aber wichtiger ist, in welchem Maße zur Bedingung der Möglichkeit des Lehrerfolgs eine auf ›Weltweisheit‹ reduzierte Theologie gehörte. So grotesk die Simplifikation samt Nachhilfeexempel anmuten: Der Theologe und Schulmeister läßt den Kandidaten nicht nur die Sprache des Kindes, sondern auch die der Zeit sprechen, die nicht recht wußte, wie sie Jesus und Sokrates derart auseinanderhalten sollte, daß der eine den Aufwand einer ganzen Kirche nach sich zog, während der andere die Nachwelt nicht eines einzigen verbürgten Wortes gewürdigt hatte.

Gott habe immer die Sprache derer gesprochen, an die er sich gewandt hatte – ist eine der Thesen, mit denen die Theologen rechtfertigen, daß auch sie in der Sprache ihrer Zeit und ihrer Adressaten zu sprechen hätten. Aber die Prämisse ist falsch. Gott wurde noch nie verstanden, in welcher Sprache und zu welchen Hörenden er auch sprach. Der erste Satz der Bibel ist unverständlich, wie es sich für einen ›heiligen Text‹ gehört. Jesus wurde von seinen Jüngern so wenig verstanden, daß er sie auf einen Geist vertrösten mußte, der ihnen helfen sollte, aber – am mangelnden Konsens gemessen – dies nicht gehalten hat. Ist es nicht ein maßloser Gedanke, die Theologie und ihre Religionspädagogik würden schon zustande bringen, was Gott nicht vermochte?

Als Rudolf Bultmann 1953 seine »Theologie des Neuen Testaments« erscheinen ließ, stürzten sich für mehr als ein Jahrzehnt die theologischen Erstsemester darauf – und fanden, hier würde *ihre* Sprache gesprochen: die der Reduktion auf ›das Eigentliche‹ auf dem Grunde der Entmythisierung.

Aber was da übrigblieb, wenn man die Mythen ablöste, war doch nur, was man aus einer ›authentischeren‹ Quelle schon kannte: Heideggers Analytik des Daseins, ebenfalls in Marburg entstanden. Dieser Theologengott bestätigte nur, was man schon wußte. Ein halbes Jahrhundert später stürzten sich die Erstsemester auf Bücher, in denen genau das Gegenteil dessen geschah, was Bultmann versprochen hatte: Wiederkehr der Bilder, Archetypen, Remythisierung. Schon Jesus hatte sich seinen Jüngern um nichts verständlicher gemacht mit den Gleichnissen, die als Meisterwerke der Verdeutlichung bewundert wurden und doch nur neue Ratlosigkeiten schufen.

Es ist nicht wahr, daß die Gleichnisse etwas verstehbar gemacht hätten, was es ohne sie nicht gewesen wäre. Sie haben die Rätsel vertieft, und das ist des Großen genug getan. Gleichnisse verdienen diesen Namen nicht, wenn sie einer exegetischen Anstrengung mit endloser Geschichte bedürfen, als seien sie das ›gleichnisweise‹ Mitzuteilende selbst und ständen nicht für ein anderes und ihnen Sinngleiches. Das ist auch ganz in der Ordnung so, weil man aus dem Repertoire der rhetorischen Nomenklatur so etwas wie eine ›absolute Metapher‹ nicht kannte und für widersinnig gehalten hätte.

Aber gerade diese Notwendigkeit, für ›heilige Texte‹ auch unerwartete Zugeständnisse ihrer ›Verständlichkeit‹ zu machen, erschließt den schlichten Sachverhalt, daß ›Religionspädagogik‹ es nur sehr ungenau mit der ›Pädagogik‹ treibt – oder anders gesagt: ihr *Gegenstand* diese Bezeichnung äquivok zu werden zwingt. Es ist dem zuwider, etwa einem Gleichnis Jesu seine Zeitgemäßheit abzutrotzen oder oktroyieren zu wollen, statt ihm seinen unaufhörlichen Zuwachs an Vieldeutigkeit durch immer neues ›Hören‹ zu lassen. Es muß als etwas genommen werden, was uns nicht für ein Mal ›aufklären‹, sondern für ein Leben ›beschäftigen‹ soll. Was an allen Rechtfertigungen und Abendmählern, trinitarischen und eschatologischen Dunkelheiten hätte die Menschen bis tief ins Leben hinein so unablässig beschäftigt wie die dem einen Gleichniswort für den zwischen Jerusalem und Jericho Ausgeraubten geltende Frage: Wer denn war sein Nächster? Und wessen Nächster er? Jesus antwortet auf die Frage des Gesetzeslehrers, wer denn sein Nächster sei, mit dem bekanntesten aller

Gleichnisse genau im Gegensinn der Frage: Wer von den dreien, die ihn liegen sahen, war *sein* ›Nächster‹ *(plēsion)*?

Wer ist, um auf Carl Vogts Gießener Universitätsanekdoten zurückzukommen, der Nächste des hilflosen Aspiranten auf die Lehrprobe in Religion? Die Nachsicht des Seniors Palmer und die von diesem demonstrierte Nachhilfe kommen nicht vom biblischen Gebot der Liebe her, sondern von der Not, die diese Quelle göttlicher Unterweisung dem Kandidaten wie dem Provinzoberschulmeister gleichermaßen auferlegte: sie nicht zu verstehen. Nachsicht und Ausflucht werden identisch, läßt man es auf das Ritual der Examinierung ankommen. Außer dem nachsichtigen Palmer war die Fakultät vom Zeitgeist, den man für ›Vernunft‹ hielt, befallen. Der Kirchenhistoriker Schmidt nutzte seine Vorlesungen zur Belustigung über die Geschichte der Dogmen, verspottete seine glaubensverdächtigen Kollegen und *that sein Möglichstes, um die jungen Leute vom Studium der Theologie abzubringen.* Der Neutestamentler Kuenoel (*noch jetzt, wie ich höre, eine Autorität in England*) las ein *berühmtes Kolleg über die Auferstehung und deren Bedeutung für Exegese und Hermeneutik.* Für die Schlußvorlesung versprach man sich Besonderes. Diese Fama füllte den Hörsaal auf aus allen Fakultäten, um die nötige Resonanz zu schaffen, die die Meister der ›Hochschuldidaktik‹ brauchen, auf höchste Form zu kommen. *Wir haben nun gesehen*, lautete die Schlußformel – wie in zahllosen Vorlesungen aller Zeiten gerade, wenn man wenig oder nichts *gesehen* hatte –, *was sämtliche Autoritäten über diesen weittragenden, aber außerordentlich schwierigen Gegenstand vorgebracht haben . . . und wir haben nun den Schluß zu ziehen. Resultat ist, meine Herren . . ., daß wir von dieser Sache nichts wissen und überhaupt gar nichts wissen können!*

Da hatten alle den nackten Abgrund der ihnen zustehenden Nachsicht – und der sogar unmöglichen Nachhilfe – vor sich. Nachsicht hatte der alte Bibelkritiker ein Semester lang mit sich selbst zu üben gehabt, um es bis zu diesem Schluß auszuhalten. Wie aber half sich der Kandidat fürs Lehramt selber, wenn es ans Lehren dieses Nichts ging?

Es bleibt eine ›religionspädagogische‹ Frage, weshalb der alte Exeget ein Semester lang über die Auferstehung sprach, wenn dieses sein Fazit war? Im Kampf ums Dasein tat er es nicht, da er wohlbegütert im Wortsinne war, in Kleinlinden bei Gießen auf eigenem Landgut das angenehmste Biedermeier leben konnte. Wenn also nicht für Geld, dann war er womöglich ein Sokratiker, dessen Pointe im Semesterschlußtaumel verlorenging? Etwa so: Am Anfang des Semesters wußten Sie, meine Herren, nichts über die Auferstehung, jetzt am Ende wissen Sie, *daß* Sie nichts wissen, und dazu noch – das geht über Sokrates hinaus und ist Ertrag der Wunderkritik des Zeitalters der ›Vernunft‹ –, daß Sie auch gar nichts darüber wissen *können*.

Oder sollte Carl Vogt erst im Alter des Memoirenschreibens den Theologen als Zyniker erkannt haben, der den ganzen Aufwand der Theologie und alles von ihr induzierten Lehrens als den leeren Zylinder vorführte, aus dem die Jahrtausende ihren Tiefsinn geholt hatten?

Nicht auszuschließen ist eine letzte, die dezenteste Vermutung: Könnte der erbitterte Vogt die ihm zugetragene und durchs Leben mitgetragene Anekdote mißverstanden haben? Verschätzt man sich ganz und gar in der Unterstellung der diskreten Möglichkeit, daß jener Kuenoel gemeint und gar gesagt haben könnte: Wenn wir, ich und Sie, meine Herren, nicht an die Auferstehung *glaubten* – *wissen* können wir darüber nichts. Die Hermeneutik dieser Unterscheidung wäre die Mühe des Semesters vielleicht wert gewesen. Carl Vogt brauchte das nicht verstanden zu haben – er hatte das Kolleg nicht gehört.

›REZEPTION‹ I

Das Alter des Philosophen. Ein Paradox:
Der Applaus ist groß, aber das Publikum war lange nach Hause gegangen.
Das Alter des Philosophen. Ein Paradox, andere Fassung:
Der Beifall ist groß, aber *sein* Publikum ist zu Hause geblieben.

In einem der Sozialerbarmungsmagazine für die neu avancierten ›höheren Kreise‹ schreibt eine der kaltschnäuzigen Halbintellektuellen über den Lesestoff unserer ›Klassen‹gesellschaft, vom Fürsten von Thurn und Taxis bis ›herunter‹ zum Schmied Werner Cordts, der nur deshalb nicht ganz so schlecht wegkommt, wie er intellektuell müßte, weil er Betriebsratsvorsitzender ist – und als solcher seit 24 Jahren Mitglied der Büchergilde Gutenberg. In dieser Zeit hat er etwa 150 Bücher bestellt – also das Mitgliedschaftssoll um 50% pro Jahr überschritten. Ein solide temperierter Bildungshunger.

Die Verfasserin hat leider Gelegenheit erhalten, ins Schlafzimmer der organisierten Eheleute zu blicken und auf dem Nachttisch vom Vorsitzenden Elsa Morantes »La Storia« liegen zu sehen. Man erfährt nicht, was die fortgeschrittene Berichterstatterin darüber denkt, daß nur einer der Eheleute vorm Schlafen liest. Die Note könnte positiv wie negativ ausfallen – es kommt auf die Art der geforderten Fortgeschrittenheit an.

Glücklicherweise aber erfahren wir, was der Schmied bei seiner Lektüre denkt, oder besser: was er von ihr hat. *Man zittert richtig mit der Frau*, ist sein Rezipientenerlebnis.

Gesteht uns die mokante Reporterin, was sie dabei dachte? Nein: Sie hält es für selbstverständlich, daß wir es uns denken können – denken können, was wir denken sollen.

Ich gestehe, daß ich den Vorsitzenden Werner beneide. Beneide darum, daß es für ihn eine Lektüre gibt, die ihn zittern läßt. Was für ein Rezipient, würde ich gern mit meinem illustren Kollegen, dem angeblichen Erfinder der Rezeptionsästhetik, sagen. Aber mein Neid ist noch umfassender: Ich bin neidisch darauf, daß es solche Leser überhaupt gibt – für andere. Ich würde mich zerreißen für einen Leser, der an irgendeiner Stelle des von mir je Geschriebenen auch nur ein wenig gezittert hätte. Gezittert etwa, ob es dem Autor wohl gelingen werde, den von ihm eingeleiteten Gedankengang in all seiner Riskanz heil zu Ende zu bringen.

Schließlich beneide ich die forsche Berichterstatterin, daß sie es erleben durfte, jemanden lebendig anzutreffen, der ein prächtiges Stück des ›impliziten Lesers‹ abgeben müßte – wenn er auch nur die geringste Chance hätte, als solcher akzeptiert zu werden.

Die *Produktionsästhetik* bevorzugt den Autor gegenüber dem, für den er tätig zu sein vielleicht nur vorgibt, während er ganz seiner eigenen Notwendigkeit folgt. Jeder Hörer, Betrachter, Leser hinkt weit hinter dem her, was im Angebotenen steckt. Die *Rezeptionsästhetik* begünstigt den Empfänger und macht den Autor zu dem armen Anstifter, der nur seine Geschichte kennt, während jeder spätere Leser dazu noch die Geschichte der Geschichte kennt – mehr noch: sie um sein Stück weiterführt für alle, die nach ihm seine Geschichte mit der Geschichte jener erzählten Geschichte kennen werden.

Zwischen den beiden Übertreibungen gibt es offenbar keinen Mittelweg. Und das ist gut so, bietet aber auch das Vergnügen an allem Spott über die vermeintlichen Eigentümer der jeweils doch nur klassischen oder romantischen Einseitigkeit.

Der Philologe zeigt sein handwerkliches Können am glänzendsten, wenn er die Hermeneutik verachtet. Gelegentlich gelingt ihm wirklich der Zugriff auf den Autor und damit der Nachweis, daß alle Rezeption schmählich versagt hat, etwas wahrzunehmen, was plötzlich auf der offenen Hand zu liegen scheint.

Albrecht Schöne hat vor nicht langer Zeit ein Kabinettstück dieser Art an Goethes Kleinepos – Idylle oder Elegie – »Alexis und Dora« vorgeführt und im Bewußtsein des geglückten Schlüsselfundes zwei Jahrhunderte einer als unaufmerksam diskreditierten Rezeption verhöhnt – einschließlich der neueren Ästhetik, die ihr Vertrauen auf sie gesetzt hätte.

Das Ergebnis Schönes ist, kurz gesagt: Diese Elegie ist keine Idylle. Schillers einflußreiche Klassifikation zur naiven Unschuld hin, die den zur See gehenden Jüngling züchtig Abschied nehmen läßt von der eben erst zu dieser Rolle gefundenen Braut, scheitert an Goethes Symbolik von Orangen, Feigen und Myrtenzweigen. Die bislang bürgerliche Gartenszene wird zur handfesten Vereinigung der eben erst Liebenden, deren sofortige Trennung bei abgehendem Schiff die ungestillten Qualen des Liebhabers bedin-

gen, der der Treue eines Mädchens nicht recht sicher zu sein vermag, dessen Verhalten in seiner eigenen Erfahrung von ungewöhnlicher Freizügigkeit gewesen wäre. Alexis ersehnt den Schiffbruch, damit die Delphine, die rettenden Menschenfreunde, ihn zu der Geliebten zurückbringen, diese vielleicht gerade noch vom Vollzug der Treulosigkeit zurückzureißen.
Schöne hat das Rätsel gelöst, welches Goethe seinem Leser ausdrücklich ankündigt und aufgibt. Ein Vexierrätsel, wenn man jede Unterstellung für dubios hält, Goethe schon im Besitz psychoanalytischer Symbolik sein zu lassen und diese seinem Leser zuzumuten. Sicher ist, daß Generationen von Interpreten nicht erkannt haben, was zu erkennen war. Schöne zögert nicht, ihnen nachzusagen, sie hätten aus bürgerlicher Prüderie nicht wahrnehmen wollen, was sie hätten wahrnehmen können. Wirklich: können?
Der Philologe setzt voraus, daß jederzeit möglich *gewesen* sein muß, was ihm möglich *geworden* ist. Schlichtweg: durch etwas mehr Scharfsinn und etwas weniger verklemmte Befangenheit. Hatte man den Goethe, auf den alles ankommen sollte, so oberflächlich gelesen, so unaufmerksam abgehört, so leichtfertig nach Schiller rubriziert? Man gönnt Albrecht Schöne sein Vergnügen. Übersehen läßt sich freilich auch nicht, wie er mit der eigenen Unerschrockenheit kokettiert, mit der er die Probe aufs Unbürgerliche bestanden zu haben glaubt. Da ist er zu penetrant Zeitgenosse und läßt erkennen, daß er nicht nur tut, was ihm erst möglich geworden ist, sondern auch und erst recht, was nun zum Obligatorischen gehört.
Frage ist doch nicht nur, weshalb das Myrten-Rätsel so lange ungelöst geblieben war. Frage ist vielmehr und erst recht, weshalb Goethe an diesem Punkt und für dieses Zentrum seiner Elegie ein Rätsel von so kunstfertiger Vexation machen zu müssen glaubte. Waren nur die Rezipienten bürgerlich oder war es schon der Produzent? Ich fürchte, auch der Auflöser des Rätsels ist es noch. Zu sehr unterliegt er dem Zwang, etwas zu beweisen, was man nur zu beweisen hat, wenn es *mit Mühe kaum* erreicht wurde.

Oft macht es sich gar nicht bemerkbar, wenn ein Begriff in eine seiner Geschichten verstrickt ist. Erst wenn diese Geschichte ihr seliges oder unseliges Ende gefunden hat, geht sie mit ihrem Resultat in ›die‹ Begriffsgeschichte ein.
Mitten im Verfall der Kunst öffentlicher Rede, den zu beobachten das Fernsehen erlaubt bzw. erzwingt, nimmt der Begriff der ›Rhetorik‹ einen Aufschwung über alle geisteswissenschaftlichen Disziplinen hinweg, von denen der Künste und Literaturen bis zur Philosophie. Es sieht aus, als werde eine neue Tugend entdeckt, zumindest ein Tugendersatz. Allerdings ist Belebung von Rhetorik seit der Antike ein Merkmal bestimmter Resignationen: Es gibt keine Wahrheit, die für sich selbst stehen könnte, nicht hilfsbedürftig wäre, im Grenzfall sprachlos. Glaubt man dann wieder, die Wahrheit oder wenigstens eine haben zu können, wird ›Rhetorik‹ rasch zum Verdikt, Rücksichtslosigkeit gegen die Sprache zum Kennmal der Rechtfertigung.
Ästhetisch gilt das für Zeiten des ›Realismus‹, für alle Arten von Naturalismen: es sich leisten können, auf Rhetorik zu verzichten. Hält man es mit der Natur oder auf Natur, hat nicht einmal die Kunst künstlich zu sein. Selbst einen Schauspieler beschimpft man dann, indem man ihn der Rhetorik bezichtigt.
Der Theaterkritiker Theodor Fontane hat in Entwürfen zum letzten, nie vollendeten Teil seiner Erinnerungen – aus dem Nachlaß zuerst 1924 von der »Neuen Rundschau« S. Fischers zutage gebracht – zwei der von ihm aus dem Parkettstuhl Nr. 23 des Königlichen Schauspielhauses in Berlin in fast 20 Jahren begleiteten Darsteller, Theodor Döring und Richard Kahle, einen berufsboshaften Dialog führen lassen: »Lieber Kahle, Sie sind kein Schauspieler, Sie sind ein Rhetor.« – »Aber, Herr Döring, ich habe doch ...« – »Ja, Sie haben Ihre Erfolge. Zugegeben. Es war ja wieder frenetischer Beifall. Aber das Herz haben Sie nicht getroffen, nur das Ohr. Sie sind ein Rhetor.« – »Aber, Herr Döring ...« – »Machen Sie selber den Versuch. Sie haben

keinen überzeugenden Naturton. Sie sind ein Rhetor. Gehen Sie, wenn wir fertig sind, 'rüber zu Lutter und Wegener und bestellen Sie sich eine halbe Flasche Rotwein. Ich versichere Ihnen, Sie können lange warten, – der Küfer bringt Ihnen keine ...« – »Aber Herr Döring ... Wenn ich mir Rotwein bestelle ... Warum soll er ihn mir nicht bringen?« – »*Weil er's Ihnen nicht glaubt.*«
Auch und gerade wenn Fontane nachdichtend dem Garderobengefecht der beiden Bühnenhelden aufgeholfen hätte, wäre die Einbettung des Vorwurfs der Rhetorik in einen ›Zeitgeist‹, der zu Naturalismus und Realismus unterwegs war, deutlich genug. Nur ein Jahrzehnt war man, als Döring 1878 starb, von den signifikanten Bühnenereignissen entfernt, die Fontane noch als Rezensent erlebte. Sichtbar ist schon, daß es nicht um Wahrheit oder Lüge, Sein oder Schein gehen kann, wenn der Konflikt auf und hinter dem Theater stattfindet. Noch kann der Ältere dem um 40 Jahre Jüngeren den Rhetorikvorwurf machen; alsbald werden die Jungen im Duktus der Alten das Rhetorische finden und verabscheuen.

Die Konstante des Begriffs steckt in der Differenz, die er markiert, im Kontrast der Wirklichkeitsgeltung, die sich allemal durch den ›Naturton‹ ausgewiesen glaubt. Der Beifall des Publikums ist eher verdächtig, auf der Seite der ›Rhetorik‹ zu sein, deren traditioneller Verruf doch damit begründet war, nichts als diesen Beifall zu suchen und in ihm den Scheineffekt eines Konsenses, hinter dem die Gewährleistung der Natur angenommen werden sollte.

Es geht nicht um Wahrheit oder Lüge mehr, denn der Konflikt findet auf dem Theater statt – wenn er auch hinter der Bühne ausgetragen wird –, wo es ohnehin nur ums Bedeuten der Welt, nicht um deren Realität geht. Die Welt nur zu bedeuten, nicht sie zu sein, macht die klassische Differenz der Rhetorik zur ›Natürlichkeit‹ aus, obwohl doch jederzeit jeder weiß, daß so nicht und nie gesprochen wird. Was sich an den beiden Rivalen um Publikumsgunst zeigt, ist die unaufhebbare Relativität des Rhetorikvorwurfs: Immer geht es um einen Kontrast, und sogar wenn die

Wahrheit sich der Redekunst bedienen darf, um sich ins günstigere Licht zu setzen, ist dies eben nicht das Licht der Wahrheit selbst. In Fontanes Dialogfragment macht der sehr viel, nämlich 39 Jahre ältere Döring dem erfolgsverwöhnten Jüngeren den Beifall mies: er mache dem Publikum etwas vor. Aber genau das ist beider Beruf. Der ›Naturton‹ ist immer nur ein anderer und neuer Ton, und das erscheint dem, der seinen lange genug gesprochen hat, als Rhetorik. Am Anfang des folgenden, unseres Jahrhunderts wird nur die Richtung des Vorwurfs umgekehrt: Die Jungen glauben die ›Rhetorik‹ bei den Alten zu hören. *Es steht also schlimm um die Surrogate der Wahrheit*, hatte noch wenig zuvor Schopenhauer gesagt – aber so konnte man nur sagen, wenn man aufs Surrogat nicht angewiesen war.

Tiere, die nicht zu den Anwärtern aufs Gefressenwerden gehören, die sich Mutwilligkeiten vieler Art leisten könnten, zeigen doch nichts von dem, was man ›Lust am Risiko‹ nennen mag. Auch der von Arbeitslast zur Selbsterhaltung geplagte Mensch vieler Jahrtausende scheint nicht mehr an Gefährdung auf sich genommen zu haben, als mit der Sicherung des Lebens unvermeidlich verbunden war; der Unfall am Arbeitsplatz – durch mangelnde Vorkehrungen, unerkannte Langzeitwirkungen, nichtbeachtete Vorschriften, nichtbenutzte Schutzmittel – durfte nicht mit ›Leichtsinn‹ dem Getroffenen zugeschoben werden. Er war, in einem Falltypus, das Opfer des Akkords. Alle Hoffnung stand auf Minderung des Arbeitsdrucks, auf Mehrung der Ruhezeiten, auf Besserung der Vorsorge, auf Fortschritt der Nachsorge.

Um so verblüffender ist, daß jeder Gewinn an Entlastung kompensiert wurde durch ›arbeitsähnlichen‹ Zeitvertreib, und das bis hin zu erstaunlichen Graden des ›riskanten Freizeitverhaltens‹. Für das, was auf den Straßen geschieht, wird keine Statistik geführt, ob jeweils ein ›Berufsverkehrsteilnehmer‹ oder ein Freizeitling zu Fall kam; es ließe sich schon deshalb nicht sortieren, weil diese Unfallart Verursacher wie Unschuldige gleichermaßen trifft. Doch zeigt jeder Blick auf den Sport und die Phantasmen seiner Diversifikation vom Höhlentauchen bis zu den Achttausendern, daß die errungenen Freiheiten durchaus mit ›riskantem Verhalten‹ erfüllt werden. Zur Anthropologie – einer ohnehin von Resignationen heimgesuchten Disziplin, der nichts an ihrem ›Gegenstand‹ erspart zu bleiben scheint – gehört die Feststellung, daß der Mensch nicht nur ein mangels präziser Instinkte riskantes Wesen ist, sondern ein das Risiko suchendes, sich an ihm qualifizierendes Wesen. Er wird nichts derart auslassen, den Mars eingeschlossen.

Der Unterschied zwischen dem Arbeitsunfall und dem ›riskanten Freizeitverhalten‹ ist dessen ungleich größere Polymorphie.

Die Sportmedizin, die Unfallchirurgie, die Touristensanierung werden durch eine kaum typisierbare Vielfalt von ›Blessuren‹ immer wieder überrascht und überfordert. Darauf beruht auch das beklagte ›professionelle‹ Forschungsinteresse an diesem überdehnten Gebiet: Es wird zumeist zu wenig erreicht mit dem, was erreicht wird. Die Freizeitwelt ist, zögerte man nicht vor dem Zynismus, eine Karikatur der Arbeitswelt: Verzerrung hindert daran, Typik wahrzunehmen.
Nun gibt es bei solchen zeitlich gedrängten geschichtlichen Veränderungen immer das Interesse daran, wie es denn anfing. Gemeint ist nicht das Spektakuläre, nicht die Erstbesteigung des Matterhorns, nicht die Erstdurchschwimmung des Ärmelkanals. Gemeint ist das kaum merkliche Phänomen der Verwechselbarkeit von Arbeit und ›Erholung‹. Dafür – *auch* dafür – hat ein Auge Theodor Fontane, wenn er im östlichen Vorfeld von Berlin, in Friedrichsfelde, am Sonntagsausflugsvölkchen, mit einem einzigen Satz biblischer Anspielung festzustellen vermag: *Wie das lacht und glücklich ist im Schweiße seines Angesichts!*

Die Unsterblichkeit, die sich ein Schriftsteller erträumen mag, ist nicht dasselbe wie der Ruhm, den er sich zu Lebzeiten vielleicht oder sogar sicher wünscht. Der Ruhm erfordert zwingend, daß es viele sind, die an dem einen Anteil nehmen. ›Auflagen‹ sind nicht gleichgültig, denn sie implizieren die Wahrscheinlichkeiten, nach denen genaue, adäquate, auch steigende Anteilnahme zustande kommt. Viele zufällige und ergebnislose Rencontres mit Käufern sind nötig, um einen Leser, viele Leser, um *den* Leser auch nur zu treffen, in Bewegung zu setzen, über die ersten Widerstände hinwegzubringen. Der Ruhm, der sich nicht aus der Akzeptanz von Lesern, sondern aus allen möglichen Resonanzen eines vielschichtigen Kulturbetriebs zusammensetzt, ist nur ein Mittel, fast ein Instrument, um überhaupt jene vorbereitenden Akte des Vormerkens, Kaufens, Aufschlagens, Nachschlagens, des die Trägheit überwindenden Entschlusses, dies müsse nun mal gelesen werden, in Gang zu setzen, die schließlich darin enden, daß einer sagen kann, er sei mit diesem Autor vertraut – und erwarte von ihm des weiteren Weiteres. Im Resultat des Ruhmes ist der Ruhm ganz gleichgültig geworden.

Unsterblichkeit ist etwas anderes. Sie kann man sich vorstellen als die Garantie dafür, daß immer einmal wieder einer es für an der Zeit hält, diesen Autor zu erarbeiten. Er ist in eine gewisse Obligationsordnung eingegangen. Dazu muß er kein Klassiker geworden sein, nicht im Kanon der dreißig Bücher für Fachstudenten stehen, nicht einmal auf den Nachdruckprogrammen, nicht in den Auswahlschnipseln von Readern und Curricularschulbüchern. Es muß interessant genug bleiben, in jeder Generation einen einsamen Tüftler zu engagieren, daß er als Überschußpensum über das Obligate hinaus, das ihn zum ›Fachmann‹ für dieses und jenes macht, eben nach diesem vergilbten Werk greift – und nicht auf den ersten Seiten so enttäuscht oder abgestoßen wird, daß er doch lieber einen anderen sucht. Ruhm gehört nicht zu Unsterblichkeit, im Gegenteil kann die Sicherheit, daß alle sich um das Kanonische kümmern – was sie aber keineswegs tun, sondern sich nur gegenseitig zutrauen –, den zur Emsigkeit und Einarbeitung Bereiten gerade ablenken, seine Kraft an etwas zu setzen, was er mit zu vielen gemeinsam zu haben befürchtet. Geistesarbeiter suchen die Wonnen der Ungewöhnlichkeit. Sie sind es, die diese Linie einer dünnfädigen Unsterblichkeit ziehen müssen.

Von dem gerade pensionierten Manager eines großen Unternehmens, der für die ihm verbliebenen Energien und Jahre, für Funktionslust und Ordensdrang noch den karrieretypischen Präsidentenstuhl des einschlägigen Bundesverbandes angestrebt und erreicht hat, schreibt der bewundernde Journalist, ihn erwarte da – was er wohl gewußt habe – *kein ruhiger Arbeitsplatz als Schreibtischtäter.* Obwohl doch rühmend gesprochen werden sollte, was keinesfalls geschehen werde, hat die Verwendung des Ausdrucks für das, was zu sein einer für sich nicht erwartet, eine erschreckende Vergeßlichkeit an sich. Hätte es denn, bei anderen Ambitionen und Aspirationen, die Möglichkeit bei diesem Amt gegeben, ›Schreibtischtäter‹ zu werden?

Dieser Ausdruck ist nicht entstanden, um Funktionäre zu bezeichnen, die in ihrem Eifer und ihrer Betriebsamkeit mangels entsprechender Aufgaben oder Kompetenzen auf engsten Aktionsradius, nämlich den ihres Schreibtisches, beschränkt blieben. Im Gegenteil. Diese Art von Täterschaft hat ihre geschichtliche Realität nach dem Prinzip der kleinen Ursachen für große Wirkungen; nach dem Auslöserschema. Es ist kein obsoleter Ausdruck für etwas, was ein für allemal aus der Welt wäre: für Handlungen durch bloße Aktenabfertigung mit einer Effizienz, die sich gerade in dem Maße der Entfernung vom Ort der ›Handlung‹ steigert. Der Täter bleibt weit davon, selbst Hand anzulegen bei dem, was er tut. Die Dimensionen dieser Art von ›Handwerk‹ sind zu groß ausgelegt, als daß es anders ›gehandhabt‹ werden könnte denn durch Planung und Organisation, Anordnung und Befehl, Strafandrohung für Verweigerung und Schwäche, zuletzt Registratur und Erfolgsmeldung.

Es ist das Übermaß seiner Tat, das den Schreibtischtäter an sein harmlos aussehendes Möbelstück fesselt. Es würden zu viele seinem Zugriff entgehen, wollte er an Ort und Stelle vollziehen und überwachen, nachzählen und für Spurlosigkeit sorgen.

Zu sagen, einer sei ein solcher nicht und dessen auch nicht gewärtig, ist als Formel des Vorschußruhms – wie jedes anderen – eine Ungeheuerlichkeit. Ein Indiz für Vergeßlichkeit gegenüber der exklusiven Okkupation dieses einen Wortes für jene eine Form von Taten, zu der die Funktionsweise eines Systems gehörte, in welchem der Bürokrat über die Distanz auf bloßem Befehlswege Wirklichkeiten schaffen konnte, deren ansichtig zu werden er niemals in die Verlegenheit kam. Vor Ort hätte er die eigene Ohnmacht – eingeschlossen die seiner physischen Ohnmachtsanfälle – weder ertragen noch zur Schau stellen mögen. Denn dort waren die am Werk, die in ihm den wahren Helden der Tat zu respektieren hatten, den Mann der ganz großen Verantwortung für alles, dessen bloße Erfüllungsgehilfen sie zu sein hätten. Der Schreibtischtäter – ein Untäter eher – entzieht sich dem Anblick seiner Taten und dem Blick seiner Tathelfer. Er ist abwesend, wenn er mordet.

Allen ihren theoretischen Voraussetzungen nach ist die *Selbstanalyse* unmöglich. Nicht einmal seinen eigenen Traum kann der Analytiker deuten, da ihm das unvermeidliche Interim der Erinnerung und Reproduktion des Geträumten eben den Streich spielen kann, der der Traumzensur zwischen Latenz und Patenz mißlungen wäre. Andererseits ist die Selbstanalyse, für ein einziges Mal, die notwendige Bedingung dafür, daß es Fremdanalysen faktisch überhaupt gibt. Es muß also das Unmögliche einmal möglich gewesen sein. Aber wo wäre die freie Assoziation des Analysanden, der doch zu genau weiß, was er an Bedeutungen zu produzieren hat? Dieser Einwand geht sogar weiter, so weit nämlich, daß in einer Welt, der Grundlagen und Verfahren der Analyse auch nur in vagen Umrissen bekanntgeworden sind, diese Therapie *nicht mehr* möglich ist, weil jeder Analysand zu genau weiß, was von ihm erwartet wird, damit er sein Heil finde. Also gäbe es, wie die Welt nun einmal ist, zwischen der Unmöglichkeit der Selbstanalyse am Anfang und der Unmöglichkeit der Analyse in einer mit ihr allzu vertrauten Umwelt nur ein mehr oder weniger schmales Interim, sie zu praktizieren.

Doch ist dies noch nicht der letzte Einwand gegen die Selbstanalyse. Was ihr entscheidend fehlt, ist der Analytiker, der ja nicht nur die Funktion des Kundigen und Verfahrenden hat, vielmehr die des Rezeptors der *Übertragung*. Er muß sich in das Drama der Selbstbefreiung des Analysanden als Mit- oder Gegenspieler hereinziehen lassen. Der Selbstanalytiker wäre von allen guten Geistern der Analyse verlassen. Er wäre verloren. Und so blieb denn auch Freud ungeheilt von seinen neurotischen Zwängen, seinen Zigarren zumal; nur überzeugte ihn der Mißerfolg nicht davon, daß ihm trotzdem die Bedingungen für den Erfolg in jedem anderen Falle bei dieser Prozedur aufgegangen seien. Der so schnell vergangene Vorrang der ›Traumdeutung‹ lag im Ursprung der Autoanalyse begründet, weil etwas vermeintlich ›Objektives‹ an dem fertilen – nämlich: selbstbedienenden –

Träumer manifest geworden sein sollte. Doch jeden Beobachter der weiteren Geschichte muß mißtrauisch machen, wie sich der Traum als primäre Manifestation in der Überfülle anderer Manifestate einfach verlor. Es fehlte den herausgeforderten Deutern etwas vom Meisterlichen: die Phantasie zu träumen und die Phantasie zu deuten.

Nun wäre dies alles philosophisch ganz uninteressant, wenn sich der Vorfall wie Verfall der Selbstanalyse nicht schon zwei Jahrhunderte zuvor am Gründungsakt der neuzeitlichen Philosophie abgespielt und vorgezeichnet hätte: an der Reflexionsgewißheit des cartesischen *Cogito sum*. Denn da war doch auch einer gewesen, der sich selber den Gefallen erwies, aus dem Unheil des absoluten Zweifels mit dem Heil der absoluten Gewißheit herauszutreten, die er selbst an sich selber gefunden und ausgewertet hatte. Denn ob diese Reflexion die Gewißheit enthält, die für sie behauptet wird, ist nicht strikt objektivierbar. Ob der, der es behauptet, die Evidenz besitzt, die er beansprucht, *weiß* noch nicht einmal der, der der Verfahrensregel genau folgt und nun seinerseits behauptet, ebendasselbe Resultat gewonnen zu haben. Er stimmt einer fremden Anschauung zu, obwohl er doch nur die eigene hat. Das wäre vielleicht gar nicht so tragisch, wenn nicht einer gekommen wäre und dem Descartes den harten Vorwurf gemacht hätte, er habe aus dieser absoluten ›Reflexion‹, sie voreilig zu anderen Interessen überschreitend, bei weitem nicht das herausgeholt, was mit ihr und an ihr zu gewinnen gewesen wäre. Die Phänomenologie Husserls ist in diesem Sinne die Generalkorrektur an Descartes mit Hilfe weitausgreifender Deskription alles dessen, was der Reflexion in ›reiner Anschauung‹ gegeben sein soll. Nur haftet diesem Komplex ›unendlicher Arbeit‹ derselbe Mangel an, der für das schlichte *Cogito sum* schon zu reklamieren war: Keine Zustimmung gibt Gewißheit, daß die, die sie erteilen, dasselbe kennen und meinen, das der Erstdeskribent sich gegeben gefunden hatte. Es gibt keine *Intersubjektivität* der Reflexion auf reine Anschauung. Wer zustimmt, tut es auf eigene Gefahr. Das Risiko könnte maximal sein, daß es so viele Phänomenologien wie Phänomenologen gibt: Jeder hat seine im Glauben, es sei die auch der anderen oder könne es doch werden, sobald ihm nur die Deskription gelungen wäre. Auf diesem *Gelingen* scheint die ganze Last des Vollzuges zu liegen. Differenzen *können* der Sache nach nur solche der Beschreibungsschwäche sein.

Mit dieser Schwäche fertig zu werden ist das handwerklich gediegenste Verfahren, den ›Auflösungsgrad‹ der Beschreibung zu steigern, ihr ›Raster‹ zu verfeinern. Husserls Formel von der ›unendlichen Arbeit‹ ist ja weder das Ideal der unerschöpflich reichen Gegenstandssphäre noch die Bekundung der Resignation vor ihrer Überfülle; es ist primär und paradigmatisch die Angabe dessen, was an *einem* Gegenstand – und prinzipiell an *jedem* Gegenstand, wenn es deren mehr als einen geben sollte – zu leisten ist. Der Auflösungsgrad der Beschreibung ist unbegrenzt, und im Maße ihres Mit- und Nachkommens wächst die intersubjektive Vergleichbarkeit der Anschauungen. Das ist wohltätig – und dennoch vergeblich. Denn angesichts der ›unendlichen Aufgabe‹ schwindet der Makel der ›subjektiven Objektivität‹ nicht dahin. Es wiederholt sich überraschend – weil in einer Sphäre, in der es nichts zu suchen haben sollte – das Dilemma der *Induktion.*

Die Auflösung, die sich schließlich anbietet, ist dies im wörtlichen Sinn des *splitting.* Die nach einem Jahrzehnt ihrer Existenz vollzogene Transzendentalisierung der Phänomenologie doppelt ihr Subjekt: in das der Anschauung und das der Beschreibung. Exemplarisch wirkt die von Freud in der Selbstanalyse gegebene *Zeitversetzung*: das reduzierte *setting* des Träumers auf der Couch und des im (Schreibtisch-)Stuhl sitzenden Protokollanten und Deuters, die ›methodisch‹ so tun, als wüßten sie voneinander nichts. Der Phänomenologe darf nicht zugeben, daß seine Reflexion eine *Zeitversetzung* enthält, er muß reflektierendes und reflektiertes Subjekt aus Evidenzgründen in die ›erweiterte‹ Gleichzeitigkeit der Retention bringen, und dazu noch das deskribierende Subjekt so nahe wie möglich an jenes Doppel-Ich heran. Anstatt zuzugeben, man tue so, was überhaupt menschenmöglich sei, potenziert der Phänomenologe als durch Meditation trainiertes Subjekt sich selber zur transzendentalen Subjektivität, der die mundane nur faktische Hilfsmittel der ›Feststellung‹ zuliefert und die Atemlosigkeit des beschreibenden Duktus, der immer wieder verweist auf das, was schon getan, oder auf das, was noch zu tun ist, wobei beides in der Gegenwärtigkeit der Anschauung vorliegt, aber nicht ›festgehalten‹ werden kann. Hier liegt eine ebenso eigentümliche wie signifikante Differenz zum Träumer der Selbstanalyse: Seine Traumreferate sind immer von schönster Vollständigkeit und Prägnanz, denn die Zeitversetzung hat schon alles an Ausfilterung bzw. Einblendung geleistet, was zur Rundung nötig war. Dennoch wird sich auch der Meister der Analyse mit der Einheit der jene Inhalte produzierenden und transformierenden Instanz nicht endgültig zufriedengeben. Auch er ›transzendentalisiert‹, indem er ein aus verschiedenen Quellen gespeistes Über-Ich als Nachfolger oder Exekutor der Traumzensur mit erweiterter Kompetenz einführt.

Man würde es sich zu leichtmachen, in diesen ›Analogien‹ zeitgeistgesteuerte Merkmale oder gar Erbschaften der gemeinsamen mährischen Herkunft wahrzunehmen. Es gibt vielmehr eine Gleichheit der Aporien, vor denen die so grundverschiedenen Denksysteme standen und in denen sie sich auf gar keine andere als eine gleichartige Lösung zu helfen verstanden. Man käme dem noch näher, wenn man die ›freie Assoziation‹ Freuds und die ›freie Variation‹ Husserls vergliche und dabei das Paradox ins Auge faßte, daß die Freiheit der Variation zum Zwecke der Freilegung von Invarianten der Wesensschau das Radikalmittel gegen die Allgegenwart der ›Assoziation‹ im Psychologismus sein sollte, deren Fixationen eben durch den Begriff des ›Wesens‹ zu ersetzen wäre. Die Assoziation hatte kein ›Subjekt‹, sie stellte nur den Schein eines solchen her; indem sie aber das Zwangsmittel der Hypnose aus Charcots Praxis zu ersetzen bestimmt wurde, mußte sie als ›freie‹ Gesellung von Vorstellungen mehr als der bloße Schein eines Agglomerats zum Ich sein, ohne jemals hinter

Kants Kritik der psychischen Substanz zurückgehen zu können (sosehr man sich in Wien anderswo als in Preußen befinden wollte). Die so entstehende funktional-apparative Energieverwertungsvorrichtung, die immer noch ›Seele‹ hieß, hätte – bei unzarter Rückfrage – in der Phänomenologie durchaus das *mundane Ego* bleiben, ja sich als solches um so drastischer vom *transzendentalen Ego* abheben können. Das Rätsel jener Gleichzeitigkeiten ist eben gerade nicht ihre Synchronizität, sondern ihre Norm, von Erstarrungen wegzukommen, um zu solideren Festigkeiten hinzufinden, deren Konstanz ›Libido‹ oder ›Wesen‹ heißen mochte.

Am 16. Dezember 1986 (Az. 6 RKa 16/85) entschied das Bundessozialgericht in Kassel über das Revisionsbegehren eines Arztes, dem die Kassenärztliche Vereinigung bei Abrechnung seines eigenen Krankenscheins zwar Sachkosten (Reizstrom, physiologische Maßnahmen) voll zugebilligt, die Behandlungskosten jedoch um 40% gekürzt hatte. Der Arzt, so war die Begründung gewesen, dürfe für Selbstbehandlung kein Honorar abrechnen, da Anspruch auf ein solches nur bei einem Arzt-Patient-Verhältnis bestehe. Dem folgte die Großzügigkeit der obersten Sozialrichter nicht. Sie urteilten konkludent nach dem früheren Grundsatzentscheid, Ärzte dürften Honorar auch für die Behandlung eigener Familienmitglieder berechnen. Dabei war noch ein Rest der Voraussetzung festgehalten worden, es müsse ein Vertragsverhältnis zwischen dem Arzt und seinem Patienten bestehen, damit jener diesem liquidieren könne. Nun aber ließ sich kein grundsätzlicher Unterschied mehr feststellen, ob der Arzt eine Leistung einem anderen oder sich selber erbringe.

Man wird sofort erkennen, welche Entlastung der Ärzte mit diesem Fortschritt der Rechtsprechung erreicht ist: Bei ihrer ständig steigenden Zahl wäre ihr Anteil an der Patientenschaft jeweils anderer Ärzte nicht nur schlicht gewachsen, sondern auch das Maß der Ansprüche infolge der mit diesem Beruf konstitutiv verbundenen Hypochondrie – oder, mit weniger Zumutung gesagt, der professionellen Beobachtung eigener Leiden und fremder Leistungen. Schon die Lektüre der ärztlichen Ratgeberspalten in bunten Blättern hat ja den Vorwissertyp – verschwiegen sei der ›Besserwisser‹ – unter der Patientenschaft ausgebreitet. Viele Wartezimmersitzer müßten ihrerseits schon dafür honoriert werden, daß sie sich als Patienten überhaupt ›erkannt‹ haben. Nun erst der selbstbehandelnde Arzt: der Eigentümer seiner Anamnese mit der reichsten Auswahl an Diagnosen (40 000 Krankheiten!) und mit der angespannten Sorgfalt, die man nun einmal für sich selber aufbringt. Dieser letzte Gesichtspunkt mag die Richter von der Beachtung der Gefahr abgebracht haben, wie der Selbstpatient gegen den Selbstarzt bei den zunehmend ›beklagten‹ Kunstfehlern vorgehen könnte. Zumindest Sigmund Freud, der Meister der Selbstbehandlung, war auch ein Kenner ihrer Risiken: Hätte er sich für seine ›Selbstanalyse‹ honoriert, wäre er sich zumindest Rückzahlung des Honorars schuldig geworden, denn weder die Herzsymptome verschwanden, noch wurde er der Nikotinsucht Herr (die Einsicht in den Nexus beider wollte er sich ersparen und nahm es dem Freund Wilhelm Fließ übel, daß er darauf bestand). Im Grunde hat ein Philosoph die Selbstbehandlung erfunden, derselbe Descartes, der mit der Therapie des Leidens am Zweifel begann, das Heilmittel des *Cogito sum* verordnete und im übrigen auf die Vollendung der Physik zu warten empfahl, aus der neben einer definitiven Moral auch die vollendete Medizin hervorgehen sollte, die jede Reparatur des Leibmechanismus würde meistern können. Als ›Musterfall‹ der Selbstanalyse ist das unbeachtet geblieben: Der ganze Prozeß konnte nur in Gang kommen, weil und sobald einer sich vom Zweifel heilte und damit zur ›Methode‹ für alle anderen Erkenntnisse fand, die es überflüssig machten, jedem nochmals die Selbsttherapie zu verordnen, nachdem der Fortgang der Dinge objektiv geregelt war. Leider versäumte Descartes, die inaugurative Reflexion für alle Folgenden zu verbieten, wie es Freud mit der Selbstanalyse tat: ›Selbstbehandlung‹ enthält ein hochgradiges Risiko, dem sich therapierenden Ich auf die Schliche zu kommen, und die Philosophen mußten daher noch Jahrhunderte später in die Nachbehandlung der ›phänomenologischen Reduktion‹ gehen, über deren Heilerfolg Klarheit anhin nicht besteht. Immerhin ließ sich erkennen, daß die naive Selbstbehandlung das Subjekt nicht von seinen Gewißheitsmängeln befreit und durch ein *splitting* zwischen dem mundanen Ich und dem transzendentalen Ego zuvor die Bedingung für das ›Vertragsverhältnis‹ Arzt-Patient – oder hier: Beschauer und Akteur – wiederhergestellt werden muß. Welche erweiterten Einsichten sich aus der von Gießen her induzierten Neuerung der »Praxis für Philosophie« ergeben werden, muß man abwarten nach dem Vorbild der Cartesianer. Auf jeden Fall wird die mit Sicherheit – wie für jede akademisch diplomierte Berufsausübung – zu beanspruchende Abrechnung als Heilbehandlung irgendwann das konkludente Urteil letzter Instanz nach sich ziehen, auch zur Selbstbehandlung erbrachte Leistungen seien ihren sozialen Preis wert.

Den Selbstbehandlern – denen der philosophischen wie jeder anderen ›Praxis‹ – sollte doch ein kurzer Gedanke an den Gleichheitsgrundsatz empfohlen werden: etwa im Hinblick auf die Zahnärzte oder die Chirurgen, die sich fremden Händen ausliefern und fremden Liquidationen aussetzen müssen. An dem ›klassischen‹ Motiv des Gangs zum Zahnarzt mag der Philosoph lernen, daß der Schmerz erst in seiner intensivsten Form, in der das *Cogito* sich zu vergessen bereit ist, darüber belehrt, wie wenig Selbstbehandlungen zu ›Mustern‹ – reflexiven wie rechtsbegrifflichen – taugen.

SICHTBARKEIT

Ein angehender Philosoph schreibt 1930 in seiner Habilitationsschrift: *Es hat vielleicht niemand recht verstanden, was ich will, der nicht einsieht, daß die Sichtbarkeit der Dinge nur vor dem absolut Negativen eigentlich zu erleben ist.*

Es mag sein, daß man dies im Jahre 1930 seinen Lesern nicht zutrauen konnte. Ein halbes Jahrhundert später weiß jeder, was gemeint sein könnte, der nur flüchtig Notiz genommen hat von den Anblicken, die die Erde aus dem Weltraum bietet. Sie war für ihre Bewohner immer das Unsichtbare schlechthin. Man hatte sie unter den Füßen, nicht vor den Augen, als das Selbstverständliche und Unauffällige. Da eben fehlte es an Negation als Bedingung von Auffälligkeit.

Der Blick aus dem Raum läßt die Erde, wenn es so zu sagen erlaubt ist, in einem Meer von Negativität erscheinen: eine Insel im Nichts. Das macht sie sichtbar in einem eminenten Sinne: schmerzhaft deutlich.

Der schlichte, aber kaum ohne das Hochgefühl der vollendeten Handlung auszusprechende Satz »Sie sind verhaftet!« strahlt seine immanente Befriedigung auch auf Leser, Hörer, Zuschauer von Kriminalaffären aus. *Es ist geschafft!* Wieder einmal. Ganz kann die Weltordnung nicht aus den Fugen sein.

In Unrechtssystemen braucht nicht einmal dieser Satz ausgesprochen zu werden, sowenig wie ein erzielter Freispruch dafür bürgt, daß der nicht mehr Beschuldigte frei das Gerichtsgebäude verlassen kann. Kann er es nicht, hört er allenfalls noch die niederste Stufe der Entartung jenes Affärenschlußsatzes: das dreist jedes Recht brechende »Kommen Sie mit!«

Dies alles läßt nicht erwarten, daß man sich auf einem Feld bewegt, wo es noch die Variante der Singularität geben könnte. Dennoch hat es sie gegeben in einem Augenblick der vielleicht nie zuvor derart hergestellten und mit ebendiesem Akt zur Endgültigkeit zu bringenden Identifikation von höchster Befehlsinstanz und Vollzugsorgan. Selbst das genügt noch nicht, dieses Paradox eines niedersten Kulminationspunktes zu definieren. Der gerade durch diese Handlung sich zum obersten Gerichtsherrn aufschwingende ›Führer‹ des Reiches muß den Vollzug mit einer niemals sonst gekannten Veränderung der Anrede vornehmen: Es ist einer seiner nächsten Kampfgenossen und Freunde, dessen Untergang er mit dem banalen Amtssatz zu besiegeln hat.

Am Abend des 28. Juni 1934 hatte Hitler telefonisch die höheren Führer seines Kampfzeitverbandes SA für den 30. Juni in das Hotel »Hanselbauer« in Bad Wiessee beordern lassen. In der Morgenfrühe landet Hitler in München und tritt um 6.45 Uhr dem überraschten Stabschef der SA, Ernst Röhm, mit den Worten entgegen: »Du bist verhaftet!« Wäre dies das einzig Verbürgte des Vorgangs, es genügte, ihn historisch zu qualifizieren. Auf das Codewort »Kolibri« wird eine Welle von Mordtaten und Verhaftungen im ganzen Reich ausgelöst. Der ominöse Satz ist sicher nicht ein zweites Mal gefallen.

Kann man den Unterschied zweier bedeutender Denker dieses Jahrhunderts daran verdeutlichen, daß beide an wichtigen Punkten ihres Werkes auf das Muster von Spielen zurückgriffen, um ihren elementaren Ordnungsgedanken vorstellig zu machen? Für Wittgenstein ist vielmals belegbar, daß das Schachspiel ihm vorschwebt, wenn er einen nach Regeln künstlich geordneten Prozeß sucht, der zugleich den eminenten Fall für das Ordnungsverhältnis der ›Verwandtschaft‹ mit anderen, wenn auch weniger abschließend und eindeutig regulierten, ›Spielen‹ darstellt. Man kann sich mit dem einen äußerlichen Merkmal weiterhelfen, daß dies ein Fall von Brettspiel ist und es davon immer weitere, nach anderen Merkmalen vielfältig unterscheidbare Fälle gibt, so daß die Verkettung der Verwandtschaften übers Unwesentliche für die Sache verläuft. Daß auch zum Schachspiel das Merkmal der klar bestimmten und unüberschreitbaren Abgrenzung des Feldes gehört, auf dem das Spiel stattfindet – wobei in diesem Feld für diesen Fall wiederum eine feste Anzahl von Feldern gezählt werden kann –, verbindet das Schachspiel wiederum ganz äußerlich mit allen Arten von Spielen, die auf eindeutig umrissenen Feldern stattfinden. Dabei zeigt sich nebenher allerdings das wesentliche Merkmal von Spielen, daß sie die durch ihre Regeln bestimmten Vorgänge aus der übrigen Realität durch klare Begrenzungen ausschließen und dadurch die immanente und fiktive Realität des Spielverlaufs erzeugen.

Von Wittgensteins Ordnungsprinzip her könnte man noch zufälliger und äußerlicher die Verbindung zu einem andersartigen Spiel durch den Befund herstellen, daß in diesem wie in jenem die Figuren von König und Dame auftreten. Da gibt es nach den klassischen Regeln der Ordnung von Begriffen nach Gattungen und Arten fast gar keine scharf bestimmbare Zuordnung.

Aber dieses andere Spiel, in dem König und Dame auch auftreten, hat bei dem anderen der hier zu nennenden Denker die nicht einmal verwunderliche exemplarische Funktion: Max Weber nennt dafür in seinen Arbeiten zur »Wissenschaftslehre« das Skatspiel. Daß er dies tut, hat nicht nur den biographisch-psychologischen Grund, daß einem deutschen Denker und tätigen Politiker bei der Suche nach einem Beispielsfall für künstlich geregeltes Verhalten als erstes und nächstliegendes dieses Kartenspiel einfällt. Dabei ist Weber weniger an jenen Kettenverbindungen von Verwandtschaften interessiert, die für Wittgenstein die Unterordnungsverhältnisse von Begriffen ersetzen sollen; Weber sieht es auf das methodisch-präsumtive Resultat der ›Typologie‹ ab, die keinen platonisierenden Mitgehalt mehr haben soll, aber bei Preisgabe der alten substantialistischen Voraussetzungen um so nötiger für die ›Rettung‹ der Übersicht über deskriptive Befunde wird.

Zur Beobachtung am Unterschied der beiden Spieltypen trägt vielleicht das Ausmaß der möglichen und sogar registrierbaren Streitfragen über die Auslegung und Anwendung der Regeln bei, die durch dieses oder jenes Superarbitrarium beigelegt werden müssen. Für das Skatspiel gibt es bezeichnenderweise seit langem eine international anerkannte Instanz zur Anrufung bei Streitigkeiten, die durch Urteilssprüche das Arsenal an Präjudizien ständig anreichert und offenkundig niemals an ein Ende zu kommen vermag. Max Weber selbst spricht einschlägig in schönen deutschen Doppelwörtern von Skatkunst, Skatpolitik, Skatjurisprudenz, Skatethik, Skatweisheit. Welche Möglichkeit von Steigerung! Zwar ist das Schachspiel eine Kunst hohen und höchsten Grades, aber alle übrigen Konjunktionen können dafür unbeachtet bleiben.

Eigentümlich ist, in welchem Maße man geneigt ist, die Verbindungen des Skatspiels mit den Ebenen zwischen Politik und Weisheit als Indizien einer besonderen Art von Menschlichkeit zu nehmen. Man hat vor Augen, was gestisch und physiognomisch bei diesem Spiel aufgeboten wird, aber auch, welches Potential an Konflikten es enthält. Skatrecht normiert in einem strikt logischen Sinn, was als solches Spiel anerkannt und was von seinem Begriff ausgeschlossen werden muß. Dadurch wird aber keineswegs eine Verhaltensweise mit erfaßt, die die zweckmäßige Ausübung des Spiels gewährleistet oder auch nur erkennen läßt.

Was solche Zweckmäßigkeit heißt, ist in Skataufgaben darstellbar, die, nach Analogie der Schachaufgaben, unter gegebener Vorschrift der Zahl der in der Hand verbliebenen Karten und ihrer Verteilung festlegen, das Ziel des Spielgewinns entsprechend Reizung zu erreichen. Hier zeigt sich der Übergang von der Normierung des durch Regeln eingegrenzten Rechtsgebietes auf faktisches Verhalten der Spieler. Sie haben sich dadurch, daß sie sich Regeln unterwerfen, noch nicht die Kenntnis verschafft, wie sie sich im konkreten Fall der nur vermutbaren Verteilung der Karten bei den beiden anderen Spielern zu verhalten haben.

Bei diesem Übergang entsteht aus der Norm der Idealtypus. Er gebietet und erlaubt zu erfassen, wie sich Spieler unter der Voraussetzung der Einhaltung von Regeln verhalten, ohne daß dazu empirische Erhebungen über Redensarten, Lautstärke, Mimik und sogar innere Einstellung der Teilnehmer zueinander sowie des Getränkekonsums einbezogen werden müßten. Das alles gehört nicht zum Idealtypus. Dieser liegt zwischen der Norm und der Durchschnittlichkeit registrierbaren Verhaltens.

Gibt es ein Sprachspiel, bei dem alles darauf ankommt, daß der, der spricht, nicht identifiziert werden kann? Gemeint ist natürlich nicht, daß Stimme oder Handschrift verstellt werden, vielmehr exklusives Mittel der Verstellung ist, *was* gesagt wird.
Ein Gesellschaftsspiel, von dem Stanislaus Joyce in der Kindheits- und Jugendgeschichte seines Bruders James (»Jim«) berichtet, hieß »Lästerschule«. Man spielte es bei den Sheehys, deren Tochter Margaret dem großen Bruder gefiel, doch wiederum nicht so, daß der kleinere nicht hätte dabeisein dürfen.
Einer wird aus dem Zimmer geschickt, die anderen machen Äußerungen mehr oder weniger abfälliger Art über ihn. Der Zurückgeholte muß raten, welche ›Lästerung‹ von wem stammt. Einmal war Dick Sheehy dran, *ein dicker, wackerer, gutartiger Bursche, dessen Späße allerdings manchmal etwas gußeisern waren.* So jedenfalls hat es Arno Schmidt 1960 in seiner Übersetzervollkraft wiedergegeben, wie auch den folgenden Ausspruch, den Stanislaus der Schwester Margaret zu Papier gab: Dick sei *elefantesk an Witz und Gestalt.* Maggie ist so verblüfft, daß sie die gute Erziehung vergißt und frei heraus sagt: *Darauf kommt er nie und nimmer, daß Sie das gesagt haben könnten.*
Das war schlimmer als Mangel an Benehmen in gutem Hause – es war ein Denkfehler. Stanislaus gibt das aufs kürzeste zurück: *Je nun, ist nicht eben das der Sinn des Spiels?*
So recht der kleine Bruder hatte, ganz war das Recht nicht auf seiner Seite. Daß »Lästerschule« überhaupt gespielt werden konnte, setzte voraus, daß man auch gewinnen konnte, wie bei jedem Spiel. Maggies Bestürzung ist insofern verständlich: Wären alle Äußerungen so unwahrscheinlich in bezug auf ihre Urheberschaft, wäre der Errater aufs bloße Raten angewiesen – die Überlegenheit der ›Menschenkenner‹, die sich so gern Gelegenheit zu ihrer Kunst verschaffen, wäre auf den baren Zufall der Treffer reduziert. Die Gastgeberin bangt um ihr Lieblingsspiel unter dieser Bedingung, der Gast vertritt und beansprucht

für sich den Sinn des Spiels. Ein Spiel muß zu gewinnen sein, aber es darf keinen geben, der gewinnen muß.
Es ist nicht nur ein Testfall auf das, was ein Spiel ist und sein kann. Es ist noch mehr ein Paradigma für ›Intersubjektivität‹: Nur für eine idealisierte Protokollsprache wäre es ganz gleichgültig, wer das Protokoll führte. Ebendas gibt es nicht. Insofern Feststellungen auf Sprache – und nicht nur auf Meßanzeiger – angewiesen sind, lassen sie sich im Prinzip auf den zurückführen, der sie getroffen hat. Und sei es nur auf die raumzeitliche Position, von der aus er sie getroffen hat und die zu jeder Sache kontingent ist. Keiner spricht so, als wäre er es nicht.

Weniges von dem, was »Strategie« genannt wird, verdient mehr als den Namen »Taktik«.
Vollzieht man die Reduktion, die hier verlangt werden muß, gibt es am Ende vielleicht nur einen Satz, der »Strategie« genannt werden dürfte.
Ich vermute, er wird lauten: Alle dem Angriff dienstbaren Systeme können *gestört*, alle der Verteidigung dienenden *übersättigt* werden.
Es ist dies nichts anderes, als was man immer schon wußte. Nur hat es erst allmählich zu stören begonnen. Es könnte das Verdienst des SDI-Programms des Präsidenten Reagan sein, an den Punkt geführt zu haben, wo die Evidenz dieses Generalsatzes von ›Strategie‹ nicht mehr stört, sondern beruhigt.
Beruhigt darüber, nichts versäumt zu haben, weil nichts zu versäumen war.
Ließ sich das jemals voraussehen?
Vielleicht, wenn man genauer darauf geachtet hätte, wie es ohnehin ›auf der Welt‹ zugeht, nämlich in der Natur. Ihr strategisches Urprinzip ist kein anderes als dies: Jeder Erfolg des Lebens ist tödlich.
Alter und Tod sind die ›Errungenschaften‹, mit denen das Leben seinen endgültigen Untergang vermeidet. Jeder stirbt, damit das Leben dauern kann, und das kann es nur, wenn es nicht an sich selbst erstickt. Die Saurier sind an ihrem Übererfolg ausgestorben. Sie hatten keine *Verzichte* leisten können. Mit dem Neandertaler war der Mensch auf demselben Weg; nur hatte er sich rechtzeitig eine Reserve angelegt, um doch noch *homo sapiens sapiens* zu werden. Nun, da dieser die Friedlichkeit zwangsweise zu erlernen im Begriff steht, gerät er ins Dilemma der Übersättigung.
Der Mensch erträgt die Verdichtung des Lebenserfolgs seiner Gattung schon längst nicht mehr. Das Einfamilienhaus und das Auto sind die Mittel, mit denen er sich verteidigt, die aufgezwun-

gene Übernähe der Nächsten hinzunehmen, indem er sie nicht mehr zu riechen braucht – Deodorants sind da nur Ausweichlösungen. Aber die Gehäusemittel sind tödlich: der Blutzoll auf den Straßen, die Intensivstationen für die Einzelhauseremiten. Und die emotionale Störanfälligkeit durch einen Aufwand, der jede seiner Lösungen mit einem Problem bezahlt: Der Mensch ist giftig, nicht sein Abfall.

Unter den geschichtlichen Veränderungen, die man doch wenigstens bemerkt – wenn schon nicht ›erlebt‹ – haben möchte, ist verblüffend der Schwund der Beleidigungen. Ich erinnere mich noch gut an frühe Zeitungslektüre, bei der mich die ausgefeilten Künste der Ausübung von und Empfindsamkeit für Beleidigungen beeindruckte. Ohrfeigen, zumal verbal angebrachte, spielten in Gerichtssälen eine große Rolle. Aber wer kann heute noch beleidigt werden? Oder, anders gesagt: Wer würde sich die Blöße geben, merken zu lassen, es könne ihn einer beleidigen? »Sie schon gar nicht!« pflegte man vorzeiten zu sagen, und das war gleich eine der schlimmsten. Vielleicht ist das deutlichste Kriterium der Änderung, daß seit der Strafrechtsreform von 1969 nicht einmal Gott noch beleidigt werden kann. Die durch das Grundgesetz geschützte ›Würde‹ ist auf einen so kleinen und harten Kern reduziert, daß sich einer schon sehr anstrengen muß, sie zu treffen.

Wie man bei Arthur Schnitzler und anderen erfahren kann, mußte man im Wien der Jahrhundertwende sehr vorsichtig sein, sich nicht beleidigen zu lassen. Es war lebensgefährlich und offenbar eine der Gefahren, die erst entbehrt werden konnten, als der Große Krieg das Leben wirklich gefährlich machte. Danach sublimierte sich das Ritual der Beleidigung zunehmend.

Im Wiener »Tag« stand am 18. Oktober 1925, als Stück in einer Reihe von Anekdoten aus dem Literatenmilieu: *Leo Perutz erzählt: »Jeder Mensch hat irgend ein Tier, dem er ähnlich sieht. Der eine schaut aus wie eine Spitzmaus, der andere wie ein Nashorn. Mein Tier ist der – Otto Soyka.«* Ich habe keine Sympathie für diese Art von Scherzen, aber der Genannte – im Weltkrieg Offizier gewesen, danach Schriftsteller wie Perutz – hatte noch weniger Sinn dafür. So stand schon am 19. Oktober im Wiener »Morgen«, wie es weitergegangen war: *Gestern abend betrat der Schriftsteller Otto Soyka eilenden Fußes das Café Herrenhof, ging durch das Vestibül und den vorderen Saal schnurstracks auf den Dichter Leo Perutz zu und versetzte ihm von rechts und von links zwei schallende Ohrfeigen. Diese Ohrfeigen waren von den Worten begleitet: »Auf daß Sie mir nicht mehr ähnlich sehen!«* Es gab einen *kleinen Tumult* und die Ankündigung der Beleidigungsklage durch Perutz. Wenn irgend etwas an dieser Geschichte noch verwundert, ist es die Sicherheit, mit der der Rächer seiner Ehre so aufs genaueste wissen konnte, wo er das Objekt seiner immerhin treffend begründeten Verunstaltung antreffen würde. Da beständen heute ganz andere Schwierigkeiten – und vor allem den Effekt störende Verzögerungen.

Wiederum nur einen Tag später und diesmal wieder im »Tag« wurde der Bericht des »Morgen« durch eine Zuschrift von Leo Perutz derart zurechtgerückt, daß die Lust am Ohrfeigen auf die vorherige Abwägung physischer Verhältnisse verwiesen wurde. Herr Soyka sei an den Unrichtigen geraten, und zwar *in jeder Hinsicht.* Kein Anlaß mehr zur gerichtlichen Beleidigungsklage, *weil ich mir an Ort und Stelle ausreichende Genugtuung verschafft habe*, die noch *weit empfindlicher* für Herrn Soyka ausgefallen wäre, wäre der Aggressor nicht vom Personal des Kaffeehauses sogleich an die frische Luft gesetzt worden. So wäre alles, als wäre nichts gewesen – gäbe es da nicht die Kleinigkeit, daß Soykas ›Augenglas‹ als Trophäe in den Händen des Platzhalters geblieben ist. Er trumpft auf, indem er das, was einmal eine Fahne gewesen wäre, seinem Schreiben beifügt und bittet, *es Herrn Soyka zur Verfügung zu halten.* Der »Tag« bestätigt, daß er das *Corpus delicti* zur Abholung bereithalte. Soyka könne es in der Redaktion *jederzeit beheben lassen oder selbst beheben, wenn dies ohne Gefährdung der körperlichen Sicherheit und des Augenglases geschehen kann.* Für den eigentlichen Nutznießer der ganzen Affäre, die Zeitung »Der Tag«, ist das Ganze zum Haftungsrisiko geschrumpft. Die Trophäe hat eine Art Fundbürodepot gefunden, und dem muß die ›Abwicklung‹ der Sache nun entsprechen. Wir werden nie erfahren, ob und wie die ›Behebung‹ stattgefunden hat.

Was die Spätlinge des Jahrhunderts interessieren mag, ist die Frage nach dem Geschichtswert des Vorgangs. Zweifellos hätte es noch ein Vierteljahrhundert vorher eine Leiche gegeben. Der

›Vorteil‹ des Duells, wenn denn ernsthaft davon zu reden ist, lag in der Gleichheit der Bedingungen: Es gab kein Recht des Stärkeren, in der Schießkunst hätte sich jeder der ›Kontrahenten‹ rechtzeitig üben können. An eine Leiche war nun nicht mehr zu denken, nicht einmal an Blut. Dennoch erweckt es Unbehagen, daß der Ausgang der Sache, für den Aggressor überraschend, auf verborgenen Kraftverhältnissen beruhte. Schlimmer noch war, daß der schnöde Tiervergleich gar nicht die angenommene Herkunft hatte. Es meldete sich im »Tag« ein Herr Josef Kalmer, der die riskante Anekdote erfunden hatte, wie man es im Wien jener Tage aufs frivolste tat, sich den Rückzug auf den Scherz offenhaltend, lächerlich den machend, der keinen Spaß verstand, aber doch kokettierend mit dem Zorn des Attackierten. Josef Kalmer spielte das frivole Spiel zu Ende, indem er öffentlich erklärte, *daß ich die Stelle bin, an die er* (sc. Soyka) *sich zu halten hat.* Würde er noch Lust haben, sich zu halten?
Die Analyse des Zwischenfalls zeigt, daß die Entscheidung gegen die Barbarei des Ehrenunwesens noch nicht eindeutig gefallen war. Ohrfeigen waren auch Sache des Schwächeren, die Prügel teilte daraufhin der Stärkere aus. Das symbolische Sublimat ist das einzige Indiz der Zivilisierung: Es ist nicht Beute, es kommt nicht in die häusliche Vitrine des Siegers, es wird dem Geschlagenen verwahrt – nur muß er die ›Behebung‹ besorgen. Keine Bringschuld, keine Geste. Der Becher der Demütigung muß bis zur Neige geleert werden.
Es sei denn, das Augenglas war triviales Fensterglas.

›THEORIE‹

Man kann ebenso richtig wie langweilig definieren, was eine Theorie ist; sie kommt dann ohne das, was ihr zudefiniert worden ist, nicht aus und nicht durch.

Mehr lernen läßt sich durch Anschauung und freie Variation, die den harten Kern heraustreten läßt. Zu vermuten ist, daß die Geschichte von Theorien ein gutes Stück der Arbeit freier Variation schon geleistet hat. Nur muß man sich die Muster noch ansehen.

Die Athener haben die Philosophie nicht erfunden, und das machte ihrem Stolz zu schaffen. An den beiden Enden der griechischen Welt, an der ionischen Küste Kleinasiens und im dorischen Süden Italiens, waren Reinkulturen der Theorie entstanden. Sie erwiesen sich als von antipodischer Unvereinbarkeit.

Darin lag die Chance der Athener, sich mit einer Reduktion der Unverträglichen – der genetischen Naturtheorie Ioniens und der statischen Seinslogik Eleas – hervorzutun. Freilich durfte nicht erkennbar werden, daß dies erst eine nachträgliche Bearbeitung des hoffnungslosen Befundes war. Also mußte ein eigener attischer Protophilosoph erfunden werden. Da er nie gelebt hatte, durfte er den sinnigsten Namen nach der Quelle seiner Inspiration tragen. Er hieß Musaios.

Von ihm wissen wir so wenig, wie nötig ist, um ihn nicht in die Verlegenheit von Schulstreitigkeiten zu verwickeln. Aber der bestbeglaubigte Satz von ihm, der in die Überlieferung eingeschleust wurde, ist zugleich das Destillat einer Theorie, als stände dahinter ein langer Prozeß der Optimierung, der Reduktion aufs Wesentlichste. Bis zum heutigen Tage ist darin das Metrum einer vollkommenen Theorie vorgegeben, als sei die Ahnung ihrer umfassendsten Erstreckung – die einer Kosmologie als der raumzeitlichen Totalvorstellung des Universums – erahnt gewesen. Wo es doch nur darum gegangen war, den Rivalen zu zeigen, wie wenig dazu gehörte, mit weniger besser zu sein als jeder von beiden.

Der einzige wie einzigartige Satz des Musaios lautet: »Aus Einem entsteht alles, und dazu wird es wieder.«
Mehr braucht man nicht, und jede Theorie ist gut, die nicht mehr braucht: die der Neuplatoniker, die der Christen und die der modernsten kosmologischen Modelle zwischen dem Urknall und der Implosion zur Vorbereitung des nächsten. Welt ist immer und bei allen nur, was dazwischen liegt. Nicht der Rede wert.

Treue ist eine zweifelhafte Tugend. Sonst hätte sie nicht Heinrich Himmler zu der seinen und der seines Ordens machen können. Bei ihm war, was er so nannte, zu einer eher hündischen Hörigkeit gegenüber seinem Führer geworden. Obwohl er das Possessivpronomen beim übersetzten *Duce* nicht erfunden hatte; es war, wenn man darin Hitler selbst glauben darf (Tischgespräche 3./4. Januar 1942 nachts), etwas, *das haben die Frauen geprägt.* Dann aber hatte es der ›Reichsführer‹ eben gepachtet. Himmler wurde zugetraut, er allein könne – und wolle wohl auch – Hitler einmal stürzen. Aber das war maßlose Überschätzung, Fehleinschätzung. Nur und erst, als er die eigene Haut noch retten zu können glaubte, ging er zögernd und wie einer auf lasterhaften Abwegen an konspiratorische Versuche, die ihm Walter Schellenberg aus ähnlichen Beweggründen nahegebracht hatte, als es nicht einmal mehr das eigene Leben zu retten gab.

Unter den Paladinen Hitlers gab es überhaupt nur einen, dem zuzutrauen war – und zugetraut wurde –, Hitler aus dem Wege zu schaffen, wenn er sich als der endgültig Erfolglose erweisen sollte. Dieser eine war Reinhard Heydrich, der Betreiber der Wannseebeschlüsse. Aber er sollte den Verfall Hitlers nicht mehr erleben, der Probe auf sein alle anderen einbeziehendes Überlegenheitsbewußtsein enthoben werden. Wann wäre ihm wohl schlüssig geworden, daß der Untergang des Reiches besiegelt sei? Wäre auch Heydrich in die Falle Hitlers gegangen, den Oberbefehl einer Armeegruppe (»Weichsel«) in aussichtsloser Lage zu übernehmen, um mitzutragen an der Last des Versagens? Es ist zu wenig beachtet worden, daß Himmler mit diesem Oberbefehl erst das Opfer seines Treuewahns wurde.

Treue wird mehr bewundert als irgendeine andere Qualität. Darüber ist zu wenig nachgedacht worden. Treue spiegelt den höchsten Glanz der Eigenschaft eines Lebewesens vor, das ohne sie nicht überleben könnte, weil ihm ein festgeschriebenes Verhaltensregularium fehlt: Zuverlässigkeit. Sie ist von eher sachlich geprägter Natur als die ›Treue‹ mit ihrem Pathos – sie schließt den persönlichen Bezug an die Bestimmbarkeit des Verhaltens als des ›sachgemäßen‹ an. Treue kann ihren Nimbus gerade dann und dort erreichen, wo die Sachgemäßheit preisgegeben wird für den Personbezug ›auf Tod und Leben‹ – also wider den Primat des Lebens.

Treue hat etwas virtuell Vernunftwidriges, weil sie Mißachtung der Selbsterhaltung zuläßt, im gegebenen Fall verlangt. Zuverlässigkeit kann im Grenzfall sogar die scheinbare Untreue einschließen, sofern auf einer anderen Ebene dem ›Interesse‹ der Person genügt wird, die es angeht. Es ist schwer, ein Unheil nicht zu verzeihen, das seine Wurzel in der Treue hat. Deshalb hat der Ausdruck ›Bündnistreue‹ mehr rhetorisch-beschwörende als rational beruhigende Funktion: Es ist etwas, was es gar nicht gibt, weil bei gemeinsamen Interessen zusammenzustehen gerade vom ›Edelmut‹ dieses Sinnes nichts hat. Daß Staaten so etwas wie ›Treue‹ nicht haben können, ist immer wieder eine der großen Enttäuschungen der an der Geschichte Mitleidenden gewesen, aber sie selber waren die Törichten, die in Staatenverhältnissen von so etwas wie ›Vertrauen‹ und ›Treue‹ gefabelt hatten – in Ermangelung anderer rhetorischer Hilfsmittel. Auch ist es eine der einschlägigen Illusionen, die Person dessen, dem Treue gehalten wird, werde durch diese gleichsam ausgezeichnet als die dessen werte Bezugsgröße.

Das Muster einer deutschen Treuetragödie ist die Favoritenstellung des Franz von Papen beim greisen Reichspräsidenten Hindenburg in den Jahren 1932 und 1933. Papen durfte viel, fast alles, was Hindenburg keinem anderen Reichskanzler gestattet hätte. So die Zerstörung Preußens durch den Staatsstreich vom 20. Juli 1932. Und je mehr Gebrauch Papen von der Unbedingtheit des Vertrauens gemacht hatte, um so mehr durfte er darauf rechnen. Dieser Zirkel gehört zum Tugendkomplex der Treue: Sie verstärkt sich selbst im Maße der Grundlosigkeit ihrer Gewährung und Inanspruchnahme.

Als Hindenburg am 2. Dezember 1932 unter dem Druck Schleichers der Entlassung Papens zustimmen mußte, geschah es unter Tränen und mit der Unterschrift auf dem Bildnis des Präsidenten *Ich hatt' einen Kameraden.* Mehr war für Treue nicht möglich.

Aber gerade damit hatte sich erst verstärkt, was innerhalb von zwei Monaten Hitler an die Macht bringen sollte: Schleicher wurde aus Treue zu Papen von Hindenburg im Stich gelassen, als er auf ein Regiment ohne Parlament zusteuerte und Hindenburg ihm kühl entgegenhielt, nun wolle er selbst, woran er gerade noch Papen gehindert hatte. Das war die Vergeltung für den erzwungenen Sturz des Favoriten und zugleich diejenige Stärkung des Treuebündnisses, die alles bis dahin Unmögliche möglich werden ließ.

Jetzt, wo Schleicher sich damit bloßgestellt hatte, keinen anderen Ausweg aus der Mehrheitsmangellage zu wissen, als Papen gewußt hatte, konnte Hindenburg erneut Papen zum Reichskanzler bestellen und ihn die Rache für Schleichers Manöver selbst weiterführen lassen. Papen tat das, indem er auf Schleichers Reichswehrdeckung verzichtete und sich mit Hitler verbündete, dessen Kanzlerschaft er als Vizekanzler steuern zu können meinte. Bedingung Papens war daher, daß Vortrag beim Reichspräsidenten nur zusammen mit dem Vizekanzler stattfinden dürfe. Das gestand Hitler zu.

Groteskerweise sollte es ihm mehr Nutzen als Nachteil bringen – das Kopfnicken des Getreuen würde Hindenburg genügen, um dem zuzustimmen, was ihm der neue Kanzler zumuten sollte. Das gilt vor allem für den verhängnisvollsten Schritt der wirklichen Machtübergabe an Hitler: die Unterschrift Hindenburgs unter die »Verordnung zum Schutze von Volk und Staat« nach dem Reichstagsbrand am 27. Februar.

Am Vormittag des 28. Februar erschien Hitler bei Hindenburg mit dem Vizekanzler, wie vorgesehen, den Text der Verordnung zur Aufhebung aller verfassungsmäßigen Bürgerrechte – einschließlich der Rechte des Reichspräsidenten selbst – in der Hand. Wie konnte dieser dem von ihm verachteten ›böhmischen Gefreiten‹ solche Autokratenmacht ausliefern? Trotz Hitlers

Suada von dem Abgrund der roten Gefahr für das Reich, illuminiert durch die Flammen des Reichstagsgebäudes, fand sich Hindenburg nicht zur Unterschrift bereit. Hätte er sich nicht erst beraten lassen müssen? Aber es gab ja die Treue! Fragend blickte er auf Franz von Papen. Der nickte ihm ermutigend zu. Hindenburg unterschrieb.

Das war, bevor der neue Reichstag gewählt werden und dem Ermächtigungsgesetz zustimmen konnte, die Machtübernahme Hitlers durch Machtübergabe. Papen war treu; er war sicher, diese Macht für den Präsidenten fest in der Hand zu behalten. Er ahnte nicht, daß er noch als Botschafter in der Türkei der Mann der Treue würde bleiben müssen. Zu dem anderen.

Die Treue ist eine zweifelhafte Tugend.

Husserl hat seine Phänomenologie als Wissenschaft von den Trivialitäten bezeichnet. Mußte Wissenschaft da stehen? Ist es nicht zu hoch gegriffen, wenn doch im Titel »Phänomenologie« impliziert ist, daß nur beschrieben, nicht erklärt werden soll? Der Plural von ›Trivialität‹ ist auffällig durch die Verbindung mit dem Postulat der Beschreibung. Wird da eine Trivialität nach der anderen vorgenommen und beschreibend inventarisiert, nach dem Muster eines Ausstellungskataloges? Genügte das, um eine Wissenschaft zu machen?

Wittgenstein hat es 1930 ganz ähnlich ausgedrückt und doch die Bezeichnung Wissenschaft vermieden: *Die Philosophie ist eigentlich nichts anderes als eine Übersicht über Trivialitäten.* Zum Plural Trivialitäten paßt genauer, daß es um Übersicht geht. Keine Einzelabhandlung der Stücke, sondern Orientierung in ihrer Lage, Anordnung, Disposition. Diese Bestimmung der Philosophie paßt zu Wittgensteins Annahme über ihren Anfang: Anfang der Weisheit ist das Unbehagen. Das ist von Locke übernommen, aber nicht auf Erkenntnistheorie und deren Unsicherheitsfaktor angelegt. Denn das dem Unbehagen zugeordnete Bild ist nicht die Grundlegung, nicht das Fundament, sondern das Aufräumen in einem Zimmer. Dieselbe Unbestimmtheit: Es behagt einem so nicht, wie es ist. Alles muß in die Hand genommen werden. *Diese Tätigkeit des Aufräumens, das ist die Philosophie.* Wäre man Heideggerianer, ließe sich aus dem Element ›Raum‹ in ›Aufräumen‹ viel an Vertiefung gewinnen: Aufräumen ist, was im logischen Raum an Unbehagensüberwindung möglich ist. Dabei geschieht Denken. Denn: *Denken heißt mit Plänen operieren.* Auch wo das Aufräumen nur wilde Wut ist, mit dem Unbehagen am Bestehenden und Herumstehenden fertig zu werden, steckt in ihm die Lust am Plan.

Die ganze Schwierigkeit der Philosophie besteht darin, *daß unser geistiges Unbehagen nicht beseitigt ist, ehe wir einen Überblick über all die verschiedenen Trivialitäten gewonnen haben.*

Fangen wir, würde der Phänomenologe (der Wittgenstein nicht ist) sagen, mit dem Einfachsten Unbehagensstifter, mit dem ›Ding‹, an! Es erweist sich weniger als eine Sache der Übersicht als der Umsicht, weil es um sich alle Positionen bestimmt, die es der Umsicht preisgeben. Übersicht verwehrt das ›Ding‹ jedem, aber eben nicht allen.

Auf einer der Mitwisser-Mittwochabend-Sitzungen bei Freud in der Berggasse berichtet Fritz Wittels, später Freuds unerbetener erster Biograph, von einem seltsamen Impotenz-Patienten, bei dem die angestrengtesten Bemühungen des Analytikers nichts ausgerichtet hätten. Einen Fehler in der Behandlung habe es nicht gegeben. Bei diesem Mann habe es allerdings einen Schönheitsfehler gegeben: Ihm waren Freuds Schriften vorher schon bekannt, und er habe gleich geäußert, *er sei nun froh, krank zu sein, damit er endlich einmal Gelegenheit habe, die Richtigkeit dieser Lehren zu erproben.* Da war also die so konsequent im Fachverbund gemiedene Kontrolle aus der falschen Richtung in Gang gebracht: Ein offenbar nicht simulierender, zufällig in die Verifikationsrolle gekommener Leidender ergriff die Gelegenheit zu erfahren, was er sonst nicht hätte herausbekommen können.

Der Erstbehandler Wittels schickt den Patienten zur Nachbeurteilung zum anderen Besserwisser, zu Wilhelm Stekel. Der disqualifiziert die Anstrengungen des Kollegen als ›Überbehandlung‹. Er sagt dem Mann, er habe gar keine Neurose und bedürfe keiner Behandlung. Also war nicht die Behandlung falsifiziert worden, sondern die (doch auch zu diagnostizierende) Behandlungsbedürftigkeit. So geht es dem, der dem Arzt auf die Finger sehen will und sich selber zum Testfall macht. Der intelligente Patient wird aufgeklärt, doch nicht gebessert. Wittels verweigert weitere Behandlung.

Das bringt den Dialektiker Sigmund Freud in sein Fahrwasser. Er erklärt den Fall für *sehr wichtig*, und das gibt den gescheiterten Therapeuten einen in diesem Kreis viel höher eingestuften theoretischen Rang. Freud, das muß man bei dem langfristigen Ausforscher schon erwarten, lehnt sich gegen Stekels Befund der ›Überbehandlung‹ auf. So etwas gebe es nicht: Behandlung ist potentiell unendlich. Und auch mit der Auffindung der Lösung – inverse Einstellung des Analysanden – sei nichts gewonnen, wenn der Patient sie nicht annehme. Die Richtigkeit der Diagnose leiste nichts, wenn sie nicht akzeptiert werde. Die ganze Last des Mißerfolgs bleibt auf dem Leidenden liegen – außer seinem inkurablen Leiden leidet er fortan auch noch unter der Verantwortung dafür, seine Heilung verhindert zu haben. Ein Muster für eine Schule, niemals versagen zu können. Wozu dann Erfolgskontrollen? Recht geschieht es als Strafe denen, die gar nicht geheilt werden wollen, wie dieser: *Er will den Arzt frozzeln.* So Sigmund Freud.

Nun kommt in der Dialektik die Synthese: beide, Wittels und Stekel, hätten recht getan, *instinktiv die richtige Therapie angewendet*, in der konvergierenden Anstrengung, den falschen Patienten an sich selbst zurückzuüberweisen. Eines Tages würde der Drang zu koitieren den Mann gesund werden lassen.

Der Leser des Protokolls gewahrt eher den genialen Schachzug des Meisters, dem Schulfrieden der Mittwochsrunde einen penetrant intelligenten Patienten zu opfern. Immer hatte Freud zwei Prioritäten: die Theorie vor der Therapie und die Schulstabilität vor den Rivalitäten, die solche Kunstfehler wie ›Überbehandlung‹ auf den Plan brachten.

›ÜBERFORDERUNG‹ – VORGESCHICHTE EINER MENSCHENFREUNDLICHEN AUSREDE

Wer sich als nicht vom Streß geplagt findet oder gibt, läßt erkennen, daß er nicht weiß, wie ›das Leben‹ wirklich ist. Müßte sonst eine große Gewerkschaft, deren Mitglieder im atemlosen Dienst an einem unserer dringendsten Bedürfnisse stehen, mit Entschlossenheit zum Äußersten für diese Mitglieder um eine Verschnaufpause von 20 Sekunden (mehr) kämpfen? Im kleineren Maßstab hat fast jeder eine Klientel, für deren Entlastung vom Leistungsdruck einzutreten den Beliebtheitsgrad verschafft, der zumindest ihm selber das Leben erleichtert. Wer etwas mehr zu sagen oder zu machen hat (›Entscheider‹, ›Macher‹, ›Führungskräfte‹ gar), läßt sich in Zeit- und Luftbedrängnis geraten; und die Umkehrung ist zwar nicht schlüssig, doch gebräuchlich, den von der ›großen Aufgabe‹ Herausgeforderten durch alle Insignien der Hektik als den beinahe Überforderten darzustellen. Daß er es aushält, qualifiziert ihn (fast) für den nächsten Schritt einer unaufhaltsamen Karriere. Die Mitwelt honoriert den Atemlosen; keiner will ihm mit Kleinkram in den Weg kommen. Doch war der Weg ein Irrweg, führt er in die Sackgasse, kommt es zur Panik – und die Sprache ändert sich: der alles von sich erwartet hatte, schiebt alles auf die ›Überforderung‹ einer Leistungswelt. Er tritt seine Hilflosigkeit ab an die dafür Zuständigen, die sich vor allem darin einig sind, ihm recht zu geben.

Die Vokabeln ›Leistungsdruck‹ und ›Überforderung‹ haben ihre famose Akzeptanz von der unbestimmten Zurechenbarkeit des Drückenden und Fordernden: Wer dem Druck gewachsen war, hatte den höchsten Anspruch an sich selber gestellt, wer ihm erlegen war, findet das falsche Lebensmaß sich oktroyiert. Von der Abnabelung bis zum ungehörten letzten Seufzer, von der Defloration bis zur Promotion, von der Anwartschaft aufs »Guinness Book of Records« zu der auf »Who is who in the World«, vom politischen Engagement bis zur Bewußtseinserweiterung – für dies und noch mehr gilt die Umbesetzbarkeit von

Erfolg und Versagen. Der banale Ausdruck ist, daß man, eben aus dem Urlaub zurück, schon wieder urlaubsreif ist. Doch dienen diese Phrasen nur zum Beleg, daß man viel zu dringend gebraucht wird, um sich leisten zu können, was der Selbsterhaltung dient.

Es ist ein Kalauer, aber er ist zu signifikant, um ihn nicht zu riskieren: Wer nicht überfordert ist, ist nicht einmal gefordert, aber wenn nicht gefordert, dann jedenfalls zu fördern. Der Raum zwischen den Extremen ist leer; was dahin gehörte, lohnt sich nicht: die Gelassenheit. Die hochgeschulten Helfer für ebenso viele Hilflosigkeiten würden mit dem Training auf ›Gelassenheit‹ ihre eigene Umtriebigkeit desavouieren.

Bescheiden wirkt die Frage, wann und wie es denn damit angefangen habe, die ungemäßeste und ungemütlichste Welt nicht so sehr zuzubereiten, als vielmehr zur prätentiösen Attitüde zu machen. Es ist eine Verkennung, zuerst sei das Phänomen da und dann werde ihm der Name aufgeprägt. Ein Name sammelt um sich, was durch ihn assoziiert, zum Komplex, im Grenzfall zum ›Gegenstand‹ einer Forschungsdisziplin wird. Aus der Vielzahl tastender Benennungen schwingt sich schließlich eine zur Plausibilität auf. Selyes »Stress« ist ein Sonderfall später Plausibilität, ein Stück Wissenschaftsgeschichte, nicht ein Fall für »Begriffe in Geschichten«. Lange bevor ›Stress‹ Geschichte machte und wurde, begab sich ›eine‹ Geschichte, eine ›Vor-Geschichte‹, in der sich das Phänomen zubereitete.

Aus den Protokollen der »Wiener Psychoanalytischen Vereinigung« – hervorgegangen aus den zwangloseren Mittwochabenden in der Berggasse bei Freud – ist abzulesen, wie es zur Verdichtung des ›Phänomens‹ und zur ›Begriffsbildung‹ kam, als in der Sphäre der Wörter noch umständlich und betulich nach dem Titel dafür gesucht werden mußte – woraufhin der ›Namenserfolg‹ erst recht die Konsolidierung des Phänomens beschleunigte. Die nach Berufen und Kompetenzen, Verhaltensweisen und Ambitionen bunt zusammengesetzte und kooptierende Runde brauchte den Meister nicht nur als Zensor für die

Reinhaltung der Lehre; sie brauchte ihn vor allem als souverän um das Niveau der Adepten Bemühten, gelegentlich Kämpfenden.

Nicht überraschend angesichts der Interessen Freuds an allem Antiken war die Zuwahl des Professors für Alte Sprachen am Akademischen Gymnasium Wiens, David Ernst Oppenheim (er wird viel später zu den Ermordeten von Theresienstadt gehören). Was er in die noch nicht vereinsmeiernde Vereinigung 1910 einbringt, ist allerdings weniger Antikes als Pädagogisches. Zuerst und vor allem das bedrückende Problem der Schülerselbstmorde. Dem Schulmeister scheint die Psychoanalyse Entlastung anzubieten: Erfüllung des Wunsches, sich nicht schuldig zu fühlen. Ein Jahrzehnte später gängiges Muster bildet sich heraus: Eine der Disziplinen gegen Hilflosigkeit hilft der anderen. Man reicht seine Überlastungen und Überlasteten einander weiter.

Welches Gewicht die Sache hatte und in welcher Sprache sie sich darstellte, ergibt sich aus dem Vorgang, daß der Preußische Unterrichtsminister von Gossler 1883 ein Gutachten in Auftrag gab, das Anwachsen der Schülerselbstmorde sachkundig zu untersuchen. Für die Verlegenheit bei Ermittlung der Kompetenz und der Sicherung der öffentlichen Autorität der Gutachter spricht, daß neben dem fälligen Psychiater der prominente Pathologe Rudolf Virchow hinzugezogen wurde. Sie vermieden im Titel die harte Vokabel und bezogen sich auf einen Verdacht, der zu allen Zeiten Eltern von Schülern gegenüber der Pädagogik befällt: »Gutachten der Königlichen wissenschaftlichen Deputation für das Medicinalwesen, betreffend die Überbürdung der Schüler in den höheren Lehr-Anstalten«, erschienen 1884 in der »Vierteljahresschrift für gerichtliche Medicin und öffentliches Sanitätswesen«. Das Gutachten basierte auf der Statistik der Jahre 1869–1881. Ergebnis war, daß es nicht die mindeste Andeutung für die vielfach vermutete Zunahme der Selbstmorde der untersuchten Gruppe im Untersuchungszeitraum gab.

Dieses Resultat hatte keine durchschlagende Wirkung; die Verdächtiger der Schulmeister waren, hier und ein ganzes Jahrhundert lang, stärker. Zwar blieb die ›Überbürdung‹ der stetige Vorwurf, nur betraf er ebenso stetig verminderte Lasten – bis hin zu dem pädagogischen Trumpf, die Schule müsse das reine Vergnügen sein. Mochten ihre Absolventen sehen, wie sie damit zurechtkamen, daß das Leben sich diesem Standard nicht anschließen wollte.

Eine schon mächtige – wenn auch den Eltern nicht kongruente – Gruppe der Gesellschaft gab es, die das Gutachten begrüßte: die der Lehrer an jenen ›höheren Lehr-Anstalten‹. Sie ahnten nicht, was ihnen im kommenden Jahrhundert bevorstand, wenn der Ausdruck ›Überbürdung‹ längst obsolet geworden war. Oppenheim war einer der Erleichterten. Doch war er, offenbar angesichts der statistischen Mängel, noch nicht solide genug vom Druck befreit. Als er am 20. April 1910 der Mittwochsrunde eine Untersuchung über den »Selbstmord im kindlichen Lebensalter« (Baer, Leipzig 1901) referierte, hatte er den Sukkurs einer Theorie, die jene unbegreiflichen Freitode ganz und gar von allem Schulwesen ablöste und den frühen sexuellen Verstrickungen zuschrieb, aus denen Freud die Lebensprobleme hervorgehen ließ. Nichts davon verstanden oder auch hören wollen hatten *unsere Wiener Zeitungsschreiber, die anläßlich der letzten Schülerselbstmorde ganz so taten, als wenn ihre Verursachung ausschließlich ein Hoheitsrecht österreichischer Gymnasialprofessoren wäre.* Getrieben von diesem niederträchtigen Verruf, war also einer der Verrufenen dorthin geflüchtet, wo man alles ganz anders zu erklären vermochte. Nur: Welcher Gebrauch konnte im Jahre 1910 davon gemacht werden?

Das preußische Gutachten hatte einen Katalog von Motiven aufgestellt, der Referent zählt sie auf: *Reue, Scham und Gewissensbisse, Ärger und Streit, Geisteskrankheit, Leidenschaft, Lebensüberdruß, körperliche Leiden, Kummer, Laster, unbekannte Ursachen.* Man sieht leicht, daß es von Banalitäten wimmelt, die nichts erklären; sie schreien geradezu nach einer Theorie, die sie als bloße Symptome tieferer Defekte nimmt. *Wer auf dem Boden der Freudschen Theorie steht* . . ., wie der Referent sagt, bringt das alles zum Reden und damit die zum Schweigen, die *Wutgeschrei nach den Mördern* erheben und sie *regelmäßig unter den Lehrern* finden. Das *geräuschvolle Treiben* – die ›Treibjagd‹ ist zwingend zu assoziieren – motiviere neue Opfer, und neue Opfer geben *Stoff für neue Klagen und Anklagen.* Noch das Protokoll erzittert von der Erregung des Referenten, der sein Thema umzirkelt hat, *weil es mein eigenes Leben so peinlich nahe berührt.* Ihm verschmelzen die Sophisten seines Sokrates und die Presse – die *neue Zwingherrin im Reiche der Geister* – in der Metapher *der böse Wortzauber*, dessen suggestive Rhetorik in die Formel mündet: *Schule, das sind doch viele Schüler! Und wenn Schüler sich umbringen, wer anders sollte schuld sein als die Schule?* Doch sei es das oberste Ziel der Schule, auf das Leben vorzubereiten, und das könnte sie nicht, wenn *sie nicht selbst ein Stück von diesem Leben in sich hätte, von diesem harten Leben mit seinen steten Kämpfen, seinen schweren Niederlagen und teuer erkauften Siegen.*

Angesichts des ›schönen Wortzaubers‹ von der Schule als dem *Mikrokosmos*, abbildend den *Makrokosmos* der Gesellschaft, vergißt der Redner für eine Weile die Hilfe, die er in diesem Kreis finden wollte: daß es Konflikte einer ganz anderen Typik seien, die junge Leute in den Tod trieben. Die Schule, so sei ihr vorerst zu raten, müsse *warten, bis die Weltverbesserer auch ihr die absolute Vollendung bringen.* Wenn sie dann von dem Vorwurf entlastet sein werden, der damals ›Überbürdung‹, später ›Überforderung‹ hieß, werde das wahre Problem rein hervortreten, das sogleich in der Diskussion den Titel »Tod und Sexualität« bekommt.

Dabei ist der Meister Freud nicht so entlastungsfreudig, wie es der Abendreferent erwartet haben mochte. Es sei *schwer zu sagen, welchen Anteil die Schule an den Selbstmordversuchen der Schüler hat.* Man stehe *erst am Anfang* mit einer *psychologischen Formulierung der Selbstmordbedingungen*, doch könne man schon und *ohne weiters* die These akzeptieren, daß es sich beim Selbstmord um eine *Überwältigung des Lebenstriebes durch die Libido* handle. Das sollte nicht für alle Zeiten bei Freud so stehenbleiben.

Ganz und gar unzufrieden ist er mit der vorgetragenen Funktion der Schule als *Abbild des Lebens.* Das sollte sie nicht sein. Sie habe kein *fertiges Individuum* vor sich und nur einen *Übergang ins Leben* zu bieten. Dazu müßten die Lehrer sich anders einstellen. Sie nähmen ihre Sache *bitter ernst, während sie besser täten, eine gewisse wohlwollende Überlegenheit dem Schüler gegenüber immer zu bewahren.* Die durch die Wiener Protokolle sich hindurchziehende Hilflosigkeit aller bei allen Fragen der faktisch zu leistenden Aufklärung und Erziehung produziert auch hier, was man mit der Sophistenpolemik des Sokrates als ›Wortzauber‹ bezeichnen möchte.

Übrigens war einer der ›Weltverbesserer‹ an jenem Abend zugegen: der Schulreformer und spätere Wiener Stadtschulrat Karl Furtmüller, der noch nach der Rückkehr aus der Emigration von 1941 bis 1947 das Pädagogische Institut in Wien leiten sollte. Daß es ihn an der Seite Freuds nicht hielt und er in die Sezession Alfred Adlers gehen würde, kündigt sich schon bei dieser Mittwochsrunde an, bei der Furtmüller das letzte Wort hat und Freud noch überbietet, indem er von der Schule sagt, sie sei *nicht nur so wie das Leben; sie ist härter.* Er fügt hinzu: *keiner von uns würde es ruhig ertragen, daß man halbjährig über seine Tätigkeit und Gesamtleistung zu Gericht sitzt* ... Eines der eigentümlichen Kriterien für die Feststellung abbaubedürftiger ›Überforderungen‹ ist damit auf die Formel gebracht: Es ist immer das, was man selber nicht ertragen würde, wenn man es zu tragen hätte.

›UNBEHAGEN‹

Unbehagen‹ sieht sich an wie ein Ausdruck ›spätbürgerlicher‹ Mißgestimmtheit über den Lauf der Welt und der Dinge. Tatsächlich ist es ein Ausdruck des Widerspruchs gegen die menschenfreundliche Annahme, die ganze Erkenntnisbewegung sei in Gang gekommen durch das, was der erste Satz der Metaphysik des Aristoteles bestimmt: die Natur des Menschen sei auf Wissen eingestellt, alle Theorie folglich die Exekution des Naturvorhabens mit dem Menschen. Locke war es, der unter der Vokabel ›*uneasiness*‹ geltend machte, alles spräche dafür, daß der Mensch sich erst auf den Weg der Erkenntnis gemacht habe, als es ihm an diesem und jenem fehlte, er sich zum Eingreifen in die Lässigkeit der Dinge, zur Korrektur der Ungenauigkeit seines Verhältnisses zur Natur und seines Befindens in seinem Leib genötigt gesehen habe. ›Unbehagen‹ ist der Ausdruck für eine nötige begriffliche Unbestimmtheit, die zunächst nur der Antithese dient, Erstaunen über die Herrlichkeit der Welt habe die Theorie entspringen lassen, das Glück der von ihr erfüllten Lebensform sie in Gang gehalten.

Gerade weil ›Unbehagen‹ so impräzise gehalten werden muß, ist es so etwas wie ein Fall von *conceptus naturaliter in fabulis*, ähnlich der *anima naturaliter christiana*. Jeder Singular ist bedenklich – und doch unvermeidlich. Sei also gewagt.

Unsichtbar zu sein gehört zu den ältesten und verbreitetsten intimen Wünschen, die nur durch Magie sollten befriedigt werden können.

Undurchsichtig zu sein ist nur so etwas wie der Kompromiß mit dem Unerreichbaren, eine Schwundstufe des Antagonismus von Wunsch und Wirklichkeit.

Unsichtbarkeit sollte den Täter einer Tat dem Zugriff gänzlich und endgültig entziehen: Er war es nicht gewesen, wenn niemand es hatte sehen können. Undurchsichtigkeit entlastet nicht von der Tat als physischer Kausalität, wohl aber von der Verantwortung für sie: Es ist zwar dieser eine gewesen, aber seine Disposition, seine Motivation, seine Determination sind ihrem Grad und ihrer Herkunft nach unbestimmbar. Im Grenzfall des Zweifels ist daher allen anderen – als den Verursachern der Umstände – jene Tat eher anzulasten als diesem einen. Undurchsichtigkeit kompensiert Sichtbarkeit, nimmt ihr einen Teil der Folgen für ein der Moralität verdächtiges Wesen, indem sie diesem die Gesamtheit der Möglichkeiten verschafft, sich auf die Ausnahme von dem Standard der Moralität zu berufen.

Nur einer kann die Undurchsichtigkeit aufbrechen und ihren Schutz zerstören: derjenige, der ihren Schutz genießt. Im Schlaf zu sprechen gehört zu den Alpträumen von Übeltätern, die ihnen mehr zusetzen als ihre wirklichen Träume. Aber auch das Ansehen, das Aufrichtigkeit und Rückhaltlosigkeit zu verleihen versprechen, verführt zur Leichtfertigkeit im Umgang mit dem Schutz der Opazität. Die literarische Ansehnlichkeit wirklicher oder vermeintlicher Enthüllungen des Autors über sich selbst hat den Eindruck verbreitet, was jenem Ruhm und Ehre eingetragen hatte, müßte jedermann davon wenigstens einen Abglanz verschaffen können. So kommt es zur Selbstentblößung als einem gesellschaftlichen Ritus von unverkennbarem Unterhaltungswert.

Nietzsche erzählt die erfundene, aber konsistente Geschichte eines Menschen, der sich auf diese Weise zu Tode bekennt: *Jemand hatte die üble Angewohnheit, sich über die Motive, aus denen er handelte und die so gut und so schlecht waren wie die Motive aller Menschen, gelegentlich ganz ehrlich auszusprechen.* Der potentielle Verfasser von Konfessionen erregt zuerst Anstoß, dann Verdacht, wird von der Gesellschaft geächtet und schließlich von der Justiz erfaßt, die ihn den unausweichlichen Weg gehen läßt. Womit man heute bei dieser Kurzgeschichte nicht recht zufrieden sein kann, ist die Charakteristik der Deviation, die am Anfang steht. Da hat jemand eine üble Angewohnheit, einen Mangel an Schweigsamkeit, einen unverantwortlichen Hang zu etwas, was ihm zum Verhängnis wird: *zu sehen, was Keiner sehen will – sich selber* . . .

Daß dies mit dem Wortschatz der Moral dargestellt wird – und zwar nicht nur aus dem Aspekt der anderen, die vorgeben, ›Ehrlichkeit‹ zu respektieren und zu honorieren –, ist die philosophische Schwäche dieses Stückchens. Denn, womit der anonyme Held der Geschichte geschlagen ist, ist nicht seine üble Angewohnheit und nicht sein Mangel an Diskretion, sondern eine Undichtigkeit im Schutzschirm seines Undurchsichtigseins: Er ist es nicht für sich selbst. Der Mensch bedarf dieser Abschirmung seiner letzten Blöße nicht nur vor den anderen, auf deren Diskretion er nicht rechnen darf, sondern auch und noch mehr vor sich selbst. Lust zu sagen, was man sieht, ist eine der stärksten Verführungen, obwohl die Erwartung, andere würden so interessant finden, was man selbst interessant zu finden Veranlassung genug hat, in der Überzahl der Fälle gewiß enttäuscht wurde.

Fragt man, wie es zu jenem *unverantwortlichen Hang zu sehen, was keiner sehen will*, kommen kann, stößt man auf das Phänomen der Vergänglichkeit. Das Individuum, das seiner Durchsichtigkeit für sich selbst – solange es an diese glaubt – nicht zu entgehen vermag, erfährt, was es sieht, in einer Einzigkeit, die bei allem anderen, was in der Welt vorkommt, die Kostbarkeit des Singulären besitzt. Es ist unvorstellbar, daß man für sich behält, was der Welt sonst eines kurz bevorstehenden Tages endgültig verloren sein könnte. Man wird sie zur *Memoria* zwingen – durch rückhaltlose Aufrichtigkeit der Darbietung eines Unikats. Daher die Furchtlosigkeit vor dem Ende der Geschichte, wie Nietzsche es lakonisch darstellt: Gefängnis und vorzeitiger Tod.

Als daher das Angebot an die Menschheit erging, die verborgene und in Undurchsichtigkeit verhüllte Geschichte jedes einzelnen zutage zu fördern und nicht nur ihm selbst, sondern einer dafür bestellten Instanz zur Kenntnis zu bringen, war dies das erfolgreichste Angebot, das überhaupt jemals den Menschen gemacht worden ist. Die therapeutische Glücksprämie, die auf den ›Mangel an Schweigsamkeit‹ gesetzt worden war, mochte nur der Köder sein, der die Unvergleichlichkeit der Erfahrung erschloß, sich endlich fast ohne Rücksicht auf die eigene Zeit und noch mehr auf die Zeit eines anderen mit sich selbst beschäftigen zu dürfen. Hier wurde der Geschichtswürdigkeit des Individuums der Historiker seiner *Memoria* beigesellt, der potentiell auch immer bereit war, in uferlosen Fallstudien unter Chiffren diesen Denkwürdigkeiten ihre Art von Publizität zu verschaffen.

Denkt man daran, daß Nietzsche die Kurzgeschichte seines Bekenntnissüchtigen 1876 niedergeschrieben hat – nicht als pathologischen, sondern als exemplarischen Fall –, so verwundert nur noch die Kürze der Zeitspanne, die nötig war, um die erlistete Selbstdurchsichtigkeit des Individuums zu erfinden und zur triumphierenden Ausbreitung zu führen. Der Hang zu sehen, was keiner sehen will, sich selber, mochte unverantwortlich erschienen sein, solange er keinen Beitrag zu leisten vermochte gegen die schleichendsten Übel des Menschen: die Formenvielfalt seines Unbehagens an sich und der Welt – arrivierte aber zur höchsten Verantwortlichkeit, sobald eine Heilsprämie von unendlicher Unbestimmtheit auf den Bruch des Siegels gesetzt worden war.

Ist es nicht erstaunlich, daß ein Arthur Schnitzler auf die bloße Lektüre der »Traumdeutung« durch eine gesteigerte Traumtätigkeit reagiert?

Für einen Einakter-Zyklus »Komödianten« hat Alfred Polgar 1908 des Schauspielers und Napoleon-Lieblingshelden Talma Tod zur tragikomischen Verwechslung von Theater und Leben ›in Szene gesetzt‹. »Talmas Ende« ist so ein doppeltes: das dem Doktor Laplace im üppigen Empire-Schlafzimmer vorgespielte *und* das vom scheinverwirrten Arzt schließlich fachkundig, doch ungläubig und *mit scherzhaft drohendem Zeigefinger* festgestellte: »Talma, Talma ... Sie übertreiben! – Tot!« Dieses allerletzte wirklich geschehen im Herbst 1826 in Paris.

Am Anfang entlockt der auf den Tod Liegende seinem Arzt das Geständnis der Enttäuschung, vor der Realität nicht vergleichbar ›ergriffen‹ zu sein wie damals, als er den Tragöden einen seiner vielen Tode auf der Bühne hatte spielen sehen. Dieses verschämte Eingeständnis belebt den Sterbenden als unüberbietbare Rühmung seiner Kunst. Noch einmal ›Feuer im Auge‹, gerät es ihm zur Enthüllung eines Berufsgeheimnisses: »Nur gespielt?! Doktor, ich hänge am Leben. Aber ich sage Ihnen, es ist leichter, wirklich zu sterben, als den Tod gut zu spielen ...« Das Zeugnis gab ihm sein Publikum: »Ha, wie sie schluchzten.« Und nun wird es ihm ein einziger professioneller Zuschauer, der Doktor Laplace, noch einmal geben, indem sich ihm Schein und Realität ineinanderschieben.

Theater auf dem Theater ist so oft gespielt worden, wie Künstler sich zum Thema ihrer Kunst gemacht haben. Doch ist immer ein Moment der Anschauung dabei, noch in der Fiktion das Ingrediens des Erlebten. Für den Tod hat dies keiner. Der Schauspieler nicht – aber auch nicht sein Publikum. Sie schluchzen, weil sie ihm *glauben*, daß so wohl gestorben werde. Doch da er es nicht erlebt hat, verläßt er sich auf die Todesrhetorik.

Die Unerlebbarkeit des Todes, in der diese Rhetorik ihren konstitutiv unüberschreitbaren Grund hat, ist keine Spitzfindigkeit der Sprachanleitung: Man muß noch leben, um erleben zu können, und ›bewußt‹ gestorben – wie immer wieder ein Neugieriger sich seinen Tod wünscht – werden nur Vortode. Der Suggestiverfolg des Schauspielers Talma bringt das aufs Präparat: Die Evidenz, die er erzeugt, besteht darin, daß er *nicht mehr* spielt. Das Publikum beschluchzte den Entseelten, dessen Passion es bis dahin starr vor Entsetzen gefolgt war, darin vergessend, daß es noch Aktion sein mußte, um erstarren zu lassen. Der Akteur muß sich immer auf dem Niveau der Rezeptionsfähigkeit seiner Zuschauer halten. Deshalb sagt der Doktor Laplace an Talmas Ende ganz zu Recht: »Sie übertreiben!« Und Polgar weist den Darsteller des Arztes an, das Wort ›Tot‹ *nicht hörbar* zu sprechen, es müsse ***mimisch vollkommen deutlich ausgedrückt werden.***

Und ist nicht selbstverständlich, daß in diesem einen Fall der Schauspieler nicht vor den gefallenen Vorhang treten darf?

›URBANITÄT‹

In Florenz gab es um 1590 deshalb keine herrschende Mode der männlichen Kleidung mehr, weil jeder sich auf besondere Weise zu tragen suchte.

Jacob Burckhardt, Die Kultur der Renaissance

Urbanität ist eine Form der Gesittung, die gar nicht *natürlich* sein oder werden kann, weil das Städtische und das Natürliche einander ausschließen. Über die Qualität ist damit nichts gesagt, obwohl viele mit der Bibel geneigt sind, in der Stadt die Wurzel allen Übels zu sehen – oder auch: die Stadt aus der Wurzel aller Übel, der Seßhaftigkeit von kainitischer Art, hervorgehen zu lassen. Der Brudermord steht am Anfang der Vorgeschichte der Stadt – aber wohl doch auch der Vatermord am Anfang der Vorgeschichte horden- und nomadenhafter Naturtriebhaftigkeit?

So blutig ernst muß man es nicht nehmen. Natürlichkeit ist eine Unform der Gesittung; sie kann tölpelhaft, grob, gefühllos, geschmacklos sein. Aber die Stadt macht es schwerer, einander unter Formlosigkeit zu ertragen. Der weite Raum des Nomaden fehlt dem, der keine Distanz zum Nachbarn und Passanten haben kann und dem Bedürfnislosigkeit so sehr fehlt, daß er für jedes seiner Bedürfnisse einen Zuständigen braucht. Angebot von Kompetenz zu suchen macht die Unruhe in der Stadt, ihre Überfüllung durch Bewegung zu ihr hin aus. Ohne ein Minimum von Ritualen des Ausweichens läuft jeder auf jeden auf, kommt keiner dorthin, wohin er will. Am Ende steht das überperfekte Verkehrsreglement, das auf seine Selbstaufhebung tendiert. In den fünfziger Jahren verblüffte mich ein Düsseldorfer Taxifahrer mit dem Satz: »Wenn ich die Vorfahrt immer beachten wollte, müßte ich verhungern, und Sie bekämen Ihren Zug nicht!«

Der kompakte und kanalisierte Lebensstrom in der Stadt bewirkt, daß sich jede Veränderung in ihr ausbreitet, als sei sie ansteckend. Daher ist sie, in Ermangelung der Natürlichkeit, von der sie sich seit Jahrtausenden abgeschnitten hat, die Werkstatt und das Medium einer Künstlichkeit, die nach dem Prinzip des unzureichenden Grundes nicht stabil sein kann, folglich einer Veränderungsregel unterliegt, die vorgibt, die Unausweichlichkeit des Natürlichen zu haben: Es ist die Mode.

Sie ist die Unselbstverständlichkeit *als* Phänomen. Nicht nur ertragen, vielmehr *getragen* als ›das Tragbare‹, zur Schau gestellt, um sich durchzusetzen: eine *Surrogatlebenswelt*, doch ebendarin unverächtlich. Tracht und Kluft sollen Konstanten sein, sind aber längst Gegenmoden gegen das Städtische, Ausdruck von Selbstbehauptung derer, die nicht mehr ›mitzukommen‹ stolz sein wollen. Daher gibt es die Rückspiegelung in die Stadt hinein.

Die Stadt ersetzt die Kollision durch die Kontagiosität, die Übertragung ohne Inkubationszeiten. Wer mit der Mode geht, muß es schnell tun, sonst hat er immer nur das an sich, was man *nicht mehr* trägt und tut. Weil die Zulieferer des kurzlebigen Geschmacks nicht mithalten können, mußten sie seit je diesem zuvorzukommen suchen: durch das Angebot den Geschmack dirigieren. Das gilt gleichermaßen fürs Materielle wie fürs Immaterielle. Sogar der Zeitgeist lebt vom Angebot, sonst gäbe es für ihn keine nachkommende Nachfrage. Er stimmt auf die Gesittungen ein, verwirft das Förmliche, um eine Form zu oktroyieren, der es gar nicht anzusehen ist, daß sie Form sein könnte.

Die Mode ist nicht primär ein Druck *des* Angebots, sondern *auf* das Angebot, das sich mäßig differenzieren muß, aber eben nicht beliebig partikularisieren darf. Das ist wohltätig für die, die es nicht ertragen würden, ›aus der Mode‹ zu sein, aber auch der Rahmen für die, die sich ihre Rolle als Außenseiter und Einzelgänger verschaffen wollen. Wenn auf einmal, wie geschehen, *alle* Außenseiter simulieren, kehrt die Mode triumphal zurück und zeigt ihnen, wie man es macht. Die Kompetenz derer, die da hinzutun oder weglassen, zuknöpfen oder aufknöpfen, anheben oder hängenlassen, ist in ihrer Reaktionsfähigkeit unvergleichlich. Sie unterschreitet ständig die normalen Wendezeiten der

Saisons: vorgezogene Ausverkäufe für die späten Aufspringer, Vorgriffe auf den (kaum mehr zu witternden) Trend für die sich als Trendsetter Absichernden, die etwas vom Risiko des Spiels mit der Akzeptanz noch spüren möchten.

Eine der artigsten Schilderungen der kontagiösen Ausbreitung und ihrer möglichen Funktion hat Lichtenberg aus London gegeben. Er beschreibt die aufregende Harmlosigkeit, die sich in nur acht Tagen als Bestückung und Besteckung der Weiberhüte mit farbigen Straußenfedern ausbreitet wie eine Epidemie – und er erfaßt sofort, worin die Leistungsfähigkeit dieses Requisits besteht. Es hat, wie so vieles in dieser vermeintlich chaotischen Auflaufwelt, Signalfunktion; es ist etwas, was man – mit einer erst viel später möglichen Metapher – einen ›Verstärker‹ nennen könnte. Jede Vibration der Trägerin steigt herauf und zeigt sich weithin im dafür wie geschaffenen Material: Die leiseste Emotion, von der kleinen Erregung bis zum beschleunigten Herzschlag, stellt sich dar am Überbau des Hutes, der selber schon ein Überbau ist. Ein unvergleichliches Instrument, um Erscheinung zu inszenieren, ohne den Raumbedarf im Straßengewühl zu steigern.

Immer geht es um die der Urbanität konstitutive Zweideutigkeit dessen, was zugleich versteckt und gezeigt werden soll und darf, wobei das eine Bedürfnis das andere induziert. Jeder glaubt, das Ende schon zu kennen, und erfährt ein paar Monate später, daß er ›keine Ahnung‹ gehabt hatte. Die Stadt beschränkt und provoziert. Ihre Verdichtungsgrade bestimmen, was nicht mehr möglich ist. In meiner Jugend schien sich der Kampf gegen das Rudimentär-Natürliche auf eine zur ›Unsitte‹ erklärte Körperäußerung zu konzentrieren: das öffentliche Spucken. Es erschien als etwas schlechthin Unvermeidliches und sollte doch ›abgeschafft‹ werden: zuerst eingegrenzt auf die überall in den Ecken öffentlicher Gebäude herumstehenden Spucknäpfe, dann für die dem Analphabetismus bildnerisch Entrissenen durch Emailleschilder *Nicht spucken!*, in den Eisenbahnen sogar in Sprachen: *Non sputare nella carozza!* Unsere Briefträger zeigten ihre Gesittung, indem sie einmal ausspuckten, bevor sie dreimal am Tag das Haus betraten – meisterhaft gezielt über die großen Bauchtaschen hinweg, in denen die Post unversehrt blieb. Urban – für damals eine Welt, in der nicht mehr gespuckt werden würde. Undenkbar für die Bewunderer der Briefboten.

»Seelöwe« war der Deckname für die Vorbereitungen, die nach der Niederschlagung Frankreichs im Frühsommer 1940 zur anschließenden Invasion der britischen Insel getroffen wurden. Wie sich versteht, war an den Planungen auch das Reichssicherheitshauptamt mit dem Auftrag beteiligt, eine »Sonderfahndungsliste Großbritannien« aufzustellen, in der die Namen aller Personen enthalten sein sollten, die nach gelungener Okkupation zu verhaften wären. Als die Operation »Seelöwe« im Herbst 1940 zunächst verschoben und dann abgeblasen wurde, war die Fahndungsliste bereits in 20 000 Exemplaren gedruckt.
Unter den Namen war der von Sigmund Freud.
Darüber wird sich nur wundern, wer auf die Jahreszahl achtet. Freud war zum Zeitpunkt der beginnenden Planung von »Seelöwe« bereits vor mehr als einem Jahr in seinem Londoner Exil gestorben.
Es wirft kein gutes Licht auf die Emsigkeit der zentralen deutschen Instanz für gefährliche Subjekte und Umtriebe aller Art, daß man zur schlichten Streichung einer so prominenten Person im Zentralregister nicht fähig gewesen war. Immerhin war die Nachricht von Freuds Tod durch die gesamte Weltpresse gegangen. Die deutsche Presse allerdings hatte davon keine Notiz genommen. Durfte aber in einer Behörde, die den alsbaldigen Übertritt vom Großreich zum Weltreich abzusichern hatte, nur die deutsche Presse gelesen und verarbeitet werden? Ausgeschlossen ist nicht, daß auch der stramme Sicherheitsdiener seine Reputation vor allem auf diese Lektüre gründete.
Versetzt man sich nun auf den Standpunkt jenes gedachten historischen Dämons, der die Ereignisse der Weltgeschichte von einer höheren Warte beobachtet und zu unwiderlegbaren Bewertungen kommt, so ist nicht ausgeschlossen, daß sein endgültiges Urteil lautet: Hitler verlor die Motivation zum Unternehmen »Seelöwe«, als er zu seiner Enttäuschung oder gar Wut erfuhr, daß seinen Greiftrupps mit der Sonderfahndungsliste in der

Hand Sigmund Freud für immer entgangen war. Irgendeiner der zwanzigtausend Empfänger, die die Liste ins wasserdichte Gepäck zu nehmen hatten, wäre auf den Namen gestoßen und hätte gewußt, daß man ins Leere greifen und damit vor dem nordischen Weltgericht die ganze Operation zur Sinnlosigkeit verurteilt finden würde.

Ein Mythos? Gewiß, denn kein Aktenfund wird jemals jene dem Führer erstattete Meldung belegen können.

Das Vergleichsverbot für Hitler ist eine späte Errungenschaft. Seine fast ängstliche Befolgung – eine Abart von Berührungsangst – enthält positiv die magische Zusicherung, es sei das Singulär-Übermäßige vor Zeiten geschehen, und daher sei alles darunter liegende ›Mäßige‹ das, womit man es aufnehmen könne. Das ist die gar nicht geringzuschätzende apotropäische Seite des Vergleichsausschlusses.

Er hat noch eine andere: Die Auswahl der Kandidaten des Vergleichs, hat man diesen einmal zugelassen, ist ungewiß. So wurde der Vergleich, den Hitler selbst fürchtete wie der Teufel das Weihwasser, ein Tribut an die Zurückhaltung, die man einer neuen und endlich gesicherten politischen Freundschaft schuldete. Man denke nicht, ich steuerte jetzt aufs allererst Lockende, doch auch *nur* Lockende zu. Wirklich gefürchtet hat Hitler den Vergleich mit Napoleon. Als er wie dieser in den russischen Winter geraten war, löste die als Anblick von Trophäen gemeinte Besichtigung napoleonischer Legionsadler, die deutsche Truppen aus der Beresina geborgen hatten, eine panische Fluchtreaktion des ›Führers‹ aus, bevor die Initiatoren der Schau noch begriffen, was sie angerichtet hatten. Ohne es zu wissen, war Hitler durch die brüske Abwendung im Berliner Zeughaus einem der bestvorbereiteten Anschläge auf ihn entgangen. Hitler bedurfte nicht, um sich den Unannehmlichkeiten der Verantwortung zu entziehen, wie Napoleon der Verkleidung zum Sekretär eines seiner höchstdekorierten Generäle. Es war leichter geworden, der Sichtbarkeit zu entgehen: subtilere Fluchten wurden ergriffen.

Der Vergleich mit Napoleon hatte eine ins Jahr 1937 zurückreichende Vorgeschichte. Als Napoleon sein Heer im russischen Untergang verließ, um in Paris ›Wichtigeres‹ zu verrichten, verlarvte er sich als Sekretär des in den Herzogsstand erhobenen Generals Caulaincourt. Dessen geheim geführte Notizen über die Flucht wurden zufällig in den Trümmern seines von deutschen Truppen im Ersten Weltkrieg zerstörten Schlosses aufgefunden und erschienen 1937 ohne Zensurbedenken in deutscher Übersetzung »Unter vier Augen mit Napoleon«. Das Buch fand eine Resonanz, für die es zu diesem Zeitpunkt keine rationale Erklärung gab; als es sie gab, war es so verbreitet, daß seine Wirkung nicht zu verhindern war. Nach dem deutschen Winter vor Moskau und Leningrad wußte man, was es ein Jahrfünft zuvor hätte ›bedeuten‹ können. Es wurde ein Buch des Tages mit Verzögerung. Als es die Zensur passiert hatte, dachte keiner daran, daß es zum Lektüresignal von Einverständigen werden könnte, man sich mit seiner Kenntnis ›zu erkennen gab‹.

Das Andenken Napoleons ist in eigentümlicher Weise tabuisiert gewesen. Sein Ausspruch: *Ein Mann wie ich schert sich den Teufel um den Tod einer Million Menschen* – dieser Zynismus fiel noch auf den Boden eines Jahrhunderts, dem das ›Genie‹ als Einforderer äußerster Tribute legitimiert erschien. Napoleon hinterließ zudem nicht nur das Heer der Toten seiner ›Großen Armee‹, sondern das noch größere Heer der Veteranen und Invaliden, die unter seinem Namen die Unvergeblichkeit ihrer Einbußen verbürgt sahen, obwohl *dieser* Feldherr zweimal seine Heere schimpflich flüchtend im Stich gelassen hatte. Als 1946 in Amsterdam und Brüssel das schonungslose Buch des niederländischen Historikers Jacques Presser erschien, wurde es *nicht* Gesprächsstoff, und die deutsche Übersetzung 30 Jahre später sollte *nicht* in eine neue Freundschaft passen, deren *Wahrheiten* damals noch nur auf der einen Seite auszuheben waren. Nahm einer den Rodion Raskolnikoff Dostojewskis anders als ›literarisch‹ ernst, sich unter Berufung auf Napoleons ›Recht‹ zum Töten die alte Wucherin als eine Laus zu entwerten, die von dem zerdrückt werden durfte, der mit ihrem Geld das ausgleichend Große anfangen zu können sich vermaß? Die Mordlegitimation des Genies, der Vergleich mit dem Ungeziefer – nur die Bazillen waren noch kein Sprachmittel, wie hernach für Hitlers reelle *und* metaphorische Infektionsbesessenheit –, das alles gehört ins Repertoire des Mordes unter ›höherem Gesichtspunkt‹. Aber hatte Napoleon denn gemordet? Er hatte es darauf ankommen lassen. In einer ›großen Geschichte‹, die es sich leisten wollte, ›groß‹ zu bleiben, kam es darauf dann sowenig an wie auf die Hekatomben der Großen Revolution.

Was kann man für die Vernunft noch tun, da es doch scheint, daß man sie schon gebrauchen muß, um etwas für sie tun zu können?

Man kann an sie appellieren, indem man voraussetzt, daß einer sie hat, aber in ihrem Gebrauch gehindert ist. Als Plato die große Antithese von Rhetorik und Philosophie für deren Geschichte erfand, kam er ganz zwangsläufig auf die Metapher der Gefesselten, die niemals ›auf die Idee‹ gekommen wären, die Schatten seien nicht das Seiende, hätte nicht eine anonyme Macht ihre Fesseln gelöst und mit Gewalt und gegen Widerstand dafür gesorgt, daß sie des Seienden dennoch ansichtig wurden. Man hat zu wenig bemerkt, daß erst Kant mit seinem Begriff von der ›selbstverschuldeten Unmündigkeit‹ die platonischen Voraussetzungen für das Obwalten der Vernunft verabschiedet hat. Er mußte das, wenn er die Vernunft selbst für ihre wesentlichen Irrtümer durch ihre dialektische Rastlosigkeit verantwortlich machen wollte; er konnte es, weil er dieselbe Vernunft zur Instanz der Kritik über das Unmaß ihres Gebrauchs erhob.

Damit aber ist ein Dualismus in den Begriff der Vernunft hineingetragen, der den epochalen Ansatz der Kritik *an* der Vernunft *durch* die Vernunft geschichtlich unbegreiflich macht. Eine Münchhausiade mußte sich ereignen. Denn es liegt im Begriff der Vernunft, letzte Instanz zu sein – wenn sie es nicht wäre, müßte es einen anderen Namen für anderes geben, was zum Gericht über die Vernunft und zum Urteilsspruch gegen sie befugt wäre. Letzte Instanz zu sein bedeutet, daß von ihr Gebrauch macht, wer sie hat. Es gibt nichts, was gegen sie bestehen könnte, weil, was gegen sie bestände, seinerseits die Vernunft sein müßte. Anders gesagt: Gäbe es etwas, was sie zu überwinden imstande wäre, so wäre sie auch zu ohnmächtig, um irgendeinen Appell an sie zu verlohnen.

Aber wer sollte es überhaupt sein, der an sie appelliert? Dies zu tun kann nur selbst als ein Akt der Vernünftigkeit begriffen werden. Offenbar ist dieser Ausdruck besonders geeignet für Iterationen, für einen sich im Hintergrund der Unbenennbarkeit verlierenden Instanzengang, bei dem nur zu leicht vorgegaukelt werden kann, die jeweilige Kontrolle des Denkens sei nochmals einer Kontrolle ebenso bedürftig wie fähig.

Alle Unterscheidungen vom Typus der Differenz Verstand und Vernunft, die jemals in der Geschichte der Philosophie gemacht worden waren – und es sind zahlreiche –, beruhen auf dieser Schwierigkeit eines Instanzenzuges der intellektuellen Aufsichten und der an ihnen jeweils ablesbaren Theorien über das ihnen Unterstellte. Die Begriffe von der Reflexivität des Subjekts – bis hin zur absoluten Subjektivität als der dadurch definierten Instanz, daß es für sie keine Rezeptivität mehr geben kann und ihr nichts anderes als reine Spontaneität kraft vorgegebener Disjunktion übrigbleibt – wiederholen nur ältere Hierarchien.

Nun sollte man denken, derartiges gehöre in die engste Wahl einer Geschichte des abstrakten Denkens. Aber der Gebrauch, der sich von solchen Überschiebungen der Vernunft durch die Vernunft fast alltäglich machen läßt, verleitet zu einer so plausiblen Rhetorik, daß es schon töricht wäre, von ihr gegebenenfalls keinen Gebrauch zu machen.

Vielleicht wächst die Neigung, sich an Selbstüberbietungen der Vernunft zu versuchen, mit der Entfernung vom Zentrum ihrer Erfindung. Man glaubt, nicht zufällig zu erfahren, daß ein Satz wie der folgende Anfang September 1982 in Peking ausgesprochen worden ist: *Wir müssen versuchen, den Vereinigten Staaten unser Vernunftverständnis nahezubringen.* So gesprochen vom Experten einer deutschen Partei, damals gerade noch einer regierenden, vor der chinesischen Gesellschaft für internationale Verständigung zur Bekräftigung der Doppelthese, von den beiden Supermächten seien derzeit die Vereinigten Staaten die gefährlichere; dennoch bleibe es für die Bundesrepublik klar, sie als ihren wichtigsten Verbündeten anzusehen und zu behandeln.

Hier kommt es nur auf die Neuprägung ›Vernunftverständnis‹ an. Man kann sein eigenes haben und es einem, der es nicht hat, weil er offenkundig ein anderes hat, nahebringen. Mit welchem Organ die beiden Vernunftverständnisse sich miteinander verständigen und gar einander verstehen sollen, wie das eine erwarten darf, von dem anderen nicht ganz und gar als unvernünftig qualifiziert zu werden, das bleibt dunkel. Kein anderes Mittel könnte dies schließlich leisten als *eine* Vernunft selbst, auf die sich beide müßten berufen können, um entweder zu behalten, was man hat, oder zu übernehmen, was man einsieht. Eine Rhetorik, die die Einheit der Vernunft preisgibt, gerät in die Gefahr, rhetorische Erwiderungen auf der anderen Seite hervorzurufen, auf die alles andere als Verlaß sein kann.

›Vernunftverständnis‹ ist nicht nur das kentaurische Doppelwesen, das aus der alten Dualität von Verstand und Vernunft – als den Vermögen zur Bildung der Begriffe wie zum Vollzug der Schlüsse – entstanden wäre; es hat noch einen Einschlag aus einer ganz anderen Richtung, die einmal bei der Unterscheidung von ›Begreifen‹ und ›Verstehen‹ angesetzt und mit diesen beiden Ausdrücken sowohl Gegnerschaft wie Zuordnungen von Natur- und Geisteswissenschaften festzuschreiben gesucht hatte. Aus dem einen Flügel dieser für den Wissenschaftsbegriff schicksalhaften Tradition stammt, was heute wieder Hermeneutik genannt und als Theorie des Verstehens betrieben wird.

Spricht einer vom ›Vernunftverständnis‹, so betreibt er es ein bißchen mit, indem er unterstellt, zur Vernunft gebe es nicht nur das Verhältnis der intellektuellen Identifikation mit der letzten Instanz, sondern auch noch das der Aspektbedingtheiten: der sich in Verständnisse umsetzenden Verhältnisse. Da wäre also allemal zuvor ein Verständnis dessen da, was Vernunft ist, ehe man sich dieser unterwirft.

Die Unterwerfung wird dadurch eine bedingte: Erst verstehen wir, dann begreifen wir. Entzweit uns das Verstehen, kann uns das Begreifen nicht wieder zusammenbringen. Daher ist der Ausdruck ›nahebringen‹ so verräterisch: Das gibt es, wo die Vernunft im Spiele ist, nicht.

Das weiße Blatt Papier als Herausforderung dessen, der noch im Verdacht steht, aus dem Nichts eine Welt machen zu können.
Das weiße Blatt Papier als die ästhetische Nachfolge der mystischen Negation: Es steht nichts da, weil es unmöglich wäre, alles zu sagen –, und weniger als alles zu sagen zu wenig wäre.
Aber wie unterscheiden sich diese weißen Blätter von denen, die bloßes Versagen, bloße Indolenz, bloße Resignation beurkunden?
Als Rilke Ende Oktober 1920 zum erstenmal nach dem Krieg wieder in Paris ist – der Stadt Rodins mit der Topographie des Malte Laurids Brigge –, kauft er, wie es sich für einen Schriftsteller gehört, ein Notizheft.
Das Heft ist erhalten. Es steht darin nur am Anfang der ersten Seite: *Ici commence l'indicible.*
Wenn das hinterher ins Heft geschrieben wäre, um dessen Leere aussagekräftig zu machen, ließe es sich nur als plumpe Mystifikation verstehen. Und für wen? Eine Apostrophe Mallarmés?
Andererseits: Kann man so beginnen, wenn man überhaupt etwas ernstlich vorhat? Das Unsagbare für sagbar zu halten, dem Erlebnis diesen Sprung zuzutrauen kann bei Rilke als Ausdruck eines euphorischen Augenblicks genommen werden – eines Augenblicks, wie er in dem nie aufgegebenen Warten auf die Vollendung der vor dem Krieg in Duino abgebrochenen Elegien möglich blieb. Dieses Unsagbare stand ohnehin bevor.

Eine Marmorbüste des römischen Kaisers Titus hat etwas Zwingendes, eine Evidenz; und da es der Typus der Porträtplastik ist, müßte man dies als ihre ›Ähnlichkeit‹ bezeichnen.

Paul Valéry hat dieses Beispiel gewählt, um ein anderes zu verspotten. Er habe mit Marcel Schwob vor dem »Descartes« von Frans Hals im Louvre heftig gestritten. Schwob habe ihn ›ähnlich‹ (*ressemblant*) gefunden – *A qui? lui disait-je.* Die Wahl des Prädikats war leichtsinnig, wenn man es mit einem ›Sokratiker‹ zu tun hatte, dem Autor des »Eupalinos«. Aber *warum* sollte es unzulässig sein, so zu prädizieren, da doch nicht einmal die Anwesenheit des Porträtierten dem Streit ein Ende gemacht hätte, wie viele Erfahrungen lehren?

Valéry schlägt vor, dieses eigentümlich Zwingende in einer anderen Übereinstimmung zu suchen, die er an der Titusbüste findet: *cette coincidence entre mon idée de Titus et ce marbre ...* Mit welchem Recht tritt die eigene Vorstellung *des* Titus an die Stelle der historischen Figur? Nach seinen eigenen Maßstäben hat Valéry in seiner Kurzformel für das Recht, von *Vérité* zu reden, einen winzigen Fehler gemacht, den er anderswo geradezu umständlich vermieden hatte. Er liegt in der unausdrücklichen Unbestimmtheit des Genitivs, die er im ersten der drei Leonardo-Essays schon ausgeschaltet hatte: Sein Thema sei *un Leonard*, und dazu noch *le possible d'un Leonard.* Das wenige, was wir vom wirklichen Leonardo wissen, dient ganz der Konstitution seiner Möglichkeit, und in ihr besteht alle *Vérité*, die von ihm zu haben ist.

Das könnte der *ganze* Valéry sein. Wenn ein Rest bleibt, liegt es an dem Umstand, daß die Hauptvokabel der Überschrift im Text gar nicht vorkommt. Er hatte darübergeschrieben: *»Vraisemblance et ressemblance«.* Weshalb verwendet er die für diese Anekdote so entscheidende ›Wahrscheinlichkeit‹ nicht?

Wenn nicht alles täuscht, hat Valéry den Titel nachträglich über die Notiz gesetzt. Dann hätte er das Auftrumpfen mit *Vérité* zurückgenommen. Nicht nur um die logische Differenz von ›Wahrheit‹ und ›Wahrscheinlichkeit‹, vielmehr um die von Begriff und Metapher. Denn daß die im 16. Jahrhundert skulptierte Büste des Titus nach irgendeinem Begriff von Wahrscheinlichkeit dem Kaiser so nahekomme, um sagen zu dürfen: *Titus est d'une exacte ressemblance*, ist sowenig berechtigt wie das Prädikat der ›Wahrheit‹. Schon die jene Feststellung einleitende Formel läßt nichts anderes zu: *›Quelque chose me dit‹ que ce buste de . . . Titus est d'une exacte ressemblance.* Und was für eine Instanz wäre es, dieses Irgendetwas, was da etwas sagt?

Hier ist die Exklusion des Begriffs die genaueste Anweisung, ›Wahrscheinlichkeit‹ nicht als den (deutschen) Schein der Wahrheit, indifferent zwischen Trug und Wahrheit, zu nehmen, sondern als das ›der Wahrheit Ähnliche‹ (*vraisemblance*), das es mit der Realität wie mit der Idealität sein kann. Die Metapher ist beim Wort genommen – nur eben als ein Zuwenig ungenutzt geblieben.

Mit den Erdbeben ist es nicht so einfach wie mit den Kometen. Man muß nur rechtzeitig geboren sein und alt genug werden, um das »Zwei Mal Halley« auf den Titel eines der vorletzten Werke setzen zu dürfen. In Kindheit und Alter je mit einem der großen Erdbeben zu tun zu bekommen, das hat mit der Irregularität tellurischer Launen mehr als mit kosmischer Gesetzmäßigkeit zu tun. Die ›Aufklärung‹ scheint bei der Domestizierung der Erdbeben keine Chance zu haben. Nicht einmal mit der Nahprognose. Aber Goethe – Günstling der Götter wie der mit dem nach ihm benannten höchsten deutschen Preis ausgezeichnete Ernst Jünger – hat mit je eigener Sensibilität das den Optimismus des Vernunftjahrhunderts zerstörende Erdbeben von Lissabon *wie* den vernichtenden Erdstoß von Messina ›erlebt‹. Von den vielen Lebenspunkten, auf die hin Beziehungen zu finden den Reichtum des Goethebesitzes für so manchen ausgemacht hat, ist Goethes Erdbebentelepathie für einen, für Hugo von Hofmannsthal, ein ihn erstaunendes *sympathein* – geradezu ein doppeltes – geworden.

Von dem altklugen sechsjährigen Johann Wolfgang wissen wir, wie er mit dem Großvater die Predigttheodizee des Sonntagspfarrers weiter ›verarbeitet‹. Bettina von Arnim hat es aus dem Munde der Mutter Goethes, daß das ›Weltereignis‹ von Lissabon in dem kleinen Kopf *fürs erste der Märchenwelt Abbruch* tat, wie in anderen Köpfen der Zustimmung zur besten aller möglichen Welten. Im Nachhall der Verwunderung, mit der Mütter die Klugheitsschritte ihrer Kinder registrieren, nimmt Bettina das Fazit der Frau Rath zu Gedächtnisprotokoll: *Dies alles beschäftigte den Wolfgang tiefer, als einer ahnen konnte, und er machte am Ende eine Auslegung davon, die alle an Weisheit übertraf.* Und es soll auch die Mutter gewesen sein, die jene frühe Erregung des Gemüts verantwortlich machte für den rebellischen »Prometheus« – den lange verschollenen, erst 1785 zutage gekommenen Aufstand des mythischen Urmusters: *ein Gott gegen einen Gott.* Das ist eine biographische Konstruktion zur Entlastung von Blasphemie, die Goethe schon deshalb kaum akzeptierte, weil er die Prometheus-Ode längst vergessen hatte, als sie von Jacobi zum Reizmittel gegen Lessing ›mißbraucht‹ wurde. Aber die Schilderung der Lissabon-Erregung in »Dichtung und Wahrheit« konnte nur aus derselben Quelle kommen, von der Bettina getrunken hatte. Doch übernahm Goethe nicht die Attitüde des *Am Ende mag alles noch viel einfacher sein*, die Bettina dem Bericht der Mutter abgehört haben wollte, dieses *Gott wird wohl wissen, daß der unsterblichen Seele durch böses Schicksal kein Schaden geschehen kann.* Nur die aus der Erde hervorsteigende *Schar von Teufeln*, die allen *bösen Unfug* trieben, hat Goethe reduziert auf das Wüten einer Schar freigesetzter Verbrecher, die sich das Unheil zunutze machten. Und mit den Dämonen war auch der ›einfache‹ Philosophentrost dahin: nicht mehr die *Unsterblichkeit* bot der Naturgewalt Einhalt, sondern die *Plötzlichkeit*, mit der sie das Bewußtsein der Unglücklichen auslöschte. Aus der metaphysischen Altklugheit des Knaben war Altersweisheit des Mannes von der Art des horazischen *impavidus* geworden, der sich die mütterlich-fromme Geschichte nicht einfach zuziehen wollte: Wo die Natur am gewalttätigsten war – wenn sie es wider den Sinn des Neptunisten denn sein mußte, gegen eine *in Frieden und Ruhe schon eingewohnte Welt* –, war unter ihrer *schrankenlosen Willkühr* noch der glücklichste zu nennen, *dem keine Empfindung, keine Besinnung über das Unglück mehr gestattet* blieb. Daß es ein *Weltereigniß* der Verunsicherung war, das sich nahebei im Taunus mit dem Versiegen der Heilquellen angekündigt hatte, ließ die Toten als die vom Unheil der Gemütserschütterung Verschonten erscheinen. Goethe griff an diesem Anfang seiner Selbstdarstellung zum hintergründigsten Wort seiner Sprache, auf das er im letzten Teil – postum erschienen 1833 – zurückkommen sollte: *das Dämonische.* Damals zuerst – geschrieben 1811 – hatte es seine Macht gegen die vermeinte Vatergüte ausgespielt: *Ja vielleicht hat der Dämon des Schreckens zu keiner Zeit so schnell und so mächtig seine Schauer über die Erde verbreitet.* Und der Gott der Kindheit, *der Schöpfer und Erhalter Himmels und der Erden*,

hatte sich *keineswegs väterlich bewiesen.* Von der hinter den Erscheinungen stehenden Rücksicht auf die Unsterblichkeit seiner Geschöpfe war nicht mehr die Rede.
Das Miterleben des räumlich fernen, doch durch den ›Dämon‹ zu Nähe und Tiefe gebrachten Desasters von Lissabon ist die *Urstiftung* jenes Komplexes von Empfindsamkeiten, der sich in Goethes Ergreifung der Option *Neptunismus* gegen *Vulkanismus* lebenslänglich bereithält. Hofmannsthal, in der bereits berührten Notiz vom 9. Juli 1922, knüpft an einen Bericht Eckermanns vom 13. November 1823 an, der den Leser wiederum vor das Hemmnis der umwegigen Vermittlung der Messina-Episode stellt, woran Hofmannsthals Selbstbezugsstiftung keinen Anstoß nimmt.
Es ist ein Tagesabschnitt der »Gespräche«, in dem Goethe gar nicht das Wort bekommt, auch der Dritte, der es über Jahrzehnte der Erinnerung hinweg ihm gibt, nicht von Goethe als zuverlässiger Zeuge legitimiert wird. Es müßte verwundern, wüßte man nicht, wie unwillig der Greis dieses letzten Lebensjahrzehnts gewesen wäre, einer so ›romantisch‹ getönten Indiskretion aus der Kammerdienerperspektive ihre Geltung zu bestätigen. Eckermann mag es versucht und eine Abfuhr bekommen haben. Goethe wollte der Hellsinnige nicht gewesen sein, als den ihn diese Ausplauderei sehen lassen mußte. So quittierte er erst am 21. Dezember 1823, was ihm nur durch Eckermann zugetragen sein konnte, mit dem distanzierenden Stichwort ›Tradition‹: *Sutors Tradition einer Himmelserscheinung.* Daß jenes ›Erlebnis‹ Goethe peinlich geworden war, wird sogar aus dem von Eckermann aufgenommenen Bericht jenes Sutor verständlich, denn es fällt ein Schmähwort tiefer Vergangenheit: *Umtriebe* im ersten Weimarer Jahrzehnt. Als Goethe damals seine Wahrnehmung bei Hofe arglos mitgeteilt hatte, sei eine Hofdame der Nachbarin ins Ohr flüsternd laut geworden: »Höre! Goethe schwärmt!« Das war es, wovon er nichts mehr wissen wollte und weshalb es ihm zuwider war, daß er recht behalten hatte: Der Himmel hatte ihm das ferne Beben der Erde verraten. Und so etwas gehörte sich längst nicht mehr.

Eckermann erfährt die Geschichte, als er in seinem ersten Weimarer Herbst in der Umgebung der Residenz spazierengeht und mit einem Unbekannten ins Gespräch kommt: Goethes Diener in der frühen Zeit bis zur Italienreise, Christoph Erhard Sutor. Also eine der Quellen für das, was Eckermann da noch nicht im geringsten als sein ›Lebenswerk‹ erkannt hatte und erst recht nicht anerkannt hätte, da er sich doch gerade bei Goethe mit einem ersten (und letzten!) Gedichtbändchen eingeführt und zur Förderung seines Genies empfohlen hatte. Da der Göttinger Exstudiosus der Rechte seinen ersten Zeugen vernimmt, steigert sich wie von selbst die Himmel und Erde verklammernde ›Bedeutsamkeit‹ dessen, was dabei herauskommt (und womit er sich Goethe als würdig dienstbar zu machen gedacht haben wird, der ihn zwischen zwei schweren Erkrankungen und vor dem letzten Aufbruch in die böhmischen Bäder – auch zum »Tag des öffentlichen Geheimnisses« – zum Bleiben verpflichtet hatte, der Gefährdung seines Werkes ohne *diesen* Helfer und seinen Selbstverzicht wohl bewußt).
Sutor also gibt, ohne dies zu wissen, zu Protokoll, daß Goethe eines Nachts nach ihm geklingelt habe, um sich in der Position des Sokrates in den »Wolken« des Aristophanes ansichtig zu machen: auf seinem ans Fenster gerollten Eisenbett auf dem Rücken liegend und den Himmel beobachtend. Noch war es ihm alles andere als peinlich, der ›Schwärmerei‹ verdächtig zu erscheinen – im Gegenteil. Er brauchte Zeugen für das, was er wahrgenommen hatte, schickte den Sutor zur Schloßwache und ließ fragen, ob dem Posten etwas aufgefallen sei. Niemand hatte etwas gesehen. Wir wissen bis heute nur vermutungsweise, was Goethe veranlaßt haben konnte, dem Diener zu sagen: »Höre, wir sind in einem bedeutenden Moment, entweder wir haben in diesem Augenblick ein Erdbeben, oder wir bekommen eins.« Sutor muß sich zu Goethe aufs Rollbett begeben und sich ›demonstrieren‹ lassen, *wie* es zu dieser Feststellung gekommen war. Es ist seltsam, daß Eckermann da nicht nachfaßte, denn schon die Art der Behauptung schließt die Doppeldeutigkeit von *Anzeichen* oder *Vorzeichen* ein.

Daß es *keine* astronomische Beobachtung gewesen sein kann, ergibt sich allerdings aus Sutors Auskunft auf die Frage nach dem Wetter jener Nacht: sehr wolkig, sehr windstill und schwül. Von gewittriger Gespanntheit für einen Nervenmenschen, würde man das bei geringerem Respekt, als Eckermann ihn hatte, wohl weiterführen. Sutor jedenfalls hatte ihm aufs Wort geglaubt, *denn was er vorhersagte, war immer richtig.* Nur: Hatte er im Wortsinne *vorhergesagt?* Denn die Nachricht, die erst *nach einigen Wochen* eintraf, bestätigte, daß *in derselbigen Nacht* ein Erdbeben Messina zum Teil zerstört hatte. War es *diese* Nacht? Oder liefen da schon die Katastrophenberichte von der völligen Zerstörung Messinas mit in die Verifikation ein, die eben erst Wochen später stattfand?
Vier Jahre später, am 10. Mai 1787, erreicht Goethe das verwüstete Messina, sieht aus der Nähe, was ihm die Witterung in die Ferne zugetragen hatte: *den fürchterlichsten Begriff einer zerstörten Stadt.* Das »neue Messina« – für die zwanzigtausend Überlebenden der zwölftausend Toten – fand auf einer Wiese außerhalb der alten Topographie statt: *eine Bretterstadt, von der sich am schnellsten derjenige einen Begriff macht, der zu Meßzeiten den Römerberg in Frankfurt, den Markt zu Leipzig durchwanderte* ... Diese Verbindung der Elendsszenerie fernhin zur heimatlichen Ausnahmebesiedlung muß noch herangezogen werden, weil sie etwas mit dem Erstaunen des Fremdlings zu tun hat, wie man sich mit dem telepathisch empfundenen Untergang nach Art reiner Überlebenskunst arrangiert hatte: *Das Entsetzen über jenes ungeheure Ereignis, die Furcht vor einem ähnlichen, treibt sie, der Freuden des Augenblicks mit gutmütigem Frohsinn zu genießen.* Man spürt, wie die Sprachmittel versagen, nicht anders als sie damals beim ›Himmelsphänomen‹ nicht imstande gewesen waren, es zu beschreiben.
Auch Hofmannsthal ist, als er sich auf Goethes Telepathie bezog, trotz der überwuchernd angewachsenen Erfahrung mit ›nervösen‹ Erlebnissen und Zuständen, an der Sprache gescheitert. In der Heranziehung des Sutor-Eckermann-Berichts ist nichts von einem halbwegs den Namen verdienenden ›Phänomen‹, nichts von einer sich sogleich um Objektivierung bemühenden Beob-

achtung – nur die Frage an den herbeigeklingelten Diener, *ob er nichts gespürt habe; es sei ein Erdbeben gewesen oder stehe eines bevor.* Solches ›Verspüren‹ ist freilich eine Reduktion, die den Anschluß für den Hochempfindsamen erleichtert: *Mein überaus heftiges Übelbefinden dieses Jahr in der Nacht vom 30. 1. auf den 31. 1. bis gegen Nachmittag hin. Spätere Nachricht von einem beispiellos heftigen submarinen Erdbeben im atlantischen Ozean am 31. 1. um 2^{h} nachmittag.* Man darf sich keine Mißachtung leisten wegen der beanspruchten Affinität beider Befindlichkeiten. Obwohl man den Hauch von Komik vermißt, der über der nächtlichen Wohlbefindlichkeit des nach dem Sokrates des Aristophanes transformierten Goethe liegt. An Humor hat es den Aspiranten auf die ewige Goethe-Vakanz immer gefehlt. Wichtiger ist, daß nicht nur das seismographische Instrument sich jeder gestaltlichen Präsenz ins bloße Mitempfinden entzieht; auch das telepathisch registrierte seismische Ereignis ist aus der Sichtbarkeit ins Submarine *untergetaucht.* Man sieht nichts, und doch soll gerade dabei ›die Welt‹ im Spiele oder gar ›auf dem Spiele‹ sein, seit es ganz ernstlich in der Seismologie den Grenzbegriff des *Weltbebens* gibt, dessen Phänomenologie die verschiedensten Ausbreitungsmechanismen umfaßt, auch das Zeitmoment der erdweiten Symptome zur faßbaren Größe macht. Atmosphärische Lichtphänomene sind durchaus als Folgen der Veränderung des erdmagnetischen und erdelektrischen Feldes bekannt. Goethe behielt recht. Aber für die Typik seines Jahrhunderts, sogar des Jahrzehnts seiner Notiz, hat Hofmannsthal die Signifikanz der Submarinität, der wirkungsmächtigen Auslösung von Wogen und Stoßwellen aus dem Untergrund unüberholbar getroffen. Jede Welt geht zu ihrer Zeit auf ihre Art unter.

In einem als *Graffito* auf sein Thema formal eingerichteten Text, betitelt »Das Denkmal«, hat Michel Tournier den Niederbruch der Mauer durch Berlin monumentalisiert, im Doppelsinn des Wortes. Wilfried Bauer hat dazu Fotos von hoher ›Stilisierung‹ geliefert. Sie wurden mit lakonischen Legenden versehen, die sich wie ›Angebote‹ *absoluter Metaphern* für den historisch noch kaum zu graduierenden Vorgang ausnehmen: die Mauer eine *Fackel*, ein *Netz*, ein *Bergwerk*, ein *Vorhang*, der sich *vor einer Bühne öffnet, auf der das neue Stück gespielt wird.*
Dies der Rahmen, in dem Michel Tournier eine Geschichte vorbringt, die *von schreiender Wahrheit* sei. Sie erzählt von einer 1938 aus Wien geflohenen Jüdin, die nach der Niederwerfung Hitlers aus Heimweh *immer wieder zu kurzen Pilgerfahrten* aus Paris nach Wien zurückkam. Nach einer dieser Reisen hatte sie österreichische Geldnoten in der Tasche behalten, eine davon mit dem Bild Sigmund Freuds, und darunter hatte einer geschrieben: *Saujud.* Tournier erzählt weiter: *Ihr Blut geriet in Wallung. Sie setzte sich an den Tisch und schüttete ihr Herz in einem sechsseitigen Brief aus, den sie mit einer Fotokopie der Banknote an den Bundespräsidenten Waldheim schickte.* Es verging Zeit, und es kam eine Antwort, vom Sekretariat des Bundespräsidialamtes, in drei Zeilen: *Man hat die Ehre, sie davon zu unterrichten, daß sie täglich während der Öffnungszeiten zwischen neun und zwölf Uhr am Schalter 13 der Nationalbank in Wien vorsprechen könne; man werde ihr den Schein dort wechseln.*
Es ist eine schreckliche Geschichte, und man muß ihr die Reife für die Lesebücher des kommenden Jahrtausends bescheinigen. Doch ist sie schrecklich auch aus einem Grund, den zu benennen sich für Lesebücher nicht eignet: die Insuffizienz als historisches Zeugnis. Daß es den gegeben hatte, den Freuds Preisgegebenheit auf einer Banknote unwiderstehlich reizte, seine infantile Manie hinzuschmieren, unterscheidet ihn von den Beschmierern öffentlicher Anstalten nur der Hinterlist nach, die in der Sicherheit bestand, es würde bei einem Geldschein den Verlust des staatli-

chen ›Wertversprechens‹ keiner auf sich nehmen, um den Schimpf aus dem Verkehr zu ziehen. Fraglich war sogar, ob der Annahmezwang als Mittel zur Schuldtilgung tangiert war. Und der ins Zwielicht geratene (oder gezogene) Präsident Waldheim? Ganz abgesehen von dem, was man ihm zutraute: Würde irgendwo einem Staatspräsidenten ein solcher ›Vorgang‹ vorgelegt? Und wenn, vielleicht in Bonn – wie glaubwürdig könnte die Antwort auf einen sechsseitigen Aufschrei des Schmerzes jemals sein? Welcher Spezialist von *ghost writer* hätte sie verfaßt, mit dem schieren Willen, keinen Fehler zu machen?

Was ich nun der Aporie für jede bürokratische oder persönliche ›Erledigung des Falles‹ hinzufüge, schreckt nicht davor zurück, des Mangels an einschlägiger Befähigung für die Ausübung eines Staatsamtes geziehen zu werden. Nicht nur, daß ich es für einen Fehler halte, sechsseitige Handschreiben an Staatsinstanzen zu richten – wovon auch immer man sich belastet fühlt und in welche Aufwallung man geraten ist –, ich finde das entscheidende Versäumnis der Beschwerde gegen einen anonymen Schmierfinken darin, daß die als Indiz für Schlimmeres fungierende Banknote ›nur‹ in Fotokopie beigelegt war. Da wird das Schmerzgewicht der sechs Seiten des Briefes durch einen noch nicht sehr lange möglichen technischen Kunstgriff herabgemindert.

Ganz allgemein: Bürokratien sind durch nichts so sehr in Ratlosigkeit zu versetzen wie durch Eingaben beigefügte Geldscheine. Auch wenn die Vermutung der Korruption nicht auftaucht – die *Form* der Geldscheineinlage *ist* die des Bestechungsversuchs. Das ist aus keinem Beamtenhirn herauszubringen, und es ist womöglich etwas vom Besten, was hineingehört. Aber im Fall der Geschichte *von schreiender Wahrheit* kam es darauf an, ebendie ratlose Verlegenheit auf Amtssesseln zu *erzeugen*. Da hätte jeder so schnell wie möglich die Sache *nach oben* loszuwerden und sich aus dem Besitz des *Corpus delicti* herauszubringen gesucht – bis auf den Schreibtisch des Herrn Waldheim, dessen geistige Dürre doch niemand im Verdacht der Bestechlichkeit hätte. Mit der

Sache selber in ihrem höchstmöglichen ›Realismus‹ mußte auf Verlegenheit ausgegangen werden. Die Kopie ist schon eine Verführung zur bürokratischen Routine. Das kann man der tief verletzten Beschwerdeführerin nicht ersparen.

Sie wollte das ›dokumentierte Wertversprechen‹ behalten und dennoch ein Dokument des Wahnverdachts vorbringen. Sie hat sich die Schnödigkeit der drei Zeilen zugezogen – gewiß nur ›anteilig‹, doch mit welchem Anteil, das auch nur zu erahnen hat sie dem mitempörten Zeitgenossen unmöglich gemacht. Das Substrat der Schmähung, vom Urheber heimtückisch einkalkuliert in die Langlebigkeit seiner Untat, setzt sich gerade mit *der* Qualität durch, die ihm abgesprochen wird: mit seinem ›Realismus‹. Fast möchte man sagen: mit seiner ›Substanz‹ (Nominal: fünfzig Schilling, hartsubstantial: sieben Mark).

Diese Wahrheit ist gewiß der ›schreienden‹ nicht äquivalent. Doch ist sie *auch eine*. Und darin bedenkenswert.

Seiner Befriedigung über die »Wanderungen durch die Mark Brandenburg« – dieses ebenso früh erfolgreiche wie spät angemessen eingeschätzte ›Lebenswerk‹ – hat Fontane mit einer nur vordergründig arroganten Metapher Ausdruck gegeben.
In einen Brief an Karl Zöllner vom 15. Juli 1866 schreibt er über das teils Erwanderte, teils Erfahrene: *Es ist eben mein Verdienst, die wirkliche Essenz dieser Dinge abdestillirt zu haben.* Kürzer kann man es nicht sagen. Aber durfte schon damals so hoch gegriffen werden?
Fontane wird es in der entgegengesetzten Richtung empfunden haben. Er gebrauchte die Redeweise des gelernten Apothekers, der er war, den er freilich in offiziellen Lebensläufen lange verleugnete. Peinlich war ihm jene ›Lehre‹ als Vorschule einer ihm oft angelasteten Pedanterie und Vorliebe für die *minutiae*, gar *minutula.* Gegenüber Zöllner kann er sicher sein, die Metapher nicht zurückhalten zu müssen. Der Jugendfreund sah ihn am Werk, verstand den Handwerksstolz, die professionelle Spezifität der Verrichtung, die nichts vom Gestus einer ›Wesensschau‹ hatte.
Die *wirkliche Essenz* ist ein Arbeitsertrag. Daraus folgt, daß er ›Verdienst‹ (im Doppelsinn) abwirft.

Die Fußspur als Beweismittel für die ›Realität‹ religionsrelevanter Figuren und Ereignisse ist weltweit verbreitet. Es gibt vielfach die riesige Fußspur des Buddha: Hier war er gewesen, kein Zweifel. Und es gibt auf dem Tempelberg in Jerusalem die Hufspur vom Roß des Mohammed, der sich dort mitsamt diesem zum Himmel erhoben hat – die Tiefe des Abdrucks beweist die Gewalt des Aufschwungs, kein Zweifel.

Jesus hinterließ keine Fußspur bei seiner Himmelfahrt. Als Thomas an der Realität des Auferstandenen zweifelt, darf er die Hand in die Seitenwunde des Gekreuzigten legen: Er ist es, und es war wahr gewesen, wenn Johannes ihn sagen ließ: *egō eimi* – Ich bin es! Es ist ein apokrypher Zug der äthiopischen »Epistula Apostolorum«, die erst 1913 herausgegeben wurde, daß der Auferstandene selbst die hartnäckig zweifelnden Jünger mit Realitätsbeweisen überschüttet – und das heißt: abwehrt, nur ein Gespenst des Gekreuzigten zu sein. Petrus wird aufgefordert, die Nägelmale an den Händen zu betasten, Thomas die Seitenwunde, und Andreas angesprochen: »Sieh, ob mein Fuß auf die Erde tritt und (dabei) eine Spur hat.«

Wenn der Fuß auftritt und eine Spur hinterläßt, hat der Körper sein Gewicht, das den Abdruck bewirkt – es ist ›Realität‹, was erscheint, und die Spur dient nicht der Erinnerung, sondern der unmittelbaren Gegenwart und ihrer Gewißheit. Das Gewißheitsproblem der Auferstehung hatte sich auch mit der ausbleibenden Parusie schärfer gestellt – war der Entschwundene real gewesen, wenn er doch nicht, wie verheißen, auf den Wolken des Himmels zurückgekehrt war? Am Anfang des 2. Jahrhunderts, als der Text wohl entstanden ist, mußte viel getan werden, weil noch keine ›Ersatzdogmatik‹ für den Eschatologieschwund entstanden war, um wenigstens die Auferstehung als Heilsereignis zu retten. Für diese Lage ist das Fußspurargument ein kostbarer Zug.

Nach der Katastrophe von Golgatha hielten die Jünger ein Gespenst für möglich; der spätere Doketismus, gegen den die

»Epistula Apostolorum« sich zu wehren hat, denkt weder an Betrug noch Gespenst; er ist besorgt um die Reinheit des Gottesbildes: Gott darf nur zum Schein für die Menschen erlitten haben, was Menschsein mit sich brachte. Da hilft schon ein wenig Platonismus: Die Schatten sind kein Betrug; wenn sie als das erscheinen, was sie nicht sind, so ist das der Mangel derer, die sie anschauen und verwechseln. Platonisch ist aber eben auch: *Vestigium umbra non facit.* Im Apokryphon soll das ein Prophetenwort sein: »Ein Gespenst, ein Dämon aber hat keine Spur auf der Erde.«

Zuerst bleibe ich nicht an der Sache, sondern am Schulwesen hängen: *Uns hat der Mittelschul-Hebräischlehrer beigebracht*... Was im Deutschen Reich und danach »Mittelschule« hieß, hatte allenfalls einen Englischlehrer, bis auch diese Schulbenennung dem Horror vor allem Vertikalen, dem Oben, Mitte und Unten, weichen mußte. Dann geht mir das kleine Licht auf, daß ja in der Nachbarschaft »Mittelschulen« unsere auch längst verblichenen, in den Sekundarstufen aufgegangenen »Oberschulen«, demzuvor »Gymnasien«, heißen und folglich ebenso wie diese vor Hitler auch durchaus Hebräischlehrer haben müßten. Also konnte so einer auch etwas lehren.

Was er nun lehrte, bezog sich auf das erste Wort der Bibel, den Anfang des Textes wie der Welt, und sollte sich gut einprägen, denn noch nach Jahrzehnten war es präsent: *›b'reschit‹ heiße wörtlich übersetzt nicht: am Anfang, sondern an einem Anfang. So habe Gott irgendwann einmal einen Weltanfang beschlossen.*

Das nimmt sich aus wie solide Wörtlichkeit, denn das Hebräische kennt den bestimmten Artikel, und hier fehlt er. Nur kennt das Hebräische *nicht* den unbestimmten Artikel, also läßt der sich nicht *übersetzen*, sondern nur *folgern* aus dem Fehlen des bestimmten. Schlüssig wäre diese Folgerung allerdings nur, wenn die Disjunktion von Bestimmtheit *oder* Unbestimmtheit vollständig wäre, was die deutsche Grammatik suggeriert: Wenn nicht *der* Anfang, dann eben *irgendeiner*. Aber so ist es nicht, wie man leicht an den ›klassischen‹ Sprachen ablesen kann. Die Vulgata beginnt mit dem *In principio* und läßt nicht einmal wissen, wie sie das verstanden wissen möchte. Aber es ist die getreuliche Nachbildung des *en archē* der alexandrinischen Septuaginta.

Da wird man stutzig werden dürfen, denn das Griechische stellt den bestimmten Artikel als eines der wichtigsten Hilfsmittel zur Entstehung der theoretischen Sprache zur Verfügung – bis hin zum metaphysisch vertieftesten und auch erwiesenermaßen unübersetzbaren *to ti ēn einai* des Aristoteles. Nur ist es magistrale

Pedanterie der Absicherung gegen Schülerwillkür, das Ausbleiben des Artikels mit dem deutschen unbestimmten übersetzen zu lassen. Griechisch ist *en archē* durchaus wie in adverbialem Gebrauch ohne Artikel gebräuchlich, und um welche Art von Anfang es sich handelt, hängt vom Kontext ab. Wo es um Himmel und Erde geht, wird man schwerlich geneigt sein, den unbestimmten Artikel zu ›erschließen‹.

Nun ist der erste Satz der Bibel ein so prominenter, daß man annehmen sollte, sein Verständnis habe sich zur Unumstrittenheit optimiert. Denn zumindest der Evangelist Johannes bildet ihn als ersten seines Textes nach, und man empfindet es fast als Parodie, sein *en archē ēn ho logos* . . ., mit dem Goethe Faust sein Spiel treiben läßt, wenn's auch nur ein Wortspiel ist. Derselbe Johannes, wenn er es denn war, beginnt auch seinen ersten von zwei kanonischen Briefen mit einer Anspielung auf seinen eigenen Evangelienanfang: *ho ēn ap'archēs* . . . Nun haben wir es bei diesem Johannes mit einem Autor zu tun, dessen Spezialität das Rivalisieren mit allen seinen Vorgängern und deren gesuchte wie gewollte ›Übertrumpfung‹ ist. Im Verhältnis zu den drei synoptischen Evangelisten weiß das jedes Kind, wie da aus den sinnfälligen Geschichten ›große Reden‹, nächtliche Gespräche, metaphysische Dunkelheiten werden, in einem Wort: Theologie.

Der hochabstrakte *Logos* kommt wie direkt vom Himmel auf den Täufer am Jordan zu, keine Engelsverkündigung, kein Stall von Bethlehem, keine Flucht nach Ägypten, kein Aufwachsen in Nazareth. Weniger geläufig als diese Differenz ist die zum vermeintlich parodierten ersten Satz des damals noch allein heiligen Buches der Offenbarung: Johannes ist der Anfang mit Himmel und Erde zu wenig, für ihn ist es in der Tat nur *ein* Anfang und ein niederer dazu. Denn *sein* Anfang ist nicht der der Welt, sondern der des Logos *bei* Gott und *als* Gott selber, durch den *alles geworden ist.* Das aber heißt, der Weltanfang ist *ein* Anfang *nach* dem Anfang, von dem die Theologie zuerst sprechen muß und nur der noch ›unaufgeklärte‹ Autor des ersten Moses-Buches noch nicht recht etwas wußte. Aber Johannes *will* auch für diese höhere Qualität von Anfang keine andere Grammatik, weil er dabei die Rivalität mit dem ersten Satz der Bibel – später: dem ersten ›Artikel‹ des Credo – preisgeben müßte. Er *will* die Undeutlichkeit oder Doppeldeutigkeit des *en archē*. Man kann daran leicht sehen, daß die ›deutsche‹ Disjunktion von bestimmtem und unbestimmtem Artikel nicht vollständig ist. Hier ist nichts zu ›erschließen‹, es liegt im Text und Kontext vor Augen.

Wie aber will man dann noch übersetzen? Wie der ›Wörtlichkeit‹ ergeben bleiben, die das eine Gotteswort verlangt wie das andere? Auf die Vulgata habe ich hingewiesen; man könnte mit Ciceros Klage über die lateinische *egestas verborum*, die Dürftigkeit bei Hereinholung der griechischen Philosophie, sagen, der Aufstieg der Vulgata zum maßgeblichen Kirchentext bis zu den Humanisten hin – weder Augustin noch Thomas von Aquino konnten die griechische Bibel lesen, von der hebräischen zu schweigen – habe seinen plausiblen Grund gerade darin, daß er so vieles für die sich komplettierende Theologie, für die autoritative Exegese der Kirchenämter, offenließ – eine Urkunde, wie geschaffen für das Bedürfnis nach der Institution, dem ›Lehramt‹.

Haben dann wenigstens die deutschen Übersetzer von ihren Mitteln Gebrauch gemacht? Nichts davon. Luther mochte noch ein zu wenig von der eben aufkommenden Humanistenhebraistik unterstützter Übersetzer sein. Aber die wahrlich aufs ›Urige‹ der Sprache eingeschworenen Buber/Rosenzweig haben *Im Anfang*, und der Meister der »Hexateuch-Synopse«, Otto Eißfeldt, hat dasselbe. Vielleicht gibt *Im Anfang* den Sakralton etwas besser wieder als Luthers *Am Anfang*, womit er sich das *Im Anfang* für Johannes aufspart, der den hohen Ton für seine abstrakte Spekulation inzwischen noch dringender erfordern mochte – schließlich ist dieser Anfang des vierten Evangeliums doch zum zweiten Artikel avanciert und über Gnosis und Reformation in eine andere Rivalität hineingeraten, von der Johannes in seinem Vertiefungseifer noch nichts geahnt haben konnte.

Nirgendwo gibt es hier eine Chance der Wörtlichkeit. Was hätte der penible Hebraist, von dessen Verdikt über den falschen Artikel am Anfang berichtet wurde, nicht allein am ersten Satz der Bibel *noch* zu tun gehabt? Woher überhaupt die Feststellung, dies sei der erste Satz vollständig, da doch alle Wörtertrennung und Interpunktion späteste Zutaten sind? Gerade in bezug auf diesen Zweifel hat Eißfeldt die grammatische Unselbständigkeit des behaupteten ersten Satzes im Kontext mit dem ersten Tagesbefehl aufgelöst: *Im Anfang, als Elohim den Himmel und die Erde schuf – die Erde aber war wüst und leer, und Finsternis lag über dem Urmeer, und der Geist Elohims schwebte über den Wassern – sprach Elohim: Es werde Licht!* Das ist eine Meisterleistung der Annäherung an Wörtlichkeit in dem Sinne, daß die reelle Schwierigkeit der Parataxen und Hypotaxen stehengelassen wird – wie der Plural des Gottesnamens, der Plural der Wasser als ›Urmeer‹ verwechslungsfest gemacht ist. Nur der *Elohim*-Plural wird als nicht mehr gekannter oder gemeinter oder gelesener unaufgelöst belassen, wie der von *haschamajim* nicht als Vorläufer der im Lutherschen und Bachschen Choral so geliebten ›die Himmel‹ identifiziert.

Vor allem darf man die funktionale Vieldeutigkeit solcher Texte nicht aus dem Auge verlieren: Sie sind nicht verkappte Theorien der Welterklärung, nicht Mitteilungen an den Verstand der Verständigen, sie sind Sakraltexte, für die es nicht beliebige Äquivalente irgendeiner Umgangssprache gibt, deren ›Undeutlichkeit‹ – nicht zu verwechseln mit der ›Vieldeutigkeit‹ ästhetischer Texte – ihrer Funktion dient, Nachfragen und Rückfragen auszuschließen.

Wenn jener redliche Schweizer Hebraist darauf bestand, das Fehlen des bestimmten Artikels zu ›übersetzen‹, so evozierte er zugleich Fragen, auf die es keine Antwort geben kann, weil jede Antwort wiederum nur von demselben Text kommen könnte. Was wissen wir denn von der ›Schöpfung‹ sonst, was nicht dort steht, da wir noch nicht einmal wissen, was die Rede vom ›erschaffen‹ bedeutet? Nicht nur, daß der sakrale Text ›verliert‹ durch Ausnüchterung ins Wörtliche, daß an ihm ein Additiv subtrahiert würde – nein, er verschwindet ganz. Das bekommt man nur in den Blick, wenn man sich gegenwärtig behält, daß doch nicht Unwissende mit der Mitteilung eines sie überraschenden ›Sachverhalts‹ konfrontiert werden, wie der soviel spätere Begriff ›Offenbarung‹ insinuiert. Die angesprochenen Hörer kennen alles schon immer, es wird ihnen nur rituell wiederholt, die Imprägnation vertieft. Gerade weil es das Altvertraute ist, ist Verständlichkeit durch ›Wörtlichkeit‹ kein gewinnbarer Wert.

Sogar Eißfeldts Übersetzung, die ich für einen wirklichen Konsistenzgewinn halte, ist tendenziell theologisch. Er nutzt den philologischen Spielraum, der faktisch da ist, zur ›Antwort‹ auf die Rückfrage aus, wie sich denn der erste denominierte und numerierte Schöpfungstag des Lichtbefehls zu dem Anfang mit Himmel und Erde ohne Befehlswort verhalte. Er findet und darf finden, was ihm die Philologie zu finden nicht verwehrt: Jener Anfang ist mit jenem ersten Tag identisch: *Im Anfang, als Elohim den Himmel und die Erde schuf . . ., sprach Elohim . . .* Niemand hat es besser gemacht, und doch sind wir erinnert an eine eigentümliche logische Bedürftigkeit des Textes: Er mußte ›warten‹ auf einen, der sich vergessen machen konnte, daß ein Blick wie dieser noch nie auf die Buchstabenfolge am Bibelanfang gefallen war.

Dabei ist Eißfeldt, aus einem Rest an Rücksicht, doch nicht weit genug gegangen: Götter, *elohim*, wollte er sich und anderen nicht zumuten, und insofern mit Recht, als der nachexilische Autor der Priesterschrift, der der Text angehört, auch *nur* die Namensbedeutung von »Elohim« gehört und gemeint hat. Oder war ein wenig Opportunismus dabei, eine bereitgehaltene Zurücknahme des monotheistischen Eifers gegenüber solchen, die sich ihren Götterplural, ihre *baalim* und *elilim* und anderes, ungern vorhalten ließen, weil es schon eine ›philosophische‹ Beanstandung des Mythos gab? So weit braucht man nicht zu gehen, um den Autor sich darauf verlassen zu sehen, daß es kein Verlangen nach ›Wörtlichkeit‹ von Auslegungen und Übersetzungen gab.

Um meine Argumentation auf die Spitze zu treiben, versuche ich doch noch einen Beitrag zur Demonstration des Produkts von ›Wörtlichkeit‹, indem ich kenntlich mache oder bleiben lasse, was an Unbestimmtheit und sogar Unbekanntheit dasteht. Ich würde gern *b'reschit* wiedergeben mit *Es war einmal, daß* . . ., aber das ist durch Übergebrauch fehlkonnotiert. Beim zweiten Wort *barâ* versuche ich so nahe wie möglich an die sonst unbelegte und unbekannte Wurzel heranzukommen, die es auch den Septuaginta *(epoiēsen)* schwermachte. Die Plurale nehme ich als solche der Unbestimmtheit: *von der Art des.* Und bitte: Es ist kein neuer Übersetzungsvorschlag für die nächstfällige tageseifrige Amtsübersetzung einer der Kirchen. Im Gegenteil: Es ist gemeint als Abschreckung vom Aberglauben, der Text sei des Handwerks der Kirchenmänner bedürftig, weil sie es studiert haben, sich darauf zu verstehen. Da hieße es also: *Irgendwann stiftete (einer wie) Götter (so etwas wie) die Himmel und dieses: die Erde.* Halten zu Gnaden!

›ZEITGEIST‹ I

So etwas wie ›Zeitgeistforschung‹ muß es nicht deshalb geben, um eine Art Panoptikum der Zeitgeister zu etablieren, in dem die ›Typen‹ des bildlos-unkostümierten Beherrschers der zeitinternen Geister und Gemüter, chronologisch gereiht und mit säuberlichen Signaturen versehen, aufgestellt und abzugehen wären. Dann wäre dies nur eine Disziplin, die der Zusammenfassung und Übersichtlichkeit dessen diente, was in anderen schon rubriziert und beschrieben sein müßte, eines der leidigen ›Überfächer‹, die zur Vermeidung von idiosynkratischen Reaktionen auf ihr Selbstverständnis lieber als ›Zwischenfächer‹ durchschlüpfen möchten – oder, noch besser, gar nicht als ›Fächer‹, sondern als Regularium des zeitweisen Verhaltens von Fächern im Modus der ›Interdisziplinarität‹.

Zeitgeistforschung sollte nicht untersuchen und darstellen, *was* Zeitgeister enthalten und zu rezipieren aufgeben, um nicht zu sagen: infiltrieren oder oktroyieren; sie sollte nur beschreiben, *wie* Zeitgeistigkeit ihre Dominanz ausübt, auf welchen Übertragungswegen sie sich induziert, wie sie Zuwendungen bewirkt und Abwendungen verpönt. Die Gebärden und Gesten der Unterwerfung, die Rituale und Zeremonien der Bekundung von Unwiderstehlichkeit, die ›Pathosformeln‹ ihrer Konformitäten wären das Thema der Erforschung.

Kein Zweifel kann sein, daß dies eine deskriptive Disziplin wäre, angewiesen auf die Gunst ihrer Funde, banaler: aufs ›Glücksaufschlagen‹, wie es Goethe als Gewogenheit des Omen empfand und viele mehr es in Geisteswissenschaften ausüben, als es zuzugeben bereit wären. Fortune brauchen nicht nur Politiker.

Der Zeitgeist ist mehr und anderes als eine Mode. Eher hat er zu tun mit dem Stil. Wie viel größer seine Macht ist als die milde Dominanz der Stile, zeigt sich immer dann, wenn gegen ihn verstoßen, wenn er mißachtet oder gar verhöhnt wird. Denn Schwäche – ohne die es ihn nur im Singular gäbe – kann er sich nicht leisten, können sich die nicht leisten, die ›von ihm leben‹, weil die Genauigkeit der Konformität mit ihm überhaupt erst beides ausmacht: *seine* Unangefochtenheit und *ihre* Daseinsberechtigung als vitale wie professionelle Energie der Selbsterhaltung.

Dieses Ineinander im Zeitgeistregiment erfordert zu seiner Funktionstüchtigkeit die leichtesten Modalitäten der Überprüfung, ob alles jeweils noch ›beieinander‹ sei. Es muß die *Semata* geben, die leicht feststellbaren und austauschbaren Anzeichen des jedem Disput oder Diskurs vorausgehenden, vorweggesicherten *Consensus.* Er ist der Feststellbarkeitsmodus nur unter dieser Bedingung.

Das Erstaunliche am ›Zeitgeist‹ ist nicht, daß er ein System freischwebender Konsistenz von Behauptungen darstellt, die niemand nachprüfen kann und die wegen ihrer immanenten Stimmigkeit alles überlagern, was an empirischen Inhalten anfällt. Erstaunlich ist die Vorgängigkeit des ›Zeitgeistes‹ zu den ernsthaften Erfahrungen der Zeitgenossenschaft, die noch präziser als ›Ergebnisse‹ methodischer Forschung bezeichnet werden dürfen.

Wie ist es möglich, daß Wissenschaft immer wieder genau die Resultate liefert, die der ›Zeitgeist‹ hatte erwarten lassen? Ist es die Dienstbarkeit der Forscher, die ihm diesen Erfolg, diese Verstärkung, diese Verifikation beschaffte? Oder sind es nicht vielmehr schon die vom ›Zeitgeist‹ inspirierten Fragestellungen, die jene erstaunliche Konformität zuwege gebracht hätten?

Zweifellos enthält der ›Zeitgeist‹ bestimmte Frageverbote. Es wird gar nicht erst geforscht, um der Gefahr zu entgehen, nicht mehr behaupten zu können, was zu den *essentials* des zeitbeherrschenden Dämons gehört. Die Tabuisierung der Zwillingsforschung, die innerakademische Verteufelung ihrer Befürworter, die gutachterliche Ausschaltung ihrer Förderung durch die wissenschaftspolitischen Instanzen gehören dazu. Natürlich läßt sich bei der ganzen Erblichkeitsforschung immer die abschreckende Nachwirkung des deutschen Biologismus des Hitlersystems heranziehen. Es gab Dinge, die sich einfach für die Lebenszeit der beteiligten wie betroffenen Generationen nicht mehr betreiben und behaupten ließen. Aber folgte daraus, wie oft zu selbstverständlich hingenommen wird, daß jeweils das Gegenteil jener Vulgärbiologismen als richtiges Resultat aus Forschungsunternehmen herauskommen mußte?

Es ist einfach nicht wahr, daß der Soziologismus die natürlichste theoretische Konsequenz aus dem Scheitern des Biologismus sein mußte. Warum gibt es nicht die Phase skeptischer Zurückhaltung aus dem Feld der großen unbeweisbaren Behauptungen, die jeweils einen ›Zeitgeist‹ ausmachen? Statt dessen entstand mit erheblicher Verspätung von fast zwei Jahrzehnten nach Kriegsende der Komplex aus verhohlenem biologischen Lamarckismus – in Verruf durch Stalins rüde Förderung des Scharlatans Lyssenko – und psychoanalytischen Theoremen über den Determinismus der Frühkindheitsumwelt, pädagogischen Allmachtsprämissen, marxistischen Klassenideologemen, psychologischen ›Einfluß‹theorien der Familiendämonisierung, politischer Überschätzung von Meinungsdruck und Wahlwerbung. Ein gutes Jahrzehnt alt, begann es an diesem Zeitgeistmonolithen zu bröckeln. Als der Soziologismus zusammenbrach, stimmte wieder alles an allem und zu allem. Ich erwähne nur das Margret Mead-Desaster der Ethnologie vom fröhlichen Sex-Urzustand auf Samoa und anderswo, den Umschlag der Intelligenzforschung und die empirisch eindeutige Widerlegung der Saga vom Ödipustabu als unbiologischer Lustverwehrung, die Erfolgsvorsprünge der Verhaltenstherapie und die Prestigezusammenbrüche fast aller Pädagogismen.

Der Bruder von Bertolt Brecht hat Erinnerungen über das Leben damals in Augsburg im Elternhaus und mit dem Bruder hinterlassen. Mag das Portrait des Dichters dadurch nicht wesentlich angereichert worden sein, so ist doch eine Induktion spürbar: Schärfung der Aufmerksamkeit und Wahrnehmungsfähigkeit für den Konflikt, dessen ständige und lebendige Gegenwärtigkeit die Gestalt des Bruders gewesen war. Der Berichterstatter selbst steht dieser Spannung zu fern, als daß ihm authentisch auffällig geworden sein kann, was er als erinnerungswürdig bewahrt hat und was zumeist ohne leibhaftige Anwesenheit des Bruders stattfindet.

An einem Junitag des Jahres 1914, kurz vor Ausbruch des Weltkrieges, zwischen 9 und 10 Uhr ist in der Oberrealschule Mathematikunterricht. Erwartung und Aufmerksamkeit der Schüler sind jedoch auf ein Ereignis gerichtet, von dem man weiß, daß es genau und gerade um diese Zeit und vor den Fenstern des Schulraums stattfinden würde. In einem Militärflugzeug wird der Leutnant Götz auf dem Flug von München nach Augsburg nahe am Schulgebäude vorbeifliegen. Flugzeuge sind noch nichts Alltägliches. Dieses ist es erst recht nicht, denn es wird geflogen von dem Sohn eben des Lehrers, bei dem man diese Mathematikstunde hat, dem Oberstudienrat Götz.

Pünktlich wird das Geräusch des nahenden Aeroplans hörbar, und Faszination kennt keine Disziplin. Alles eilt an die Fenster und erblickt den Doppeldecker in so geringer Höhe, daß man den Piloten erkennen kann, der dazu noch in Richtung seiner Zuschauer winkt. Alle bemerken, daß allein der Oberstudienrat Götz an der Tafel stehengeblieben ist, ohne dem Trieb der Neugierde zu wehren, und alsbald mit seiner Belehrung fortfährt, als sei nichts gewesen. *Er ging nicht zum Fenster; er sah nicht einmal hin. Wir hatten dafür keine Erklärung.*

Soll das heißen, daß die Schüler nach einer Erklärung gesucht hätten? Sie mögen erstaunt gewesen sein, daß ein Vater den Sohn nicht bei einer so gloriosen Verrichtung wie der Durchquerung des Luftraums sehen wollte, mochten es als väterliche Ängstlichkeit auffassen, dem Risiko von Kopf und Kragen nicht zuzusehen, einer Sache, der man noch keineswegs traute. Vielleicht war es auch die bloße Demonstration von beamteter Pflichterfüllung, die der Lehrer einer ihm aufgezwungenen und widerwärtigen Duldsamkeit entgegensetzte. Daß es eine der Szenen war, in denen sich das Konfliktpotential zwischen den Generationen als ein durch die Veränderung der Welt maßlos gesteigertes darstellte – und noch mehr erst ankündigte –, wird nicht einmal der Berichterstatter geahnt haben, obwohl ihm die Prägnanz des Erinnerungsbildes so bedrängend nachgegangen ist.

So erfindet er sich eine Abendstunde desselben Tages, in der sich schon zusammengezogen haben soll, was erst im Kommen war und seine Bedeutsamkeit gerade nur der Erinnerung eröffnen konnte. Es ist schon aufschlußreich, daß dem Berichterstatter am Abend jenes Tages nicht die verweigerte Begegnung von Vater und Sohn vor Augen steht, sondern deren Repräsentanz für die Kluft, die zwischen der Jugend dieser Klasse und ihrem alten Lehrer aufgeklafft war. Der hatte eine ihrer Begeisterungen, und dazu noch diese, nicht teilen wollen. Es war *eine Kluft, die von seiner Seite aus, auch wenn er uns eine gewisse schwermütige Sympathie nicht versagte, nur durch Pflichterfüllung zu überbrücken war.*

Es wäre gewiß ein Zugeständnis des noch vorwaltenden Respekts gewesen, sofern dies gedacht worden war, daß die wenige Jahrzehnte später diffamierte ›Pflicht‹ nicht selbst Bestandteil des Hiatus, der erschreckend aufgebrochenen Distanz von Unverständlichkeit war. Immerhin wurde sie als das Mittel bitterer Selbsterhaltung begriffen, die sich als *Contenance* mit dem Risiko der Verhöhnung manifest machte. Dieses Risiko des Beiseitestehens so drastisch eingegangen zu sein sicherte dem alten Mann in diesem Augenblick seine Unantastbarkeit.

Das wird so nicht bleiben können.

›ZEITVERLAUF‹

Zeit fließt nicht nur, sie verfließt auch. Insofern ist sie kein Strom, der mächtig aus der Zukunft kommt und durch die Stromenge der Gegenwart hindurch in die Vergangenheit strömt.

Ernst Jünger hat im ersten Pariser Tagebuch am 30. August 1942 von Stunden notiert, die einem verraten, daß es ein Paradies gegeben haben muß: *In solchen Stunden war von allen Übeln der Zeit nur eins zurückgeblieben: daß sie verfloß.* Dasselbe Fließen des Bewußtseinsstroms, das sie erzeugt, wird pejorativ zum Verlust.

Es ist merkwürdig, daß Tagebücher, die doch im Dienst der Erinnerung zu stehen scheinen, die Gegenwarten ihrer Tage überschätzen. Sie erlegen das Pensum auf, etwas an jedem Tage erlebt zu haben, und das dehnt deren Gegenwart aus: Im Augenblick der Niederschrift erst reißt die Retention ab. Aber dasselbe Verfahren entwertet sich die Erinnerung, denn die verlorene Zeit des Tagebuchschreibers ist es gerade, die der Erinnerung keine ›Arbeit‹ übrigläßt. Sind die Tagebücher nicht selbst zu Kunstwerken geworden, haben sie deren Entstehung schon negiert. Wie etwa sollte man sich Memoiren von Ernst Jünger noch denken können? Würde er die Tagebücher beiseite lassen und sich der Erinnerung anheimgeben, wäre der Leser zum Mißtrauen verurteilt, den kurrenten Text am diskreten zu prüfen. Aber ist die Erinnerung zu derselben Wahrheit verurteilt, die das Tagebuch verlangt?

INHALT

Suhrkamp Verlag GmbH
Torstraße 44, 10119 Berlin
info@suhrkamp.de
www.suhrkamp.de